W0324544

Warum bin ich noch Single?

So finden Powerfrauen ihren Traumpartner

Autor: Mag. Carolin Gruber

Herausgeber: Mag. Carolin Gruber

Kontakt: www.carolingruber.at oder Systemisches Institut, Wipplinger Straße 13, 1010 Wien

Deutsche Erstauflage 2018

Copyright 2018 by Carolin Gruber

Alle Rechte, insbesondere das Recht auf Vervielfältigung und Verbreitung, sowie der Übersetzung, vorbehalten. Kein Teil des Werkes darf in irgendeiner Form (durch Photokopie, Mikrofilm oder ein anderes Verfahren) ohne schriftliche Genehmigung der Urheberin Mag. Carolin Gruber reproduziert oder unter Verwendung elektronischer Systeme gespeichert, verarbeitet, vervielfältigt oder verbreitet werden.

Die Ratschläge in diesem Buch bieten keinen Ersatz für kompetenten medizinischen Rat, sondern dienen nur der Begleitung von persönlicher Selbstentfaltung. Alle Angaben in diesem Buch erfolgen daher ohne Gewährleistung oder Garantie seitens der Autorin. Eine Haftung der Autorin für Personen-, Sach- und Vermögensschäden ist daher ausgeschlossen.

Bilder im Text: Carolin Gruber

Portraitfoto Info zur Autorin: Foto Ntertainment

Cover: Design by Peter Hübler, peter-huebler.de

Bildnachweis Cover: https://pixabay.com/de/junge-frau-frau-meer-ocean-1745173/, CC0 Creative Commons, Freie kommerzielle Nutzung, Kein Bildnachweis nötig, Fotograf: adamkontor

ISBN 978-3-9504506-3-7

Danke an

meine Mutter Brita, der ich so Vieles verdanke in tiefer Liebe,

meinen Bruder Martin, dass es ihn gibt und für das, was er mir an Klarheit und Herz geschenkt hat,

Peter D., weil er an mich geglaubt hat,

Stefan T., der mir mit seinem Rat zur Seite steht und mir immer Mut gibt,

an Martin E., der einer der wichtigsten Lehrer am Weg war,

an meine Freunde, die mich unterstützt haben,

an Peter H., der mir mit seiner Tatkraft und seinem Know-How gerade in technischen Belangen geholfen hat,

alle kleinen und großen Begleiter am Weg, die davon gar nichts wissen, möge die Macht mit ihnen sein,

und jener unerschöpflichen und unendlichen Kraft, aus der ich komme und die mir alles geschenkt hat, das ich jetzt umsetzen und weitergeben darf!

Ich habe dieses Buch in erster Linie für Frauen geschrieben, da ich mehr aus der Erlebniswelt von Frauen zu dem Thema sagen kann und ich speziell auch auf die Beziehung zum Vater eingehen werde, die eine zentrale Rolle im Bezug der Frau zum Mann spielt.

Natürlich ist aber jeder Mann herzlich eingeladen, dieses Buch auch zu lesen, weil er sich in einigen grundlegenden Mustern, die Beziehungen verhindern, durchaus wiederfinden und eine Anregung für eine Veränderung mitnehmen kann. Zudem wird ihm Einiges mehr über die Probleme und Gefühle von Frauen klar, was ihn um ein großes Stück beziehungsfähiger und machen wird.

Inhalt

Vorwort 11
Tante Carolin mit erhobenem Zeigefinger . 15
Die Lady 16
Dein Begleiter 17
Die Gründe, warum Du noch Single bist ... 17
LEVEL I - DAS FUNDAMENT 22
FRÜHE URSACHEN 22
DIE FOLGEN 28
Deine Brille 28
Unerfüllte Bedürfnisse und Partnerschaft 29
Die Vaterwunde 30
Der Kampf um Liebe 32
WAS WIRKT IN DIR ALS HINDERNIS? 35
DEINE GLAUBENSSÄTZE 35
ÜBUNG 1 - Meine bewussten Glaubenssätze 36
ÜBUNG 2 - Meine unbewussten Glaubenssätze 37
ÜBUNG 3 - Meine übernommenen Glaubenssätze 43
DIE BEZIEHUNG ZU MEINEN ELTERN 48
ÜBUNG 4 - Die Beziehung zu meinem Vater 48
Die Vaterwunde heilen 52
Lösungsübung - Verwechslung aufheben .. 54
Lösungsübung - Frieden mit meinem Vater schließen 56

Lösungsübung - meine Erkenntnisse 59
Meine Erinnerungskarte 59
ÜBUNG 5 - Die Beziehung zu meiner Mutter 60
Lösungsübung - Frieden mit meiner Mutter schließen 62
Lösungsübung - Frieden mit der fehlenden Mutter finden 65
Lösungsübung - meine Erkenntnisse 66
Meine Erinnerungskarte 66
MODELLE ZU BEZIEHUNGSTYPEN DER KINDHEIT.. 67
LÖSUNGS - RITUALE........................ 77
Versprechen auflösen 78
Ritual zur Auflösung allgemein 80
Ritual zur Auflösung von Schuld 84
Ritual zur Auflösung von Ahnenversprechen 85
DEIN INNERES KIND - WIE HAST DU SPASS MIT IHM?............................... 88
Übung - Kind am Sessel 90
Übung - Kind zur Seite nehmen 91
Ein gewisser Schmerz, der bleibt 95
Übung - Der innere Kind Tag 99
Übung - Trauertag für das Ungelebte ... 101
Zusammenfassung 102
LEVEL II NEUE GLAUBENSSÄTZE, NEUES ICH - DEIN MINDSET ZUM TRAUMPARTNER........... 103
TECHNIKEN FÜR NEUE GLAUBENSSÄTZE........ 107

Technik 1: Spürhund auf Spur setzen....107
Technik 2: Neue Autobahnen bauen.......110
Technik 3: Belohnen und neu Konditionieren 113
Technik 4: Die absolute Geheimtechnik..119
ÜBUNG zur absoluten Geheimtechnik......120
DEINE IDENTITÄT- WER BIN ICH UND WAS BRAUCHE ICH 121
Was heißt das für meinen Traumpartner..122
Wer bin ich wirklich....................124
Meine Mission, Passion und Vision......124
Meine Werte, Regeln und Grenzen........128
Meine Bedürfnisse - Was brauche ich wirklich...............................134
Meine Persönlichkeit - Meine Schatten.137
Meine Einstellungen und Gewohnheiten...145
Sehnsucht und Illusion als Droge.......145
Fixierungen............................147
Ich begegne nur Schwachmaten...........148
Das Erleben meiner Selbstwirksamkeit - ICH BIN WICHTIG............................150
Angst vor wahrer Nähe und alte Wunden - ICH BIN GENUG...........................151
Übung - Ich bin genug 154
Deine Identität alt und neu............158
Übung - meine klare Identität..........158
BEZIEHUNG - WAS WILL ICH - MEINE NEUDEFINITION 160

Übung Beziehung neu - Welche Beziehung will ich 160
Übung Beziehung neu - wie wird es erfüllt 161
Übung Beziehung neu - welcher Mann passt zu mir 164
Meine Erinnerungskarte 165
KNOW HOW 166
Wie Männer ticken - was Du unbedingt wissen solltest 166
Verhaltensmuster von Frauen - Verhaltenstypen 179
Dein Männerbild - Alte Erfahrungen als Falle 191
Das Glück an der falschen Stelle - dein Instinkt 193
Falsche Lösungsstrategien 195
Woher weiß ich, dass Er der Richtige ist? 200
LEVEL III UNWIDERSTEHLICHES FRAUSEIN 205
Selbstliebe und Selbstwert 205
Du bist genug 214
Dein sozialer Wert 216
Deine Lebens-Sattheit und deine Weiblichkeit 219
Übung - Meine Lebens-Sattheit 222
Strahlende Schönheit - unabhängig von perfekter Optik 235
LEVEL IV - DIE UMSETZUNG 239

DIE WICHTIGE VORBEREITUNG - ERSCHAFFEN DURCH GEDANKEN 239

Dein Mindset und die universellen Gesetze 239

Spirituelle Techniken zum Erschaffen einer Beziehung 239

RAUS AUS DEM SINGLELAND - DEIN FAHRPLAN & ACTION 250

Wie lerne ich jemanden kennen 252

Online Plattformen - spezielle Regeln .. 254

Kennenlernen offline - was Du wissen solltest 258

Das erste Date 260

PLEITEN, RÜCKFÄLLE, ABWEISUNG, FEHLER ... 265

WIE GEHT ES WEITER? 267

Glück und Nähe - ganz ungewohnt 267

Lebbare Beziehungen 269

Neue Beziehungsmodelle ausprobieren, aushalten, einüben 271

Dein neues Glück 273

NACHWORT 275

Anhang - Rituale Spezial 277

Liebesrituale 277

Die Kerze am Fenster 277

Liebesaltar 278

Alte Verstrickungen, Glaubenssätze und Schuld in Sachen Liebe auflösen 279

Dein Herz öffnen, alte Verletzungen frei geben 279

Dich und Dein zu Hause partnerfit machen
.... 281

Vorwort

Warum bin ich noch Single?

Diese Frage brennt schon lange in deinem Herzen, richtig? Du fragst dich immer wieder, was du falsch machst, ob nur noch beziehungsgestörte Männer herumlaufen oder an dir und deinen Erwartungen etwas falsch ist. Vielleicht denkst du dir, warum schaffen es so viele andere und ich nicht. Du stehst im Leben, du bist stark. Beruf, Kinder, Karriere, das kann Frau alles im Griff haben und unter Kontrolle bringen, nur eine Beziehung, das ist ein Zufall, ein vom Himmel fallendes Glück, das genau dich nicht trifft, kennst du diesen Gedanken?

Wir halten eine Beziehung von uns fern, obwohl wir glauben, eine zu wollen.

„Glauben?" Höre ich Dich jetzt vielleicht sagen.

„Ich weiß doch mit Sicherheit, dass ich mir eine Beziehung wünsche!" protestierst du.

Es mag sein, dass Du vollkommen überzeugt bist, eine Beziehung zu wollen. Aber, wenn wir tiefer blicken, kann das anders aussehen.

Ich sage es jetzt sehr provokant: Wenn Du derzeit keine Beziehung hast, dann willst Du auch keine und Du bist selbst verantwortlich dafür, dass Du eine von Dir fernhältst. Vielleicht fragst Du mich jetzt, ob ich verrückt bin oder was das soll, denn schließlich fühlst du ja den brennenden Wunsch nach einem Partner und hast das Alleinsein satt. Und sicher ist das so, das stelle ich nicht in Zweifel. Aber in dir wirken andere Kräfte, die offenbar stärker sind als dein JA zu einer Partnerschaft. Und dieses Nein, dessen Du dir gar nicht bewusst bist, das sehen wir uns jetzt genauer an.

Du hast dir ein Verbot für Glück erteilt

Die Gründe, warum wir, oft ohne es zu wissen, eine Beziehung von uns fernhalten, sind vielfältig. Ich werde mit Dir Schritt für

Schritt alle mir bekannten Ursachen durchgehen und Dir natürlich für alle Blockaden zu einer glücklichen Beziehung auch die Lösungsmöglichkeiten zeigen.

Ich wette, du willst jetzt schnell von mir hören, was denn nun die Gründe sind, warum du noch alleine bist. Du willst wahrscheinlich auch schnell herausfinden, ob ich dir was Neues erzähle oder ich nur der nächste Beziehungscoach bin, der dir das Gleiche wie alle anderen erzählt.

Ich will ehrlich zu dir sein. Denn wenn wir beide hier die Reise zu deinem Traumpartner gemeinsam antreten, dann müssen wir offen zueinander sein, sonst wird das nichts. Denn hier geht es ans Eingemachte. **Alles andere wäre weitere Zeitverschwendung.**

Es gibt zum Thema Psyche und Beziehungen einfach ein paar Grundwahrheiten, um die wir nicht herumkommen. Das heißt, ich werde durchaus manchmal die gleichen Themen aufgreifen, die du vielleicht schon zigmal gehört hast – ABER ACHTUNG – ich werde das wahrscheinlich auf ein Art und Weise tun und dir Details liefern, die du so noch nicht kennst. Ich werde dich mit Sicherheit überraschen. Ich erfinde das Rad nicht neu, aber ich habe die Mission, es dir aus einer völlig anderen Perspektive zu zeigen und mit dir an die Wurzel des Übels zu gehen.

Ich möchte dich nicht mit irgendwelchen Regeln abspeisen, die dir nicht helfen werden, solange in der Tiefe deine Monster sitzen und nur darauf warten, dir in Sachen Liebe wieder ein Bein zu stellen.

Du wirst von mir keine manipulativen Tricks lernen, die einen Mann oberflächlich an dich binden sollen und die dich weiter anstrengen und auslaugen. Deine innere Veränderung soll und wird dafür sorgen, dass er sich für DICH anstrengt.

Ich werde in Sachen Partnerschaft mit Dir gemeinsam Alles Nötige aufräumen, damit du endlich Leichtigkeit, Klarheit und Sicherheit erleben kannst in puncto Männer, Beziehungen und dir selbst.

Ich kratze nicht an der Oberfläche, ich gehe mit dir dahin, wo die Ursachen begraben liegen, denn alles andere macht keinen Sinn und wäre nur wie eine Figurformungs-Hose, die wir über Fettpolster ziehen. Es sieht straff aus, aber wenn du dich ausziehst – emotional – dann stehst du da, wie du ehrlicherweise bist.

Wenn du dich selbst sabotierst, nützen alle Verhaltensregeln und Flirttechniken nichts. Solange du nicht weißt, welche tiefe Blockade dir im Weg steht, dass du endlich deinem Traummann die Hand reichst, ist alles andere zum Scheitern verurteilt.

Wenn du also bisher Vieles probiert hast, du aber trotzdem da sitzt und die Welt der Liebe nicht mehr verstehst, es satt hast, dich zu verstellen und blöde Spielchen zu spielen, dann ist mit dir nichts falsch, sondern du wusstest es bisher nicht besser.

Die gute Nachricht ist: Du musst nicht perfekt sein, du musst nicht alles an dir und in dir bearbeitet haben, um glücklich mit einem Mann sein zu können.

Unter uns: Wenn nur Menschen, die sich selbst lieben und mit sich im Reinen sind, eine Beziehung führen könnten, dann wäre dreiviertel der Weltbevölkerung vereinsamt.

Also entspann dich. Du wirst jetzt alles erfahren, was du wissen musst, um deine Situation zu ändern.

Dieses Buch führt dich Schritt für Schritt von der Basis – deinen tiefen, unbewussten Blockaden, deiner Selbstsabotage – über alle weiteren Ebenen hin zu einer erfüllten Partnerschaft.

Es ist vor allem auch ein Arbeitsbuch das mit jedem Kapitel ein Stück Potential in dir freilegen soll.

Mein Wunsch für Dich, liebe Leserin, vielleicht auch lieber Leser, ist, dass Du nachher nicht mehr umherirrst mit der Frage, was falsch läuft mit dir und in deinem Leben und du Werkzeuge in der Hand hast, Techniken und Inspiration, um die Beziehung leben zu können, die Du Dir schon lange tief im Herzen wünschst.

> ***Du hast bisher deine Wahrheit um dich erschaffen. Nur leider unbewusst. Sobald du deine Interpretationen und Wahrheiten bewusst änderst, kann sich deine ganze Welt drehen. Es gibt ein Universum mit tollen Männern für deine glückliche Beziehung.***

Dir fehlten bisher Wissen, Selbsterkenntnis und die richtigen Strategien. Es hat dir niemand gesagt oder gezeigt, wie das denn richtig geht mit Beziehungen, mit dir, mit den Männern und der Welt.

Dieses Buch soll dich beziehungs-fit machen.

Lass uns deinen Wunsch nach Partnerschaft und die Freude an einer Beziehung gemeinsam verwirklichen.

Das Ganze darf leicht und freudvoll gehen. Du wirst Entdecken und Erkennen. Und dann wirst Du, ja, daran führt kein Weg vorbei, Umlernen. Das erfordert zwar schon eine gewisse Konzentration und Disziplin, aber es kann großen Spaß machen, sich ganz neue Dinge anzugewöhnen. Nämlich dann, wenn die Belohnung dafür groß genug ist und wenn man weiß, wofür man das alles tut.

Veränderung kann sich richtig gut anfühlen, sie kann ein Kraftschub sein und dich in dem Moment du dich dafür entscheidest, neue Power und Selbstbewusstsein geben.

Du wirst dich nach dem Durcharbeiten des Buches so viel besser kennen und damit in Dir sicherer sein.

Du wirst viele deiner bisherigen Verhaltensweisen durchschauen und auch, warum dann Vieles, was du dir so gewünscht hast, nicht geklappt hat.

Bitte arbeite das Buch von vorne bis hinten Schritt für Schritt durch. Jede Übung baut auf der anderen auf und jede Übung wird Dir eine großes Stück hin zu deinem Partnerglück verhelfen.

Es liegt in deiner Entscheidung, ob du es nur überfliegst oder quer einsteigst. Es ist deine Entscheidung, ob du wirklich etwas verändern oder weitermachen willst wie bisher.

Wundere dich dann aber nicht, wenn das, was du bisher gemacht hast, wieder die gleichen Ergebnisse bringt.

Willst du andere Ergebnisse, musst du etwas anderes tun.

In diesem Sinne, wünsche ich Dir Spaß beim Eintauchen in dein neues Ich und ich gratuliere dir zum ersten Schritt hin zu deinem Traumpartner.

Tante Carolin mit erhobenem Zeigefinger

Ab heute wird Dich hier auch Tante Carolin begleiten. Das ist mein Alter Ego oder eine frei erfundene Tante, die Dir ab jetzt in deinem Leben immer mit Rat und Tat zur Seite steht, wenn Du mal in Sachen Beziehung nicht weiter weißt. Dir wird nicht immer gefallen, was sie dir zu sagen hat. Denn Tante Carolin ist streng und ehrlich. Aber sie meint es immer gut mit Dir und deshalb muss sie dir manchmal auch unbequeme Wahrheiten mitteilen.

Du kannst sie zum Tee einladen und ihr Fragen stellen. Sie wird sich hier hin und wieder zu Wort melden, dir Dinge an den Kopf werfen oder dich trösten.

Ich stelle sie dir jetzt vor, du erkennst sie am erhobenen Zeigefinger und am strengen Blick!

Und wenn du dieses Buch zu Ende gelesen hast, darf sie weiter in deinem Leben bleiben. Als guter Ratgeber, als eine Person, die du in deiner Fantasie einladest, mit der du dich aufs Sofa setzt und plauderst. Sie weiß immer Rat.

Sie mag gerne ein paar trockene Kekse, die sie in ihren schwarzen Tee mit Milch eintunkt.

Die Lady

In jeder von uns steckt eine Königin, eine Lady, die genau weiß, wer sie ist, die ihren Wert kennt und die mit Männern souverän umgehen kann, weil sie genau weiß, wie sich eine Lady verhält.

Auch sie wird dich hier begleiten. Wenn du einmal nicht hier drin liest, dann erinnere dich immer an sie. An ihre Eleganz, ihre Coolness, ihr Selbstbewusstsein und ihre Freundlichkeit, mit der sie ganz ruhig und bestimmt ihren Weg geht.

Die Lady bist du auch. So wie alle Frauen. Genieße es, eine Königin zu sein!

Dein Begleiter

Besorge dir am besten ein schönes Notizbuch in das du alle Gedanken, Entwicklungen und Notizen zu den Übungen schreiben kannst. Dann kannst du später immer wieder nachlesen. Dabei kannst du auch deine Entwicklung genau beobachten.

Die Gründe, warum Du noch Single bist

Ich liste jetzt einmal die wichtigsten Ursachen auf, warum du noch als Single durch dein Leben schipperst. Es müssen nicht alle auf dich zutreffen, meistens treffen gewisse Punkte zu und es gibt einen Mix aus ein paar Ursachen.

Keine Sorge – auch wenn es auf den ersten Blick sehr viel erscheint – Vieles lässt sich leichter lösen als Du denkst und die Bearbeitung eines Punktes löst oft schon einige andere mit auf.

Alleine, wenn Du Dir der Gründe bewusst wirst, bist Du schon weiter als Du jemals zuvor warst! Wir bearbeiten alle nacheinander in den unterschiedlichen Levels.

Nicht alles liegt in deiner Kindheit. Das ist zwar ein wichtiger Teil, aber es gibt auch Blockaden, die wir als Erwachsene durch falsche Verhaltens- und Denkmuster erzeugen.

Wie gesagt, wenn unbewusste Blockaden in dir wirken, helfen dir alle Tricks, die dir Coaches über Männer verraten nichts. Wenn dein alter Autopilot steuert, fährst du immer zum gleichen Ziel.

Die Lady: Als ich meine Verbote für Glück endlich aufgelöst hatte, kamen auch die richtigen Männer auf mich zu. Aber das Schönste heute ist mein unwiderstehliches Frausein. Das fühlt sich so gut an! Ich liebe es! Dazu erfährst Du alles noch ganz genau.

Deine inneren Verbote kommen von...

- **Alte Glaubenssätze und Programmierungen,** die dir sagen, eine Beziehung wäre im Grunde genommen etwas Schlechtes. Schon als Kind sind diese Annahmen über Dich, Beziehungen und das Leben entstanden. Deine Erwartungen von früher beeinflussen, wie Du heute auf Beziehungen zugehst.
- **Innere Verbote für Glück durch Versprechen und Bindungen an die Eltern und Ahnen.** Starke Familienbande können unser Glück verhindern. Wir machen es gleich wie unsere Vorfahren oder dürfen nicht besser sein als sie, denn das wäre wie ein Verrat.
- **Schuldgefühle** führen zur Selbstbestrafung. Wir dürfen nicht erfüllt sein, denn wir haben Glück nicht verdient. Dazu gehören auch alle Formen, Verantwortung eines anderen zu übernehmen und die eigene abzugeben.
- **Rache.** Wir bestrafen die anderen durch das eigene Unglück

- **Dein Beziehungsgrundgefühl**, also die Energie, die du in Beziehungen als Kind erlebt hast, prägt oft noch später deine Partnerwahl. Man ist es oft gewöhnt, zu leiden. Das kann bis zu einer Sucht werden, weil Leid und Sehn-Sucht ein intensives Gefühl ist.
- **Die Beziehung zum Vater** (egal ob Du ihn gekannt hast oder ob er noch lebt). Wir suchen oft noch den Vater im Mann, um alte Vaterwunden zu heilen. Mit ihm haben wir uns oft ein Muster angelernt, das eine erfüllte Beziehung verhindert.
- **Die Beziehung zur Mutter. Die erste Frau als Vorbild.** Haben wir von ihr nichts Passendes gelernt oder lehnen sie ab, dann entstehen später Probleme. Auch eine zu große Bindung und Liebe kann dein Liebesglück sabotieren.
- **Selbstwert-Problematiken.** Tiefliegende Ängste und das Gefühl „nicht genug zu sein“ verhindern Nähe und gelingende Partnerschaften. Dazu zählt auch Scham, weil wir nicht schön genug, nicht reich genug, nicht clever genug, nicht toll genug sind.
- **Unklarheit darüber, wie eine Beziehung für dich erfüllt ist**: Deine Werte, Bedürfnisse und deren Erfüllung kannst du erst klar in dir spüren, wenn du sie auch kennst. Dann erst kann Beziehung gelingen.
- **Fehlende Klarheit darüber, wer ich bin.** Wer du bist, bestimmt, was du in dein Leben ziehst. Ist das unklar, ziehst du Unklarheit an. So wählst du die falschen Männer.
- **Falsche Lösungsstrategien,** die einmal Sinn gemacht haben, aber jetzt eine Beziehung torpedieren.
- **Die Rolle als Frau**: Wir haben unsere Weiblichkeit verlernt und wollen teilweise die besseren Männer sein. So kann eine balancierte Anziehung nicht funktionieren. Wir sind ein Magnet, wenn wir wieder wissen, wie Frausein funktioniert!
- **Fehlende Sattheit.** Aus mangelnder Lebens-Erfüllung entsteht Bedürftigkeit, die gute Männer vertreibt und

schlechte anzieht. Sie erzeugt Abhängigkeit und lässt uns ohnmächtig werden.

- **Verletzungen, Wunden und Ängste aus früheren Beziehungen** können eine große, unbewusste Barriere zum Glück darstellen. Wir wollen uns schützen und sehen alles durch eine „Angst-Brille“. Sie bestimmt, wen und was wir sehen. Unser Schutz macht uns unnahbar für den Richtigen.
- **Fehlende Selbstwirksamkeit** Das eigene Selbstbild, die Überzeugung, dass ich wichtig bin, brauchst du für eine gelingende Beziehung. Fühlst du dich nicht wichtig, suchst du nach der falschen Bestätigung durch den Mann und begibst dich in Abhängigkeiten.
- **Das innere Bild vom Mann** So, wie ich Männer sehe, so begegnen sie mir.
- **Keine Klarheit über das Verhalten von Männern.** Wenn wir das typische Verhalten von Männern falsch interpretieren, setzen wir uns herab oder fühlen uns nicht gut. Zudem reagieren wir dann ungünstig und vergeben uns Chancen auf mehr.
- **Ungünstige Verhaltensweisen gegenüber Männern.** Unsere Generationen haben nicht gelernt, wie das geht mit dem Daten, Flirten und Lieben. Es ist eher ein Versuch und Irrtum. Viele Frauen verhalten sich so, dass starke Männer flüchten müssen.
- **Unwissen über Kraft der Gedanken.** Unsere Gedanken und unser Fokus haben eine unglaubliche Macht. Energie folgt der Aufmerksamkeit. Wir erschaffen ständig im Außen das, worauf wir innerlich unseren Fokus richten. Die meisten machen das unbewusst und erschaffen das, was sie nicht wollen, weil sie sich immer mit dem Mangel beschäftigen.
- **Fixierungen.** Wenn Du auf einen Ex, einen bestimmten Typ Mann oder bisherige Vorstellungen fixiert bleibst, hält das neue Möglichkeiten fern.
- **Ungünstiger Lebensstil.** Damit eine Frau blüht, strahlt und sich gut fühlt, braucht es bestimmte Bedingungen in

ihrem Leben, für die sie sorgen muss. Missachtet sie diese Regeln, leidet sie und ihre Anziehungskraft für die Liebe.

Schwirrt Dir jetzt der Kopf??? Keine Sorge, wir sehen uns das Alles mit der größtmöglichen Leichtigkeit genauer an. Ab sofort gilt:

Du brauchst dich nicht mehr so anzustrengen. Du darfst loslassen und entspannen und die Dinge auf Dich zukommen lassen.

Denn wir Frauen sind für das EMPFANGEN gemacht, physisch wie psychisch. Wir ziehen an, wir lassen uns finden, wir lassen uns erobern.

Wenn Du damit jetzt noch ein Problem hast, weil Du eine Macherin bist, dann warte einfach ab und lass dich einmal vorurteilsfrei auf den Prozess hier ein.

Wir gehen da jetzt gemeinsam Schritt für Schritt durch und am Ende wirst Du Dich selbst und die Männer sehr viel besser kennen. Du wirst Vieles verstehen, was für dich bisher schleierhaft war.

Ich kann Dir etwas trockene Theorie nicht ersparen, Wissen ist Macht! Damit kannst Du alles verändern! Ein wenig Büffeln müssen wir, dann wirst du eine Phönixin sein, die sich aus ihrer Single-Asche empor schwingt!

Die Lady:

Büffeln? Aber mit Stil und guter Laune!

Du kannst deine Notizen in ein schön gebundenes Buch schreiben und die Erinnerungskarte, die du später schreiben wirst, hübsch gestalten. Auf jeden Fall gönnst Du Dir nach der ersten Arbeit eine Belohnung. Füße hochlegen, eine Tasse Kaffee, ein Vollbad oder Prosecco mit Freundinnen.

LEVEL I – DAS FUNDAMENT

FRÜHE URSACHEN

Wir tauchen jetzt einmal kurz, aber intensiv in deine Kindheit und Vergangenheit ein, um nachzusehen, welche Hindernisse da entstanden sind, die Dir nicht bewusst sind.

Auch, wenn das etwas unangenehm wird, es dient dazu, hier gründlich aufzuräumen, um Dich frei für deine Partnerschaft zu machen.

Du fragst dich, warum denn alle immer nach Ursachen in der Kindheit suchen? Und wozu Du Dir antun sollst, da nochmal hinzusehen?

Ganz einfach.

Alle Glaubenssätze, Gedankenmuster, Verhaltensweisen und Beziehungsstrukturen, die in unserer Kindheit entstanden sind, haben bis ins Erwachsenenalter großen Einfluss auf unser Leben und unsere Beziehungen!

Deine Kindheit bestimmt sehr stark, ob du Single bist oder nicht.

Solltest Du schweren Missbrauch oder andere traumatische Erlebnisse durchgemacht haben, bitte ich Dich, Dir fachliche, unterstützende Hilfe zu holen. Wenn Du das Gefühl hast, eine Rückschau würde dich zu sehr aufwühle, mache diese Übungen gemeinsam mit einer Vertrauensperson oder einem psychologischen Berater.

Wie auch immer es für dich richtig ist, gehe behutsam vor.

Für alle jene, die es sich alleine zutrauen, hier ein Hinweis: Wir machen das nicht, um uns in traurigen oder anderen Erinnerungen zu baden. Wir machen das nur aus einem Grund: Um Klarheit zu schaffen, was von damals uns HEUTE ein Bein stellt. Wenn wir das wissen, dann lassen wir die alten Geschichten so schnell wie möglich hinter uns!

Also, gehen wir es an?

Damit wir wissen, was Du als Kind in Dir gedacht, gefühlt und erlebt hast, betrachten wir alles, was du als Kleine von den anderen gehört, beobachtet und mitbekommen hast.

Warum ist das so wichtig?

Weil das alles in dir Muster, Überzeugungen und Bilder von der Welt erzeugt hat, an die Du heute vielleicht noch unbewusst glaubst.

Wenn Oma Erika immer gewettert hat, man könne sich auf Männer nicht verlassen, sonst wäre man verlassen.....dann trägst du vielleicht diese Ansicht heute noch mit dir herum!

Wenn diese Muster UNBEWUSST wirken, dann sind wir ihnen ausgeliefert und sie können uns behindern, in unser Glück zu gehen.

Oft sind wir uns dessen sogar bewusst, wissen aber nicht, wie wir es lösen können.

Wie Du Dir wahrscheinlich bereits denken kannst, hinterlassen alle äußeren Einflüsse in der Umgebung des Kindes bei ihm Spuren.

Je nachdem, was wir an den anderen beobachtet haben, was wir über uns und die anderen gehört haben, als Kind machten wir uns dazu unsere Gedanken. Daraus wurden dann Regeln für das Leben.

Diese waren dazu da, um uns in der Familie zurecht zu finden und zu verstehen, wie die Menschen und das Leben funktionieren. Aber vor allem haben sie uns geholfen, zu kapieren, welche Rolle wir in dem ganzen Theater spielen sollen, ob wir überleben werden oder nicht.

Das Ur-Bedürfnis des Kindes ist, geliebt zu werden.

Geliebt zu werden sichert dem Kind **das Überleben in der Familie**.

Die Verbindung zu den Eltern bedeutet Alles.

Was aber, wenn das Kind merkt, dass es vielleicht nicht geliebt wird? Oder die Eltern solche Probleme haben, dass sie ihr Kind gar nicht richtig lieben können?

Dann sucht es nach Lösungen und Wegen, irgendwie damit zurecht zu kommen, sich anzupassen und doch noch irgendwie Liebe zu erfahren.

Deine Überzeugungen, welche auch immer du als Kind hattest, dienten früher deinem Schutz.

Ein Kind kann nicht einfach ausziehen, es ist abhängig von seinen Eltern. Damit muss es entweder Vieles unterdrücken oder Rollen und Themen übernehmen, die es gar nicht kann und will.

Wenn es zu viel runterschlucken muss und die Eltern garstige Leute sind, dann wird es innerlich wütend. Aber Wut und Hassgefühle gegen die Eltern? Das geht nicht. Das Kind kann seine Eltern, die es ernähren und von denen es abhängig ist, nicht hassen. Im Tiefsten Inneren lieben Kinder ihre Eltern. Das ist so bei uns Menschen. Wenn dann Hassgefühle auftauchen, passt das alles nicht mehr zusammen. Solche unpassenden Gefühle müssen verdrängt werden. Vor allem, weil schmerzliche

Schuldgefühle hochkommen, denn eigentlich liebt das Kind ja seine Eltern und will keine Wut auf sie haben.

Ebenso schützt sich das Kind, wenn es vernachlässigt oder übergangen wird, denn für ein Kind bedeutet das Alles in der Essenz, **nicht geliebt zu werden, so wie es ist.** Und dann entwickelt es Strategien, wie es doch geliebt werden kann oder zumindest, wie es nicht bestraft wird.

Ein Kind versucht immer eine Bindung zu seinen Eltern herzustellen, das liegt in unserer Natur.

Die meisten Kinder entwickeln früher oder später Schuldgefühle, wenn sie es ihren Eltern scheinbar nicht recht machen können oder sie fühlen sich schuld am Unglück ihrer Eltern. Zumindest lesen sie an der Reaktion und dem Glück der Eltern ab, ob sie in Ordnung sind oder nicht.

Wenn das auf einem normalen, liebevollen Weg nicht möglich ist, werden mitunter sehr ungünstige Wege gesucht, Aufmerksamkeit auf sich zu lenken oder sich mit den Eltern verbunden zu fühlen.

Das kann damit enden, dass ein Kind so sein möchte wie seine Eltern. Im gegenteiligen Fall, wenn es verletzt oder bedroht wird, oder immer nur Gewalt, Streit, Frust und Schmerz miterleben muss, schwört es sich, nie so zu werden.

Es bleibt aber letztlich in einer Abhängigkeit, denn es ist nur die Kehrseite der Medaille und es lehnt die Eltern oder einen Elternteil in sich ab, verdrängt diese Schattenseite und will mit Zwang und aller Kraft anders sein.

Unbedingt anders sein zu wollen ist nicht nur anstrengend, es lenkt den Fokus letztlich auf das, was man vermeiden will als auf ein produktives, schönes Ziel.

Wer seine Eltern ablehnt, lehnt einen Teil in sich selbst ab!

Damit findest Du deine wahre Identität aber nicht.

Wenn Du auf keinen Fall sein willst, wie deine Mutter war, dann lehnst Du alles ab, was sie für Dich repräsentiert hat. Dadurch findest Du aber nicht zu deiner wahren, individuellen Rolle als Frau.

Lena hatte eine sehr herrschsüchtige, kalte und kritisierende Mutter. Darunter hat sie sehr gelitten und sich geschworen, nie so zu werden. Unbewusst lehnt sie in sich jenen Teil ihrer Mutter vollkommen ab und will auf keinen Fall herrschsüchtig oder kalt sein.

Die ungünstige Folge für Lena ist, dass sie sich damit jede Aggression, Kritik und Härte versagt. Das führt dazu, dass sie sich in Beziehungen alles gefallen lässt, keine Grenzen zieht und mit ihrer Harmoniesucht Männer anzieht, die sie wie einen Fußabtreter behandeln. Da sie jede harte Seite an sich abwehrt, bietet sie für einen Partner keine Reibungsfläche und lässt sich mies behandeln. Da sie so für den Partner an Wert verliert, wird sie früher oder später verlassen oder betrogen.

Es ist ganz wichtig zu verstehen:

Wir sind aus unseren Eltern entstanden. Wir tragen sie in uns. Ob wir das wollen oder nicht. Je mehr wir sie ablehnen, desto mehr Steine legen wir uns selber in den Weg. Frieden damit zu schließen, bringt Heilung.

Manche von uns bestrafen sich dafür, dass sie ihre Eltern nicht glücklich gemacht haben oder dass sie wütend auf sie waren.

Wir haben Schuldgefühle, wenn es uns jetzt besser gehen könnte als ihnen. Wir halten schwer aus, dass wir uns lösen möchten, dass wir sie zwar lieben wollen, aber manchmal nur hassen können.

Manchmal wollen wir auch die anderen bestrafen, als späte Rache für das, was uns angetan wurde. Diese Bestrafung der anderen kann auch das eigene Leid sein. Denn das belastet die anderen und verhindert auch deren Glück.

Absurd? Verworren? Unlogisch? Ja, so ist es. So kompliziert funktionieren wir

Wenn das Kind extrem liebt...

Oft ist es aber genau umgekehrt – nämlich, dass wir unsere Eltern besonders lieben und verehren.

Dann entstehen oft **unausgesprochene Schwüre aus Liebe und es darf uns, dem Kind, nie besser gehen als unseren Eltern. Denn das wäre wie ein Verrat.**

Je schwieriger und belasteter eine Beziehung war, desto schwerer fällt auch die Lösung davon. Denn Lösen heißt, selbst frei und sicher ins Leben hinaus zu gehen und sich der Liebe der Eltern sicher sein zu können.

Das ist in Problembeziehungen zu den Eltern nicht gegeben. **Wir bleiben in diesem Fall mit den Eltern nicht in einer gesunden Liebe verbunden, sondern nur durch Probleme**. In dem Moment wir Erfolg haben, Glück leben und anders werden, haben wir das Gefühl, sie zu verraten und verlieren die Bindung.

Wir ticken so absurd: auch wenn wir unsere Eltern scheinbar hassen, so sehr lieben wir sie im tiefsten inneren auch. Das kleine Kind ins uns liebt sie und giert nach ihrer Liebe. Und wenn wir diese Verbindung nur über Probleme herstellen konnten, bleibt dieser kranhafte Mechanismus oft ein Leben lang weiter bestehen.

Die Lösung hier generell ist, ich wiederhole es, mit seinen Eltern Frieden zu schließen und jenen Teil in uns selbst anzunehmen, der mit Ihnen verbunden ist.

Entscheidend ist einmal die Information für dich, dass deine Eltern fast alle selbst Kinder waren, deren Bedürfnisse nicht erfüllt worden sind und denen niemand beigebracht hat, wie Beziehungen und ein glückliches Leben und ein Miteinander funktionieren!

Sie haben ihr Bestes gegeben, auch wenn sie damit kläglich gescheitert sind (in deinen Augen). Entwickle eine neue Sichtweise voller Verständnis, dass sie es nicht anders konnten.

Mache dazu bitte etwas später die **Lösungsübungen mit deinem Vater, deiner Mutter, deinen Ahnen und zum Thema Schuld.**

Diese Übungen kommen im nächsten Kapitel.

Zuerst erkläre ich Dir noche in wenig. Denn Wissen ist Macht. Dein Wissen verjagt deine alten Geister!

DIE FOLGEN

Deine Brille

Die Glaubenssätze, die du bereits als Kind entwickelt hast und das, was man dir über dich vermittelt hat, bilden in weiterer Zukunft **einen Filter, durch den du die Welt siehst.** Es ist wie **eine farbige Brille,** die du dir aufgesetzt hast, die alles in ein bestimmtes Licht taucht. Dies führt zu entsprechenden Erfahrungen, die im Regelfall deine gewohnten Glaubensmuster bestätigen.

Was du glaubst, siehst du auch in der Welt.

Deine als Kind entstandenen Überzeugungen darüber, wie das Leben und Beziehungen funktionieren und welchen Wert du dir selber gegeben hast, das alles macht deinen Filter aus.

Wir sehen die Welt nicht, wie sie wirklich ist, sondern nur so, wie wir es durch unsere Brille, also unseren Filter wahrnehmen können. Wir sehen damit auch nur bestimmte Ausschnitte und alles bekommt die Färbung unserer Brille.

Das bedeutet, wenn du die Welt um dich und die Beziehungen um dich als feindlich und unsicher erlebt hast, wirst du eher mit einer Erwartung der Unsicherheit und mit einer Ladung Schutzmechanismen in die Welt gehen, anstatt mit einem Urvertrauen und einer großen Portion innerer Sicherheit und Selbstwertgefühl auf andere zuzugehen.

Damit ist nicht meine Brille gemeint! Ich hätte ja nur zu gerne eine rosarote Brille auf, aber ich sehe die Dinge lieber, wie sie sind. Dabei fällt mir ein: **Es gibt nicht DIE WAHRHEIT.** Es gibt nur die Bedeutung und Wahrheit, die wir den Dingen geben und die wir sehen wollen.

Unerfüllte Bedürfnisse und Partnerschaft

In unserer Kindheit wurden bestimmte Bedürfnisse nicht erfüllt.

Wenn du dieses Buch liest, weil du schmerzhaft einen Partner vermisst, kann ich dir nahezu garantieren, nicht erfüllte Bedürfnisse deiner Kindheit spielen hier eine wesentliche Rolle.

Denn wenn wir als Erwachsener immer noch unbewusst oder teils sogar bewusst versuchen, Lücken und Löcher unserer Kindertage in unserer jetzigen Beziehung zu stopfen, dann führt das im Regelfall zu einer maßlosen Überforderung des Partners.

Natürlich kann eine Partnerschaft, in der sich beide ihrer gemeinsamen Entwicklung stellen, sehr vieles heilen. Aber es gibt Grenzen. Wenn man nicht genau weiß, was da an Dynamiken im Hintergrund passiert, läuft meistens einer der beiden davon, oder zieht sich zurück, der andere wiederum leidet und wird abhängig.

Es können ganz unterschiedliche Bedürfnisse sein, die wir noch aus früher Zeit mit uns herumtragen und hoffen, ein Partner würde diesen Schmerz endlich von uns nehmen und uns erfüllen.

Besonders kommt hier die Rolle des Vaters zum Tragen.

Das Vorbild und die Anerkennung der Mutter spielen auch eine wichtige Rolle, aber dem Vater kommt in Bezug auf die Bewertung der Weiblichkeit eine besondere Bedeutung zu. Warum, erkläre ich Dir jetzt genauer.

Wann kommen denn endlich die spannenden Tatsachen über Männer und das Frau sein?

Bald! Aber wir brauchen vorher eine Basis! Denn sonst nützen dir alle Kenntnisse über die Männer nix. Der erste Mann in deinem Leben war dein Vater oder eine Vaterfigur!

Gerade die Frau entwickelt ihr Selbstbild sehr stark am Vater. Er ist der erste Mann, der ihr seine Bewertung über das Frausein gibt. Durch ihn erfährt sie die Bedeutung ihrer Weiblichkeit aus Sicht des Mannes und das prägt ihr Bild von sich als Frau. Die Spiegelung des Vaters definiert, ob sie sich als Frau wertvoll und anerkannt fühlt oder sich als nicht richtig, abgelehnt oder wertlos einschätzt.

Mit diesen alten Wunden gehen viele Frauen durchs Leben. Meistes geschieht es unbewusst, dass die Frau ihre Bedürfnisse aus der Kindheit in einer erwchsenen Beziehung lösen will.

Sie wünscht sich, vom Partner jetzt das zu bekommen, was der Vater ihr nicht gegeben hat. Das muss aber schief gehen, denn kein Mann der Welt kann das erfüllen, was der Vater versäumt hat.

Für eine Frau, die vom Vater nicht jene Anerkennung oder Liebe bekommen hat, die sie gebraucht hätte, ist es daher essentiell zu erkennen, **dass der Partner nicht der Vater ist und niemals das, was der Vater nicht geben konnte, jetzt erfüllen kann.**

Die meisten Frauen mit Beziehungsproblemen oder ungewolltem Single-Dasein haben meistens dieses unbewusste Problem – sie verwechseln den Partner mit ihrem Vater.

Das klingt sehr verdreht und du wirst jetzt sagen: „Ich weiß doch, dass mein Freund nicht mein Vater ist."

Aber das kleine Mädchen in Dir, das etwas in der Beziehung zu ihrem Vater entbehrt hat, das sucht noch immer die Erfüllung seiner einst unerfüllten Bedürfnisse in einem Mann da draußen.

Dies läuft auf einer sehr unterschwelligen, nicht voll bewussten Ebene ab und kann in einer erwachsenen Frau noch nachwirken.

Die emotionale Wunde, die unser Vater hinterlassen hat, die spüren wir noch immer, manchmal blutet sie, manchmal sind es nur Narben. Aber wir spüren sie immer dann, wenn eine Situation etwas von damals wieder hochholt.

Wenn der Partner, wie der Vater damals, seine Aufmerksamkeit entzieht und zu wenig für uns da ist.

Wenn der Partner übergriffig wird und unsere Grenzen überschreitet.

Wenn er uns auf ein Podest hebt.

Was immer wir hier kennen, es triggert unsere ganzen alten Emotionen, die wir dann dem Partner umhängen. Wir wollen es endlich lösen, den Schmerz vergessen können, mit dem Mann an unserer Seite.

Es gibt nur einen Haken. Kein Mann der Welt kann es lösen. Denn der Vater ist niemals ersetzbar und das, was wir als Kind entbehrt haben, ist jetzt nicht mehr in dieser Form nachholbar.

Der fehlende oder oft abwesende Vater, ist für sehr viele Frauen und auch für viele Männer ausschlaggebend für Beziehungsprobleme im späteren Leben.

Wie gerade beschrieben, wurden entweder Bedürfnisse des Kindes durch ihn nicht erfüllt oder es fehlte einfach in vielen Familien die väterliche Rolle oder die männliche Energie, um sich als Kind in seinem Geschlecht dadurch definieren zu können.

Ich erkläre dir später, wie du damit umgehen kannst und den zukünftigen Partner davon erlöst, jemand für dich sein zu müssen, der er nicht sein kann. Selbst, wenn er es aus Liebe zu dir gerne sein wollte.

Der Kampf um Liebe

Das Buhlen um Liebe und Anerkennung ist ein sehr verbreitetes, früh gelerntes Muster von Frauen in unserer Gesellschaft, die sich dadurch bedürftig zeigen, obwohl sie es gar nicht sind.

Eine Tochter erhält zum Beispiel vom Vater nicht die dringend nötige Aufmerksamkeit. Das Kind buhlt jetzt um den Vater mit Leistung oder versucht, dem Vater auf allen Wegen zu gefallen, um seine Aufmerksamkeit zu erlangen.

Es bekommt von der Mutter keine zärtliche Zuwendung und nur Kritik. Dann wird es Wege suchen, sich ihre Liebe dadurch zu erlangen, ihr zu gefallen.

Es beobachtet alles um sich, um sich anpassen zu können, um zu erraten, was denn jetzt der Vater oder die Mutter von ihm möchte. Es verbiegt sich, es leistet, es kokettiert.

In ihm wird sich die Vorstellung festsetzen: **Liebe erhalte ich nur durch Leistung oder wenn ich gefalle, wenn ich es dem anderen recht mache.**

Damit ist eine Frauenrolle geboren, die immer versucht, einem Mann zu gefallen und durch alle möglichen Wege, seine Aufmerksamkeit zu erlangen.

Das Ganze hat nur leider zwei fatale Folgen:

a) **Sie, als Frau, ist später nicht echt, nicht authentisch, denn sie schielt immer danach, was der andere jetzt wollen könnte.** Sie will gefallen und verliert sich dabei selbst. Sie kennt sich selbst entweder gar nicht oder steht nicht für ihre Bedürfnisse ein, weil sie glaubt, dann gefällt sie nicht mehr.
An den Partner hat sie einen sehr hohen Anspruch, der ihre Anstrengungen mit extrem hoher Aufmerksamkeit oder Belohnungen aller Art ausgleichen muss. Es ist dabei manchmal auch unbewusste Rache am Werk - die Rache am Vater, der sie so missachtet hat. Der Partner soll das wieder gut machen. Was er aber natürlich nicht kann. Er wird sich verausgaben und letztlich fühlen, dass er dieses Loch nie stopfen kann. Es wird ihm irgendwann zu viel. Das Hauptproblem besteht darin, dass sie nie echt ist und sich immer total anstrengen muss, um das zu erfüllen, von dem sie glaubt, dass es die anderen wollen. Ihre Anstrengung überträgt sich auf ihre Umgebung.

b) **Sie sucht oder sieht in jedem Partner den Vater. Der soll ihr endlich das geben, was sie als Kind nicht bekommen hat. Das ist aber ein Fass ohne Boden.** Kein Mann der Welt kann die verlorene Vaterliebe ersetzen oder ausgleichen. Er kommt entweder in eine maßlose Überforderung und sie wird immer zickiger und enttäuschter, weil er ihr nicht geben kann, was sie so dringend braucht. Oder aber, der Mann nimmt sehr schnell reiß aus, weil er instinktiv spürt, dass er die Erwartung, die sie in sich trägt, niemals wird erfüllen können. Wenn er nicht geht, gibt er innerlich auf.

Sie erfährt immer wieder erneut eine Enttäuschung und zweifelt immer mehr an ihrem Wert!

Natürlich fragst du jetzt als Erstes, was man da machen kann?

Der erste Schritt ist getan, sich dessen bewusst zu werden, die Verantwortung für sich zu übernehmen und dem Partner nicht mehr etwas umzuhängen, für das er nun mal nicht zuständig ist.

Wir werden es jetzt Schritt für Schritt verändern und auflösen!

Du wirst Dir am Ende des Buches ganz bewusst sein, wann die alten Rollenspiele wieder deine Männerwahl bestimmen und du dich wie ein Kind verhältst, das um Liebe buhlt. Dann kannst du aussteigen!

Stattdessen wirst Du Dich jetzt fragen: **Was würde eine selbstbewusste, entspannte, blühende Frau denken, tun und sagen?**

Mit deinem inneren, verletzen, kindlichen Anteil wirst du liebevoll umgehen und seine Bedürfnisse achten, dann muss es nicht mehr rumzicken. Du lernst dich selbst kennen und kannst immer authentischer sein.

Denk an mich! **An deine Lady in Dir**! Wenn Du es mit einem tollen Mann zu tun hast, dann hat deine Kleine in Dir einmal Pause und bestimmt nicht. Da bist du Frau! Bei einem guten Mann wirst du es leicht haben, dich wie eine Lady zu fühlen!

WAS WIRKT IN DIR ALS HINDERNIS?

Jetzt sehen wir uns im Detail an, was in dir wirkt und welche Gedanken und Programmierungen dich bisher von deinem Glück ferngehalten haben.

DEINE GLAUBENSSÄTZE

In diesem Kapitel sehen wir uns ALLES an, das deine Glaubenssätze, Überzeugungen und Gefühle geprägt hat. Denn das sind deine Filter und deine unbewussten Grenzen, über die du bisher nicht gehen konntest.

Bitte lege dir Papier und Stift oder dein schönes Schreibbuch zurecht, damit du dir Notizen machen kannst.

Ich bitte dich, auch ein extra Blatt für deine späteren Erinnerungskarten vorzubereiten. Diese Karten kannst du einige Wochen abwechselnd mit dir tragen und dich so an deine neuen Gewohnheiten erinnern.

Für deine Karten kannst Du Dir schöne Papierkarten, Postkarten oder Kunstdruck-Karten aus etwas festerem Papier oder Karton aussuchen, deiner Gestaltungsfreude und Kreativität sind keine Grenzen gesetzt.

Allein wenn du erkennst, was in dir wirkt, hast Du schon einen Teil der Lösung geschafft!

Was du bewusst erkennst, kann nicht mehr automatisch in dir ablaufen, du erhältst die Kontrolle darüber und du kannst es ändern. Unbewusstes kontrolliert dich, ohne dass Du es merkst. Was Du Dir bewusst machst, kannst du verändern!

Achtung: Falls Du schon andere Bücher von mir gelesen hast, wirst du die Übungen zu den Glaubenssätzen teilweise kennen, sie sind jedoch nur in manchen Teilen ähnlich oder gleich, es gibt viele Feinheiten und Inhalte, die SPEZIELL HIER FÜR DIESES THEMA angepasst, neu und erweitert sind. Mache also bitte nochmals alle Übungen durch.

ÜBUNG 1 – Meine bewussten Glaubenssätze

Bitte ergänze die untenstehenden Sätze. Du kannst einfach drauf losschreiben, was dir dazu einfällt. Denke nicht zu viel nach, schreibe auf, was ganz spontan und unzensiert aus dir heraus sprudelt. Es muss keinen Sinn machen und nicht wertvoll sein. Es geht nur darum, nachzuspüren, was es in dir denkt. Manchmal ist man selber überrascht, was da alles zum Vorschein kommt.

1. Beziehungen sind ______________________
2. Das Leben ist ______________________
3. Männer sind ______________________
4. Frauen sind ______________________
5. In einer Beziehung muss man ______________________
6. In einer Beziehung bin ich ______________________
7. Ich bin ein ______________________ Mensch
8. Ich bin eine ______________________ Frau
9. Einen Partner zu finden ist ______________________
10. Liebe ist

Du kannst es einfach einmal stehen und auf dich wirken lassen. Finde jetzt heraus, ob sich ein Thema durchzieht, zum Beispiel ein Wort, das sich wiederholt. Beobachte, ob deine Einstellungen eher zuversichtlich, bejahend sind oder durchwegs negativ und belastet wirken.

Denn so, wie du innerlich fühlst und denkst, siehst du auch die Welt! Und genau das begegnet dir auch!

Wie näherst du dich wahrscheinlich Beziehungen? Vertrauensvoll und offen? Skeptisch und ängstlich?

Silvia, eine Klientin, hatte fast in jedem Satz das Wort „anstrengend" stehen. Sie erkannte also das Thema „Anstrengung" im Zusammenhang mit Beziehungen. Wenn ein Mensch Beziehungen als anstrengend betrachtet, wird er vorrangig dieses in seinem Leben vorfinden und gleichzeitig

Beziehungen unbewusst boykottieren, denn wer will sich schon dauernd anstrengen?

Was unseren inneren Erwartungen nicht entspricht, das sehen wir nicht, so wie ein Auto, das uns überholt, im toten Winkel unsichtbar für uns sein kann.

Silvia schließt mit ihren inneren Überzeugungen von vorne herein Leichtigkeit aus.

Lass uns mit dir weitermachen. Freu dich über deine Entdeckungen, du wirst mit jeder freier werden!

Wie nimmst du dich wahr? Wie betrachtest du Männer? Sind Beziehungen für dich gefühlsmäßig etwas Tolles oder bedeuten sie Anstrengung oder Angst?

Sammle einfach ganz offen und entspannt deine ganzen Eindrücke und bewerte es nicht. **Du stellst dich deiner Wahrheit und deine Heilung beginnt damit. Sei stolz darauf und freu dich.** Aber bitte sei ehrlich zu dir. Wenn du total negativ unterwegs bist, die Welt, Männer, Beziehungen schlecht siehst, dann schau dieser Wahrheit jetzt in die Augen. Klopfe dir auf die Schulter für deinen Mut, jetzt mal reinen Tisch in deinem Kopf und Herz zu machen!

Beziehung ist kein Glück, das vom Himmel fällt, sondern deine Entscheidung. Du hast es in der Hand!

ÜBUNG 2 – Meine unbewussten Glaubenssätze

Wir gehen jetzt zurück in deine Kindheit.

Das ist der Teil, der dich vielleicht etwas mehr Energie kosten wird, aber es wird sich lohnen, denn danach wird Einiges so viel klarer für Dich sein!

Du bekommst auch gleich immer Übungen an die Hand, mit denen Du sofort beginnst, die ersten tiefen Blockaden aufzulösen!

Bereit? Dann legen wir los.

Erinnerst Du Dich, was Dir deine Eltern und deine wichtigsten Bezugspersonen über Beziehungen vorgelebt haben?

Ich weiß, manchmal ist es unangenehm oder schmerzhaft, dorthin zurückzugehen. Versuch es mit einer gewissen Distanz zu machen, als würdest du einen Film ansehen. Wenn du sehr traumatische Erlebnisse hattest, dann mache diese Übung nur, wenn du dich sicher genug fühlst oder hole dir dafür bitte therapeutische Begleitung oder eine Freundin, die dich dabei unterstützt.

Du sollst hier nicht noch einmal etwas durchleben, sondern nur ganz kurz und sachlich abrufen, was bei dir als Kind so abgelaufen ist. Denn das sind große Balken, die möglicherweise quer am Weg zu deinem Partner liegen.

Lass sie uns wegräumen.

Hab Mut. Vertraue. Atme tief durch und denk an dein Ziel. Du willst aufräumen und alles auflösen, das dich hindert, glücklich zu sein.

Schließe deine Augen, atme tief, gehe in die Ruhe und denke an die Zeit als Du ganz klein warst zurück.

Denke an deine frühesten Erinnerungen. Vielleicht kommen ganz konkrete Bilder, Töne und Situationen auf, vielleicht nur ein diffuses Gefühl.

Beantworte für Dich die folgenden Fragen. Nimm jene Einfälle, die gleich spontan da sind, bewerte sie nicht und analysiere sie nicht. Schreibe es auf.

1. Was hast Du von deinen Eltern über den anderen Elternteil oder das andere Geschlecht gehört. Wie haben sie miteinander gesprochen?
2. Gab es liebevolle Worte und Gesten? Kosenamen? Haben sie sich angelächelt? Umarmt vor Dir? Wie haben sie sich angeblickt? Falls du mit einem Elternteil alleine aufgewachsen bist, versuche Dich zu erinnern, wie der Elternteil auf Personen des anderen Geschlechtes reagiert

hat, darüber gesprochen hat und sich in Gegenwart anderer benommen hat.

3. War die Stimmung zu Hause eher von Vorwürfen geprägt? Gab es sorgenvolle Gesichter, einen rüden Ton? Gab es keinen Austausch von Zärtlichkeiten? War die Stimmung neutral, sachlich? Oder fröhlich und aufregend? Streng, kühl, angespannt? War es harmonisch und in Ordnung?
4. Wer hatte welche Rolle inne gehabt? Wer hat bestimmt, was in der Familie getan wird, wer hat das Geld verdient, wer hat den Haushalt geführt, wer war für dich die stärkere Person? Falls dein Elternteil alleinerziehend war, überlege für ihn alleine, wie du ihn oder sie wahrgenommen hast und erinnere dich, wie deine Mutter oder dein Vater sich in Gesellschaft anderer benommen hat. Solltest du mit anderen Bezugspersonen aufgewachsen sein oder hauptsächlich bei deinen Großeltern gewesen sein, dann nimm bitte diese als Personen für die Übung.
5. Hatte deine Mutter die Hosen an oder war sie sehr unterwürfig (oder jede andere weibliche Bezugsperson)? Wenn du mit einer männlichen Bezugsperson aufgewachsen bist, überlege, ob du irgendwelche Frauen in deinem Umfeld beobachtet hast, die wichtig für dich waren.
6. Wer hat sonst noch über dich oder euer Leben bestimmt, war es eine männliche Person, eine weibliche? Wer hatte am meisten Macht in deinem Umfeld?
7. Wer hat wie seine Bedürfnisse durchgesetzt? Hat deine Mutter klar gesagt, was sie wollte? Hat dein Vater geäußert, was in ihm vorging? Oder wurde schweigend kommuniziert? Hat man Bedürfnisse unterdrückt? Oder wurde durch Jammern, Kranksein oder Kritisieren etwas erpresst?
8. Wurden deine oder die Grenzen anderer verletzt?
9. Wurde Liebe gezeigt und gegeben? Wie?

Schreibe alles auf, das in dir hochkommt. Gesten, Sätze, Bilder, Stimmungen, Gefühle, Szenen.

Ein Beispiel einer Klientin:

Karin schrieb auf:

Irgendwie gab es immer eine Art Vorwurfshaltung meiner Mutter gegenüber meinem Vater, so als würde er sie dauernd enttäuschen. Die Gesichter waren eher ernst und sorgenvoll. Es gab Zärtlichkeiten, aber nicht viele. Meine Mutter hat alles geregelt, sie war die Starke. Meine Mutter hat sich aber trotzdem meinem Vater irgendwie dauernd untergeordnet, als ob sie ihre Stärke immer verstecken müsse vor ihm und uns. Ich denke meine Mutter war nie ganz sie selbst und ist nicht zu ihren Wünschen gestanden, sie hat alles in Kauf genommen aus irgendeinem Pflichtgefühl oder aus Resignation. Es gab viel Streit, ich wusste nie, wann wieder die Stimmung kippen würde, es war also immer alles sehr unsicher und instabil, geprägt von Konflikten und Sorge.

Wenn Du mit deinen Aufzeichnungen fertig bist, **leite jetzt bitte daraus ab, was Du Dir als Kind wahrscheinlich über Beziehungen gedacht hast.**

Nehmen wir das Beispiel von **Karin.**

Ein Kind kann kognitiv noch nicht alles einordnen und erklären und nimmt die Welt als das, wie sie sich ihm bietet. Ein Kind kann das Verhalten der Eltern nicht psychologisch erklären und sich nicht sagen: ja, die sind gerade so überlastet und es ist wenig Geld da, deshalb streiten sie gerade, aber das wird schon wieder.

Ein Kind nimmt das, was da ist, für voll und ohne weitere Erklärung als ein Abbild der Wirklichkeit des Lebens. Leider beziehen wir als Kinder Alles um uns herum auch immer auf uns selbst. Wir fühlen uns schuldig, wenn die Erwachsenen nicht glücklich sind oder wir fühlen uns nicht geliebt oder in Ordnung, wenn zu Hause Sorge und Streit vorherrschen.

Karin könnte sich als Kind nun Folgendes gedacht haben:

Mama ist nicht ehrlich (das Kind fühlt die Stärke der Mutter, aber beobachtet, dass sich die Mutter schwach gibt und sich unterordnet), sie versteckt etwas und ich kenne mich bei ihrem Verhalten nicht aus. Ich fühle etwas anderes als ich sehe.

Das kann für Karin später zum Beispiel folgende Glaubenssätze formen:

- in einer Beziehung ist man nicht ehrlich
- die Rolle einer Frau ist unverständlich, sie ist stark, aber man darf es nicht zeigen
- Beziehungen sind geprägt durch Sorge und Vorwürfe
- Männer sind schwach und enttäuschen eine Frau
- Beziehungen sind emotional instabil und unsicher, man weiß nie, wann es wieder kippt
- Wie sich Menschen zeigen, sind sie nicht

Das Kind bezieht sehr viel auf sich und interpretiert daraus die Welt und seinen Bezug zu ihr.

Wenn die Eltern ständig in Sorge sind und die Stimmung gedrückt, denkt es sich: **ich bin schuld, dass es den Eltern nicht gut geht. An mir ist etwas nicht richtig, sonst würde es ihnen besser gehen. Ich schaffe es nicht, meine Eltern glücklich zu machen. Ich bin nichts Wert, meine Liebe kann nichts ausrichten, ich bin nicht genug.**

Solche Gedanken setzen sich dann als neuronale Spur im Gehirn fest und werden mit Emotionen zu einer fixen Annahme über sich selbst und die Welt verbunden. Das sitzt tief und solche frühen Glaubenssätze können im Lauf der Jahre zu einer Autobahn werden, auf der unsere Gedanken und Emotionen aus reiner Gewohnheit immer wieder entlang fahren.

Nur mal kurz zwischendurch – keine Sorge – du kannst das Alles verändern! Durch Gedankenkontrolle, Wissen und mit ein wenig energetischer Arbeit.

Lese jetzt noch einmal alles in Ruhe durch und beginne herauszufiltern, was die wichtigste Information darin ist.

- Mit welchen Themen und Schwierigkeiten wurdest du konfrontiert?
- Was hat dir sicher gefehlt?
- Was war zu viel?
- Wie hast du dich damals wohl gefühlt?
- Welche Glaubenssätze sind daraus wahrscheinlich entstanden?
- Welche Männerrolle und welche Frauenrolle hast du als Kind gesehen?
- Was musstest du tun, unterdrücken, leisten, sagen, sein, damit du dich geliebt fühltest oder zumindest gut über die Runden kamst?

Das Alles gibt Dir Klarheit darüber, wie Du heute

in Beziehungen hinein gehst!

!!!

Bravo, Du machst das gut bisher. Bleib dran!

Schau dir folgende Themen genauer an:

- Sicherheit
- Umgang miteinander
- Grundstimmung
- Achtung und Wertschätzung ja oder nein
- Probleme und Belastung oder Leichtigkeit
- Wurden deine Bedürfnisse erfüllt
- Wie waren die Rollen verteilt
- Was hast du daraus über Beziehungen als Kind gelernt?
- Konnten deine Eltern, deine Bezugspersonen sich verwirklichen?
- Unterlag alles finanziellen oder anderen Sorgen?
- Gab es besondere Punkte wie Gewalt, Missbrauch, Sucht, Kriminalität
- Konnte Vertrauen entstehen oder Freundlichkeit gegenüber der Welt und den Menschen?

- Was wurde als Männer Bild und als Frauen Bild vermittelt
- Wie hast du dich gefühlt?

Im Grunde genommen geht es darum, dass du erkennst, was den Bauplan deiner Sichtweise über Beziehungen, das Leben und die Welt bestimmt hat. So bekommst du eine Ahnung, was unbewusst in dir wirkt und dir deine Sichtweisen und deinen Filter vorgibt.

Habe keine Angst, auch wenn es düster aussieht, Du kannst es ändern!

Der erste Schritt ist, zu erkennen, was damals in dir vorgegangen sein muss und was du dir daher über die Liebe gedacht und für dein Leben zurecht gelegt hast.

Sobald wir uns entscheiden, aus einer unbewussten, gewohnten, automatischen Handlung auszusteigen, ist die erste Veränderung bereits geschehen!

Wichtig ist, dass Du jetzt lernst zu verstehen, wie diese alten Erfahrungen deine Sicht von Beziehungen prägen und dein Verhalten bestimmten, solange es unbewusst abläuft.

Ab sofort kannst du als Erwachsene die Kontrolle übernehmen, die alten Wahrheiten über Bord werfen und dein Drehbuch neu schreiben.

Natürlich kann es auch sein, dass alles harmonisch war. Wir müssen keine Probleme suchen und finden, wo keine waren! Falls Du eine glückliche Kindheit und glückliche Eltern hattest, freue Dich darüber!

ÜBUNG 3 – Meine übernommenen Glaubenssätze

Zuletzt, bevor wir deine Glaubenssätze abschließen, sehen wir uns an, was du von anderen und der Gesellschaft übernommen hast. Nicht nur von deinen Eltern, sondern auch von Verwandten und Erziehern über Beziehungen an Meinungen und Aussagen gehört hast. Wenn du die genauen Worte nicht mehr weißt, dann spüre in den Sinn der Aussagen hinein.

Lassen wir Karin als Beispiel noch einmal ihre Erinnerungen ansehen:
Grundsätzlich habe ich von meinen Großeltern und Onkeln immer wieder gehört, dass man es nicht leicht hat im Leben. Ich erinnere mich an das Thema Geld. Das wurde immer wieder besprochen. Dass etwas nicht gehe oder wie es weitergehen solle oder wer wann was machen könnte, um die Situation zu verbessern. Mein Großvater hat sich immer negativ über Reichtum geäußert.

Für mich war das Thema Beziehungen immer mit dem Thema Geld verknüpft. Die Beziehung ist traurig, weil das Geld fehlt. Kein Geld bedeutet eine belastete Beziehung. Dieser Zusammenhang wird mir ihr erst jetzt klar.

Für meine Großeltern war das Thema Fleiß und Geld wichtig, da wurde nicht über Beziehungen gesprochen. Meine Großmutter mütterlicherseits hat auch immer über Wohlstand gesprochen. Ich habe einen großen Familienzusammenhalt erlebt. Aber es wurde immer über Probleme geredet und gestritten, wenn alle zusammen kamen.

Karin verbindet also durch das, was sie damals erlebt hat, Beziehungen mit Konflikten und mit dem Thema Geld verstrickt. Auch wurde offenbar in der Familie der Hauptwert in Leistung und Geld gesehen und nicht in harmonischen, erfüllenden Beziehungen.

Was könnte sie daraus ableiten?

- Beziehungsglück wird durch Geld bestimmt
- Beziehungen sind durch Streit oder Belastung geprägt
- Das zentrale Thema des Lebens ist der Wohlstand
- Ich kann nur mit Geld eine glückliche Beziehung haben
- Man hat es nicht leicht im Leben

Es wird dich nicht wundern, zu erfahren, dass Karin in Beziehungen laufend wegen des Geldes in Konflikte gerät oder immer Männer anzieht, mit denen sie streitet oder die nie genug Geld haben.

Sie dir jetzt deine Erinnerungen an und versuche, das zentrale Thema herauszukitzeln und wie du es mit Beziehungen verknüpfst. Wie hast du wohl logischerweise Beziehungen wahrgenommen, durch das, was du bei den Erwachsenen gehört, beobachtet und gefühlt hast?

War es unbelastet, fröhlich und liebevoll? War es hart, kalt und sachlich? War es sorgenvoll, traurig und schwer? War es durch Sorge und Streit geprägt? Gab es ein zentrales Thema wie Finanzen, Sucht, Krankheit, Gewalt, das dieses Thema überschattet hat und du nie frei und offen eine gesunde Beziehung erleben konntest? Ist jemand früh gestorben? Hat jemand den anderen verlassen oder betrogen?

Wenn jemand stirbt, hat es den Aspekt des Verlassens in sich. Jemand, der stirbt, verlässt in Kinderaugen die Familie und das Kind. Somit werden Beziehungen immer mit Verlustangst oder Verrat gekoppelt.

Verlustangst als Beispiel lässt uns einerseits sehr verkrampft in Beziehungen gehen, weil wir sie mit der Angst, verlassen zu werden, belasten. Zudem erwarten wir das „Verlassen werden“ gerade zu und verhalten uns unbewusst auf eine Art und Weise, die den Anderen dann wirklich von uns wegtreibt.

Schau genau hin, womit du Beziehungen bisher assoziiert hast, denn meistens sitzen diese alten Erfahrungen in uns und wir bemerken nicht, dass sie uns noch immer prägen.

Ich möchte nicht zu lange in den alten Geschichten rühren. Aber einmal kurz hinzusehen, um zu wissen, was da in uns arbeitet, ist die Basis, um eine Veränderung zu erzielen. Erkenntnis und Klarheit ist bereits der größte Teil der Heilung!

Je besser du dich selbst kennst und weißt, woher viele deiner Ängste, Zwänge und Verhaltensweisen stammen, desto mehr kannst du bestimmen, was du ändern möchtest.

Es ist veränderbar.

Durch Bewusstheit, Entscheidung, deinen Willen.

Du wirst nicht mehr unbewusst gesteuert, wie eine Marionette, sondern du hast jetzt kapiert, was da läuft und kannst aussteigen.

Das bist nicht Du! Es sind nur Dinge, die du gedacht hast, Haltungen, die du übernommen hast als offenes, liebendes Kind.

Du bist nicht deine Gedanken und Handlungen – du hast sie und kannst sie jederzeit verändern!

Einfach, indem du es willst und dich entscheidest, anders über dich, Beziehungen, Männer und die Welt zu denken.

Sobald du deine inneren Annahmen erkennst und veränderst, ändert sich die Welt um dich auch.

Noch ein wichtiger Hinweis:

Es gibt auch gesellschaftliche Glaubenssätze, die wir in unser System übernommen haben, die uns klein machen und hindern, zu unseren Zielen zu gelangen. Typische Beispiele dafür sind:

- Alle guten Männer sind vergeben
- Eine Frau über einer gewissen Altersgrenze hat es schwer
- Aussehen, Körpergewicht, Erfolg und Geld bestimmen die Chancen
- Eine wirklich erfüllte Beziehung gibt es nur im Kino, man muss Kompromisse eingehen (damit sind vor allem solche gemeint, die uns unglücklich machen, also falsche statt entwicklungsfördernde Kompromisse)
- Wer längere Zeit keine Beziehung hat, mit dem stimmt etwas nicht

- Beziehungen engen unsere Freiheit ein und dann kann man sich nicht mehr ausleben, dann sind die wilden Jahre vorbei
- Es gibt die eine große Liebe, den einen richtigen Menschen, die eine wahre Beziehung
- Ein andauernde Beziehung in Harmonie ist Glück, das einen trifft
- Männer sind beziehungsunfähig und nicht monogam
- Heute macht doch jeder, was er will
- Einen passenden Partner zu finden ist schwer

Es ist entscheidend, dass Du Dich von solchen Meinungen nicht mehr leiten oder beeinflussen lässt. Glaube sie schlicht und einfach nicht mehr, hinterfrage sie konsequent und suche nach Gegenbeweisen! Du kannst Dir dazu folgende Fragen stellen:

- **„Wer sagt das?"**
- **„Kann es auch anders sein?"**
- **„Wo gibt's andere Beweise?"**
- **Welche Wahrheiten lege ich mir zu, die mir besser passen?**
- **Worauf richte ich stattdessen meine Aufmerksamkeit und meinen Glauben?**

Schreib hier noch einmal deine wichtigsten Erkenntnisse auf und welche Glaubenssätze Du finden konntest, die sicher ungünstig für eine erfüllte Partnerschaft oder deine Partnerwahl sind. Glaubenssätze meint das, was es tief in dir glaubt über Liebe, Beziehungen und das Leben.

Meine hindernden Glaubenssätze, Überzeugungen und Gefühle

Bravo! Jetzt hast du sie aus ihren Untiefen hervorgeholt und dir bewusst gemacht. Später werden wir sie auflösen und verändern.

DIE BEZIEHUNG ZU MEINEN ELTERN

ÜBUNG 4 – Die Beziehung zu meinem Vater

Jetzt möchte ich mit Dir einen Blick auf die wichtigste Beziehung lenken, die entscheidend dein Selbstverständnis als Frau bestimmt hat und die für deine Partnerschaft essentiell ist.

Unseren Wert als Frau bekommen wir zuerst vom Vater gespiegelt.

Beantworte hier bitte folgende Fragen zur Beziehung zu deinem Vater in den ersten Lebensjahren bis hin zur Pubertät, soweit du dich zurückerinnern kannst.

Sollte kein Vater vorhanden gewesen sein, kannst du entweder eine andere männliche wichtige Bezugsperson dafür nehmen oder du lässt die Übung aus und gehst zu Teil B – der fehlende Vater.

Es gibt kein richtig oder falsch, beantworte die Fragen spontan und so, wie du es kannst.

Wenn du sehr traumatische Erlebnisse mit deinem Vater hattest, hole dir bitte therapeutische Hilfe, mache die Übungen dann zur Sicherheit nur mit fachlicher Begleitung.

Grundsätzlich gilt: Sieh dir alles mit einer gewissen Distanz an, als würdest du einen Film ansehen. Du brauchst nicht mehr in die Emotionen von damals einzutauchen. Falls zu viel hochkommt, dreh deine Emotion wie mit einem Lautstärkeregler herunter und atme tief durch. Mach eine Pause.

Wenn du eine Antwort nicht weißt, dann lass es einfach aus. Wenn du bei sehr vielen Punkten „keine Ahnung“ hast, dann sagt das auch viel über die Beziehung zu ihm aus. Nämlich, dass Du sie nicht einordnen kannst und hier sehr unsicher bist.

TEIL A

Mein Vater war ______________________________ zu mir

Er hat mir seine Aufmerksamkeit______________________ geschenkt

---

Er hat mir seine Liebe durch ___________________________________ gezeigt/ Er hat mir seine Liebe nicht gezeigt, sondern

---

Ich musste um die Aufmerksamkeit meines Vaters kämpfen/nie kämpfen

---

Ich habe mich von meinem Vater geliebt gefühlt, wenn ich ____

Das Grundgefühl zu meinem Vater war_____________________________

Ich habe meinen Vater damals als einen________________________ Mann betrachtet

---

Mein Vater hat meine Grenzen respektiert/nicht respektiert

Ich musste durch meinen Vater Bedrohliches/Unangenehmes erleben/nicht erleben

---

Ich fühlte mich von meinem Vater gesehen/nicht gesehen

Mein Vater war abwesend/beschäftigt/nicht da – ODER – anwesend/präsent/da für mich

---

Mein Vater war streng/übergriffig/kalt

Mein Vater war warmherzig/liebevoll/sorgend

Mein Vater gab mir das Gefühl________________________________ zu sein

---

Ich war/ich war nicht die Prinzessin meines Vaters

Mein Vater war/war nicht stolz auf mich

Mein Vater gab mir das Gefühl, sich sehr um mich zu sorgen /er gab mir dieses Gefühl der Sorge nicht

---

Meinen Vater erlebte ich als stark / neutral / schwach/ gefährlich/ nicht existent/ unverlässlich

---

Mein Vater hat mich verlassen/ist gestorben/hat die Familie verlassen/hat sich nie gekümmert

---

Mein Vater hat sich aufgeopfert/tat alles für die Familie

Mein Vater war suchtkrank/arbeitssüchtig

Mein Vater war ein Taugenichts

Mein Vater war erfolgreich/der Erhalter/ der Bestimmende

Mein Vater hatte die Hosen an/ hatte nie die Hosen an

……

Teil B – der fehlende Vater

Mein Vater war nicht da, weil______________________________(gestorben, nie gekannt, Familie verlassen, uä)

Meine Mutter hat mir über meinen Vater erzählt_____________________________________

Ich hatte zu meinem Vater, obwohl ich ihn nicht kannte, folgende Einstellung____

____

Mein Vater hat mir gefehlt/hat mir nicht gefehlt

Andere haben mir über meinen Vater erzählt______________________________________

Ich hatte von meinem Vater folgendes Bild in meiner Fantasie________________________

____

Ich war wütend/traurig/einsam/verzweifelt/ dass ich keinen Vater hatte

____

Ich fühlte mich ohne Vater unvollständig/ in Ordnung/ neutral/ als Außenseiter/besonders/ganz normal

Du kannst alle beiden Teile A und B beliebig ergänzen und dir noch weitere Punkte überlegen, die für dich wichtig sind.

Es geht darum, dass dir bewusst wird, wie du deinen Vater erlebt hast und welches Gefühl das in dir als Mädchen verursacht hat.

Die Übung soll dir Klarheit verschaffen, was du tun oder sein musstest, um seine Liebe gefühlsmäßig zu bekommen. Darüber hinaus soll sie dir klarmachen, aus welchen Gefühlen du vielleicht Männern gegenüber handelst und wann du bei einem Mann aus Gefühlen handelst, die noch von deinem Vater stammen.

Ziehe dann einmal Parallelen zu den Männern, denen du bisher begegnet bist.

Vielleicht wirst du einige Ähnlichkeiten in den Charaktereigenschaften oder der Art und Weise der Beziehung zu deinem Vater wieder erkennen. ACHTUNG - Das genaue Gegenteil ist nur die andere Seite der Medaille!

Bei den meisten Frauen wiederholt sich die Art und Weise, wie sie als werdende Frau vom ersten Mann wahrgenommen wurde bei den Männern in ihrem Leben.

Sobald du dir dessen bewusst wirst, kannst du unterscheiden lernen, ob das Mädchen in dir um den Vater buhlt und eine Vaterproblematik auf den Mann übertragen wird ODER ob du als erwachsene Frau handelst.

Die Lady: Mein Vater hat mich nur beachtet, wenn ich etwas geleistet habe. Dadurch hatte ich tief in mir den Glauben, für Liebe immer etwas leisten zu müssen. Jetzt weiß ich, ich darf für den Mann an meiner Seite wichtig sein, einfach nur, wenn ich bin.

Die Vaterwunde heilen

Im Gegensatz zur Ansicht vieler meiner Kollegen und Ansätzen in der psychologischen und psychotherapeutischen Landschaft, finde ich nicht, dass man seinem inneren Kind später alles selbst geben und ihm jetzt Vater sein kann. Das ist meines Erachtens nach nicht möglich. Diese Wunde wird bleiben. Ich bin der Meinung, es ist heilsamer, diese Wunde zu akzeptieren, sie nicht schön zu reden, sondern sie einfach da sein zu lassen, als etwas, das zu unserer Biographie gehört.

Es hilft schon, diese Wunde zu kennen, um sie nicht ständig wieder durch falsches Verhalten aufzureißen und sich nicht von ihr bestimmen zu lassen. Es gibt Wege, ihren Schmerz zu mildern. Man kann die Trauer um Verlorenes in Kindertagen begrenzt ausleben und sie somit in einem gesunden Maß unter heilsame Kontrolle bringen.

Heilsame Kontrolle kann ausreichen, damit du dich stark fühlst und mit diesem „kleinen gefühlten Loch“ in dir gut leben kannst.

So zu tun, als wäre alles heilbar und man könne als Erwachsener alles für sich selbst sein, das fühlt sich immer irgendwie an, als würde man sich selbst täuschen wollen. Und wenn man es nicht schafft, dann ist man auch noch enttäuscht.

Klar ist es gut, wenn man für sich selbst da ist und versucht, sein inneres Kind gut zu behandeln. Viele Sehnsüchte von früher stecken jetzt noch in uns. Es ist gut, wenn wir das ernst nehmen. Ja. Aber ich halte es für einen Selbstbetrug, sich die Eltern ersetzen zu wollen, die man nicht hatte.

Wir sind vollkommen, unantastbar in unserem Wert. Es gibt einen Grundwert in uns, der für sich steht. Um vollständig zu sein, brauchen wir niemand anderen.

Um Beziehung zu leben, um uns im anderen zu finden und zu spüren, um Bedürfnisse nach Bindung, Nähe, Wachstum, Gemeinschaft und Sexualität zu leben, dazu braucht es den anderen, das DU.

Die Eltern sind die erste, wichtigste Beziehung und Bindung für uns. Durch die Blutsverbindung ist das die engste Bindung die wir haben können, was unsere unterbewussten Gefühle betrifft. Ersatz- ,Pflegeeltern und andere wichtige Bezugspersonen, die in den ersten Jahren für das Kind die zentrale Bindungsperson darstellen, haben auch eine tiefe psychologische Bedeutung.

Das prägt uns, wie wir in Beziehungen gehen.

Diese Anteile, die weiblichen der Mutter, die männlichen des Vaters, die Erfüllung der grundlegenden Bedürfnisse durch die Eltern, das ist unwiederbringbar und bleibt in uns für unser gesamtes Leben.

Ob wir unter dieser Prägung nur leiden und Defizite ziehen oder es transformieren, also es ändern und daraus Stärken entwickeln, das liegt in unserer Entscheidung.

Die Wunde darf da sein, aber du brauchst keine Verwechslungen mehr unbewusst geschehen lassen.

Lösungsübung – Verwechslung aufheben

Folgende Zeilen lies laut und klopfe dabei sanft mit deinen Fingern auf deinen Solar Plexus. Lese es dann noch einmal durch und tippe mit zwei Fingern zart auf deine Stirn.

Das hat den Grund, dass Du die gelesenen, gesprochenen Worte auch gleichzeitig mehr in deiner Körperebene verankern und spüren kannst. Damit es nicht nur Worte bleiben, sondern es auch tiefer in dein Körperbewusstsein eindringen kann. Das Klopfen auf der Stirn verstärkt die Tatsache, dass sich dein Denken in dieser Richtung verändern soll.

Der Raum meines Vaters und mir, seiner Tochter, der gehört nur uns beiden, da hat kein Mann etwas drin verloren.

Ich werde immer Tochter meines Vaters sein. Zu ihm habe ich eine einmalige und einzigartige Bindung, egal wie sie aussieht oder aussah.

Als erwachsene Frau gehe ich zu einem erwachsenen Mann eine völlig andere Bindung ein, die damit nichts mehr zu tun hat. Was mit meinem Vater ist und war, das habe ich nur mit ihm gemeinsan und kann ich nur mit ihm klären.

Ich nehme es als meine Verantwortung und mein Schicksal an, diese Bindung so zu akzeptieren, wie sie war und ist und jede Konsequenz und Folge davon in Würde zu tragen und sie ab sofort nicht mehr meinem Beziehungsglück in die Quere kommen zu lassen.

Vater, ich verzeihe und vergebe dir!

Vater, ich verzeihe und vergebe mir!

In Liebe bleiben wir verbunden,

Als Tochter und Vater.

Als Frau gehe ich jetzt einen eigenständigen, freien Weg

Ich lasse dich los, gebe dich und mich frei für ein eigenständiges Leben,

Danke!

Bei Missbrauch durch den Vater ändere es etwas ab:

Vater, ich lerne, mit dir meinen Frieden zu machen

Da, wo einmal Liebe war, darf Anerkennung für unsere Schicksale bleiben

Als Frau gehe ich jetzt einen eigenständigen, freien Weg

Du musst Verantwortung tragen für das, was du getan hast.

Ich gebe mich jetzt davon frei.

Solange Du mit Vorwürfen an ihn durchs Leben gehst, wirst du an ihn gebunden bleiben und dir dadurch den richtigen Mann vom Leib halten und – das willst du sicher nicht.

Befreie dich, indem du deinem Vater und dir vergibst und akzeptierst, dass er, aus welchen Gründen auch immer, nicht anders konnte. Wenn Vergeben nicht möglich ist, schließe zumindest deinen Frieden und lasse es vorbei sein und hinter dir.

Später erfährst du noch mehr, wie du Trauergefühle und Wut auflösen kannst.

Jetzt gleich mache bitte die Übung „Frieden mit meinem Vater schließen".

Diese Übung kannst Du natürlich auslassen, wenn Du eine harmonische, zufriedene Bindung zu deinem Vater hast und dich von ihm immer geliebt fühltest.

ABER ACHTUNG: Wenn dein Vater für dich der Größte oder Beste war oder ist, sei wachsam, ob du nicht alle Männer an ihm misst und damit vergleichst.

Denn auch den GUTEN VATER können sie nicht ersetzen!

Lösungsübung – Frieden mit meinem Vater schließen

Bringe Verständnis dafür auf, dass Menschen immer so handeln, wie sie es in einem Moment aus ihrer Fähigkeit heraus am besten können. Sie wissen es selbst oft nicht besser und waren selbst verlassene, unglückliche Kinder, die die Welt falsch interpretiert haben.

Mit einer möglichst weichen, liebevollen Sichtweise lösen sich Dinge auf, mit Ablehnung und Hass verhärten sie sich und bleiben in deinem System stecken, was den Fluss zur Partnerschaft blockiert.

In einer vergebenden Haltung bitte ich dich, folgende Dinge mit der Intention zu tun, Friede einkehren zu lassen und was immer zwischen dir und deinem Vater war, jetzt in eine andere Energie zu bringen.

An den Stellen, wo du laut oder nur innerlich mit ihm sprichst, lege eine Hand auf dein Herz, um es auch in einer körperlichen Ebene spürbar zu machen.

1. Schreibe einen Brief an deinen Vater, in dem Du alles aufschreibst was du dir von der Seele reden willst und was du auflösen möchtest
2. Verbrenne diesen Brief feierlich (am besten in einem Topf oder feuerfesten Gefäss im Freien, die abgekühlte Asche kannst du dann vergraben oder einfach in den Müll geben) mit der Intention und Bitte, dass sich diese alten Muster jetzt verändern dürfen und du lernen willst, zu vergeben und in dein Leben zu gehen. (Falls du nicht spirituell gepolt bist: das Verbrennen soll dir einfach bewusst machen, dass du diese Vorwürfe, Gedanken oder Inhalte jetzt auflösen willst. Der äußere Vorgang unterstützt dich dabei, die inneren Vorgänge besser wahrzunehmen und umzusetzen).
3. Suche dir einen ruhigen Ort und Moment. Schließe deine Augen und lasse deinen Vater vor Dir erscheinen. Egal ob er noch lebt oder schon gestorben ist. Danke ihm für dein Leben. Sage ihm, dass du nun deine Vorwürfe gegen ihn

fallen lassen willst, damit du in dein Leben und dein Glück gehen kannst. (Bei Missbrauch: klage ihn an und dann sage, dass es jetzt vorbei sein darf und du dich davon frei gibst).

4. Sage ihm, dass er Einiges verbockt hat (falls es so war, oder dass du ihn vermisst hast), dass du aber jetzt lernst, dass er es nicht besser gekonnt hat und dass es nichts mit deinem Wert als Frau und Mensch zu tun hat.
5. Sag innerlich zu deinem Vater: „Du konntest mir nie das Gefühl geben, zu genügen, weil du mir die nötige Liebe, Aufmerksamkeit und Energie nicht geben konntest. Aber heute verstehe ich, dass ich immer genügt habe, dass alles, was du getan oder nicht getan hast, mit DIR zu tun hat und nichts mit mir und meinem Wert. Ich weiß hier und heute – ICH GENÜGE! ICH BIN GENUG! ICH BIN WERTVOLL. Jetzt weiß ich es! Ich vergebe dir, Vater.
6. Sprich innerlich zu ihm: „Vater (Papa), ich gebe dich frei. Ich gebe mich frei. Für ein eigenständiges Leben. Ich bin jetzt eine erwachsene Frau. Den Vater, den ich als Mädchen gebraucht habe, den brauche ich jetzt nicht mehr. Jetzt brauche ich nur noch einen Vater, wie ihn eine erwachsene Frau braucht. Und vor allem ist es Zeit für mich, eine erwachsene, erfüllte Beziehung zu einem Mann in meinem Leben einzugehen. Dafür löse ich mich soweit von dir, es hierzu nötig ist und bitte löse du dich von mir, soweit es dafür nötig ist. Danke!“
7. Betrauere einen Tag lang, dass du nicht den Vater hattest, den du gebraucht hättest (Zünde eine Kerze an, stelle etwas auf, dass du mit Trauer verbindest, zieh dich schwarz an, zelebriere die Traurigkeit darüber). Nur einen Tag lang, mehr nicht.
8. Nimm das Gefühl, das du in dir hinsichtlich deines Vaters fühlst, in deinem Körper wahr. Gib ihm eine Form, ein Aussehen, eine Farbe, eine Temperatur. Spüre, wo im Körper es ist (zum Beispiel: ein Druck, eine dunkle Wolke im Solar Plexus). Dann stelle dir vor, wie dieses Gefühl aus dem Körper heraustritt und du es vor dir siehst. Du kannst

es auch in deiner Vorstellung mit den Händen aus dir herausschieben. Nimm es außerhalb deines Körpers wahr. Dann sage: Ich bin nicht dieses Gefühl. Ich habe es nur und es darf sich jetzt verändern. Es ist nur eine Interpretation, nur ausgedacht. Dann lass es los und beende diese Übung.

9. Feiere dein Frau sein, dich als Frau, dann denke an deinen Vater und sage innerlich: Schau her, ich bin eine tolle, wertvolle Frau, du kannst stolz auf mich sein. Ich bin stolz auf mich!
10. Denke Dir: es gibt einen Raum, das ist der „Vater-Tochter-Raum“. Der gehört nur mir und meinem Vater, für immer. Da hat kein Mann etwas drin verloren. Und es gibt einen „Partner Raum“, in diesen Beziehungsräumen mit Männern hat mein Vater nichts verloren. Lerne es innerlich zu trennen, indem du dir diese beiden Räume vorstellst. Zeichne die zwei Räume auf einem Blatt Papier auf, um es deutlich zu sehen. Stelle jeden Mann, der für dich interessant ist, in seinen Raum und deinen Papa in seinen Raum. Wenn Du Lust hast, nimm Fotos von deinem Vater und Dir und einem Stellvertreter für die Männer und klebe die Fotos in die Räume.
11. Noch eine Denkaufgabe: Egal welchen Vater ich hatte, er ist mein Vater und ich bin ein Teil von ihm. Wenn ich ihm vergebe, ist es gut für mich! Wenn ich diesen Teil in mir annehme, stärke ich meinen Selbstwert!
12. Ich habe mein Leben erschaffen. Auch meine Vergangenheit als Kind habe ich mit erschaffen. Es hat einen Sinn. Selbst, wenn ich ihn nicht kenne, vertraue ich darauf. Und jetzt mache ich aus dem das Beste für mich und mein Leben, das ich kann.

Dies wird Vieles sofort in dir zurecht rücken und eine neue Perspektive schaffen.

Dein Gehirn knüpft schon neue Bahnen. Sehr gut.

Du kannst das jederzeit natürlich noch weiter vertiefen - Gut haben sich hierfür meditative Arbeit und Energiearbeit bewährt. Nur bitte übertreibe es nicht. Zuviel meditieren, sich Versenken und Lösen endet in der Sackgasse.

Deine Konzentration auf zu lösende Dinge sollte nur von zeitlich begrenzter Dauer sein.

Manchmal hat man aber Bedarf, etwas nachzulegen, weil vielleicht das Gefühl zu tief sitzt.

Hinweis für deine weiteren Möglichkeiten:

Am Besten lassen sich deine Themen in einem persönlichen Coaching oder in einem Workshop erkennen und bearbeiten.

Alle Infos dazu und für mögliche weitere Schritte und Material erhältst Du auf meiner Seite carolingruber.at

Besuche www.carolingruber.at und stöbere in Ruhe in den Angeboten.

Wir freuen uns auf dich!

Am Markt findest du unzählige, tolle Hilfestellungen, um in der **inneren Arbeit den Frieden zu den Eltern** zu vertiefen. Stöbere in YouTube oder im Buchhandel, da gibt es viele gute CDs mit heilsamen Meditationen.

Lösungsübung – meine Erkenntnisse

- **Was habe ich bisher erkannt?**
- **Wo habe ich Männer mit meinem Vater verwechselt?**
- **Was werfe ich Männern bisher vor, was das eigentliche Thema mit meinem Vater war?**
- **Wann buhle ich wieder um Liebe und Aufmerksamkeit, weil ich das als Kind so gelernt habe?**

Meine Erinnerungskarte

Die Erinnerungskarte trägst Du immer mit Dir. Wenn Du Dich in einer Situation mit einem Mann nicht wohl fühlst, unsicher wirst oder wenn Du Dich grundsätzlich traurig oder verunsichert fühlst, liest Du sie durch, um Dich an deine Erkenntnisse zu erinnern! Hier ein paar Vorschläge für einen stärkenden Erinnerungssatz:

- ♥ **Es gibt einen Vater-Raum und einen Männer-Raum**
- ♥ **Agiere ich als verletztes Mädchen oder als selbstverantwortliche Frau?**
- ♥ **Tu ich wieder was für Liebe, statt einfach zu empfangen? Ich darf vollständig geliebt werden, einfach nur weil ich bin, wie ich bin.**
- ♥ **Ich mache nicht, ich lasse kommen**
- ♥ **Ich genüge!**
- ♥ **...du kannst eigene Sätze ergänzen..**
- ♥ ____________________
- ♥ ____________________
- ♥ ____________________

ÜBUNG 5 – Die Beziehung zu meiner Mutter

Falls Du keine Mutter erleben konntest, nimm entweder eine andere weibliche, wichtige Bezugsperson oder überlege, wie du die weiblichen Rollenbilder vermittelt bekommen hast. Falls deine leibliche Mutter nicht da war, du sie vermisst hast oder du Vorwürfe in dir trägst, mache bitte die Übung Friede mit der fehlenden Mutter.

Überlege dir dann dazu, was dir andere über deine Mutter erzählt haben, welches Bild du von ihr hattest und wie dein Gefühl zu ihr aussah.

Hier möchte ich dich bitten, einmal frei zu überlegen, was dir deine Mutter (oder die engste weibliche Bezugsperson) vorgelebt hat, wie eine Frau im Leben steht und sich gegenüber Männern verhält.

____

____

Wie war dein Verhältnis zu ihr?

____

Hat sie dir beigebracht, wie man eine weibliche Frau ist?

Was hat sie dir über den weiblichen Körper oder Weiblichkeit gelehrt, gezeigt, beigebracht oder vorgelebt?

Was war tabu?

Wie ging deine Mutter mit sich und ihrem Körper um?

Konntest du durch sie ein gutes Frauenbild entwickeln?

Kannst du, wenn du an deine Mutter denkst, Frau-Sein annehmen und schätzen?

Hast du Vorwürfe gegen deine Mutter? Welche?

Bist du bereit, ihr zu verzeihen und sie zu verstehen, weil auch sie von ihrer Mutter vieles nicht gelernt hat?

Kannst du verstehen, dass in unserer Gesellschaft Frauen es bis in diese Generation sehr schwer hatten?

Worüber bist du wütend, was deine Mutter betrifft?

Was liebst du an deiner Mutter?

Was möchtest du jetzt loslassen?

Wenn du deine Mutter liebst und wertschätzt, dann genieße dieses Geschenk.

Oft können wir unsere Mutter als Mutter sehr lieben, aber ihr Frauenbild ablehnen. Dieses darfst du ihr in der Übung verzeihen und dich für dein eigenes entscheiden!

Wenn du deine Mutter ablehnst, kannst du nicht in deine wahre Weiblichkeit gelangen und dein ganz eigenes Frauenbild entwickeln.

Du darfst ein Frauenbild für dich wählen, das ihr ähnlich ist, auch wenn du mit ihrem Leben, Sein oder Tun nicht einverstanden bist.

Bitte mache daher jetzt die Übung.

Lösungsübung – Frieden mit meiner Mutter schließen

An den Stellen, wo du laut oder nur innerlich mit ihr sprichst, lege eine Hand auf dein Herz, um es auch in einer körperlichen Ebene spürbar zu machen.

1. Sprich innerlich mit deiner Mutter „Liebe Mutter (Mama, wie du sie nennst), Du hast mir mein Leben geschenkt, das war deine Entscheidung und Verantwortung. Dafür danke ich Dir. Ich nehme es an. Du bist für dein Schicksal verantwortlich, und ich übernehme jetzt die Verantwortung für meines.
2. Schreibe einen Brief an deine Mutter, in dem Du alles aufschriebst was du dir von der Seele reden willst und was du auflösen möchtest
3. Verbrenne diesen Brief feierlich (am besten in einem Topf oder feuerfesten Gefäss im Freien, die abgekühlte Asche kannst du dann vergraben oder einfach in den Müll geben) mit der Intention und Bitte, dass sich diese alten Muster jetzt verändern dürfen und du lernen willst, zu vergeben und in dein Leben zu gehen. (Falls du nicht spirituell gepolt bist: das Verbrennen soll dir einfach bewusst machen, dass du diese Vorwürfe, Gedanken oder Inhalte jetzt auflösen willst. Der äußere Vorgang unterstützt dich dabei, die inneren Vorgänge besser wahrzunehmen und umzusetzen).

4. Suche dir einen ruhigen Ort und Moment. Schließe deine Augen und lasse deine Mutter vor Dir erscheinen. Egal ob sie noch lebt oder sie schon gestorben ist oder du sie nie gekannt hast. Danke ihr für dein Leben. Sage ihr, dass du nun deine Vorwürfe gegen sie fallen lassen willst, damit du in dein Leben und dein Glück gehen kannst
5. Sage ihr, dass sie Vieles besser hätte machen können (falls es so war, oder dass du sie vermisst hast), dass du aber jetzt lernst, dass sie es nicht besser gekonnt und dass es nichts mit deinem Wert als Frau und Mensch zu tun hat. Danke ihr.
6. Betrauere einen Tag lang, dass du nicht die Mutter hattest, die du gebraucht hättest (Zünde eine Kerze an, stelle etwas auf, dass du mit Trauer verbindest, zieh dich schwarz an, zelebriere die Traurigkeit darüber). Nur einen Tag lang, mehr nicht.
7. Nimm das Gefühl, das du in dir hinsichtlich deiner Mutter fühlst, in deinem Körper wahr. Gib ihm eine Form, ein Aussehen, eine Farbe, eine Temperatur. Spüre, wo im Körper es ist (zum Beispiel: ein Druck, eine dunkle Wolke im Solar Plexus). Dann stelle dir vor, wie dieses Gefühl aus dem Körper heraustritt und du es vor dir siehst. Du kannst es auch in deiner Vorstellung mit den Händen aus dir herausschieben. Nimm es außerhalb deines Körpers wahr. Dann sage: Ich bin nicht dieses Gefühl. Ich habe es nur und es darf sich jetzt verändern. Es ist nur eine Interpretation, nur ausgedacht. Dann lass es los und beende diese Übung.
8. Falls Du eine Mutter hattest, die Dir das Gefühl gegeben hat, nicht zu genügen, Sag innerlich zu deiner Mutter: „Du konntest mir nie das Gefühl geben, zu genügen, weil du mir die nötige Liebe, Aufmerksamkeit und Energie nicht geben konntest. Aber heute verstehe ich, dass ich immer genügt habe, dass alles, was du getan oder nicht getan hast, mit dir zu tun hat und nichts mit mir und meinem Wert. Ich weiß hier und heute – ICH GENÜGE! ICH BIN GENUG!

ICH BIN WERTVOLL. Jetzt weiß ich es! Ich vergebe dir, Mutter.

9. Feiere dein Frau sein, dich als Frau, dann denke an deine Mutter und sage innerlich: Schau her, ich bin eine tolle, wertvolle Frau, du kannst stolz auf mich sein. Ich bin stolz auf mich!
10. Du darfst mit deiner Mutter in Liebe verbunden sein. Ihre Rolle als Frau hat mit dir nichts mehr zu tun. Gib deiner Mutter und dir als ihr Kind einen eigenen Raum, da seid nur ihr beide, für immer. Deiner Mutter als Frau gibst du einen eigenen Raum, da drinnen hast du nichts verloren. Und dir als erwachsene Frau gibst du auch einen eigenen Raum, der gehört nur dir! Zeichne es auf ein Blatt auf und schaue dir es an.
11. Vergib deiner Mutter innerlich für alles, was du an ihr und ihrem Frauenbild ablehnst. Entscheide dich dafür, jetzt dein ganz eigenes Frau-Sein zu entwickeln, ganz egal, ob es Teile deiner Mutter darin hat oder nicht – du hast deinen eigenen Raum!
12. Achte deine Mutter. Durch sie bist du durchs Leben gekommen. Gehe tief in dir in das Gefühl, ihr zu vergeben für alles, was nicht gut gelaufen ist, weil sie es auch nicht besser konnte. Wenn du ihr vergibst, erlöst du den Teil in dir, den du in dir ablehnst. Du bist ein Teil deiner Mutter. Wenn du Frieden schließt, kann dieser Teil in dir endlich integriert werden
13. Wenn du deine Mutter sehr liebst – dann sprich innerlich feierlich zu ihr, dass du dich aus allen Versprechen löst, die du gegeben hast, dass du nicht glücklicher sein darfst als sie. Und auch aus allen Schwüren, dass du es machen wirst wie sie. Ihr seid in Liebe verbunden. Unangetastet. Für euer Leben übernimmt jede die eigene Verantwortung!
14. Wenn du wütend auf sie bist, ihr etwas vorwirfst, gib es aus Liebe zu dir selbst an eine höhere Kraft ab und lasse es hinter dir.
15. Sprich (bei Bedarf) zu deiner Mutter (innerlich): „ Mutter (Mama), ich gebe dich und mich frei für unser

eigenständiges Leben. In Liebe bleiben wir verbunden. Aber jetzt gehe ich als erwachsene, verantwortungsvolle Frau meinen Weg ins Leben und in die Liebe, das kleine Mädchen nimmt jetzt den ihm entsprechenden Platz ein. Ich, die erwachsene Frau, bestimme jetzt meinen Weg. Lass uns als Frauen Erfüllung erfahren. Danke."

Lösungsübung – Frieden mit der fehlenden Mutter finden

1. Schreibe einen Brief an die unbekannte oder verlorene Mutter. Du entscheidest selbst, ob er liebevoll ist und eine Beziehung herstellen soll oder ob du dir Wut, Trauer und Ohnmacht von der Seele schreiben willst. Diesen Brief schickst du imaginär ab. Diesen Brief verbrennst du nicht, sondern siehst ihn als Ort, an dem diese Energien sein dürfen, ohne dich im Inneren weiter zu sehr zu belasten. Bewahre ihn einfach irgendwo auf.
2. Betrauere, was dir gefehlt hat. Mache, wie in den anderen Übungen erwähnt, einen Trauertag zu diesem Verlust deiner Kindertage. Nur einen Tag lang.
3. Vergib ihr, dass sie nicht da war. Akzeptiere, dass es Gründe dafür gab, die außerhalb ihrer und deiner Macht standen. Entwickle Verständnis und eine weichere Sicht. Dir selbst zuliebe, weil dann wieder etwas in deinem System, das verhärtet war, fließen darf.
4. Nimm den Teil in dir an, den du ablehnst, weil so viel Gefühle der Wut, Rache, Trauer und des Unverständnisses da waren.
5. Sag ihr, dass du jetzt dein eigenes Frausein entwickelst.
6. Wenn Du möchtest, führe Gespräche mit ihr, auch wenn sie nie da war und nicht da ist. Du hast eine Mutter. Sie hat dir das Leben gegeben. Das war ihre einzige Aufgabe. Du hast sie noch. Lass sie dich innerlich beraten, begleiten und bemuttern, wenn dir das gut tut.
7. Räume: Gib deiner Mutter und dir einen Raum für euch beide, da seid nur ihr zwei drinnen, Mutter und Tochter. Aber gib gedanklich dir und deiner Mutter als Frau jeweils einen eigenen Raum, zeichne es auf.

8. Denke Dir: Ich habe eine Mutter. Durch dich kam ich ins Leben, In Liebe bleiben wir verbunden.
9. Übernimm die volle Verantwortung für dein Schicksal!

Wie bereits vorher erwähnt: Ein persönliches Coaching 1:1 mit mir oder in der Gruppe kann dir natürlich noch intensiver weiter helfen, falls du das Gefühl hast, du möchtest mit Begleitung weiter daran arbeiten.

Schau nach deinen weiteren Möglichkeiten, falls Du nach dem Buch noch dran bleiben willst auf www.carolingruber.at nach, was es da für dich gibt.

Lösungsübung – meine Erkenntnisse

- **Wo habe ich mein Frausein verachtet oder meine Rolle als Frau nicht gefunden, weil ich etwas mit meiner Mutter vermischt habe?**
- **Wo darf ich Teile in mir annehmen, die ich bisher abgelehnt hatte, weil ich nicht so sein wollte wie meine Mutter?**
- **Ich darf es anders machen als meine Mutter. Was braucht es dafür?**
- **Sie ist eine eigene Frau und ich bin eine eigene Frau. Ich habe die Verantwortung nur für mich alleine, diese aber ganz. Bin ich jetzt dazu bereit?**
- **Erlaube ich mir, es anders oder besser zu machen?**

Meine Erinnerungskarte

- **Es gibt einen Mutter-Tochter-Raum, daneben sind wir eigenständige Frauen**
- **Ich darf ganz Frausein, so wie ich das möchte**
- **Weiblichkeit leben, das ist ein schönes Gefühl, auch ich kann das**
- **Ich begegne Partnern als wertvolle, selbstbewusste Frau**
- **Ich nehme alle Teile in mir an**
- **Ich genüge**

- Ich darf geliebt werden, genauso wie ich bin und einfach, weil ich bin, wie ich bin
- Ich erlaube mir, anders oder glücklicher zu sein als meine Mutter
- ....du kannst es mit eigenen Sätzen ergänzen...
- ______________________________________
- ______________________________________

Ich muss dich jetzt wirklich einmal loben! Das hast du gut gemacht! Jetzt hast du mehr Klarheit über die ganzen Programme, also Sätze, Überzeugungen und Gefühle, die dich bisher gesteuert haben. Wirf die alten Dinger Bord und befreie dich von der Last. **Reisen soll man mit leichtem Gepäck, hat schon meine Großmutter gesagt.**

MODELLE ZU BEZIEHUNGSTYPEN DER KINDHEIT

Zuletzt gebe ich Dir noch eine Hilfestellung, welche Mechanismen bei dir wirken könnten, damit die du sie ab heute ganz bewusst verändern kannst.

Die folgenden Modelle sollen dir eine Hilfestellung geben, dich einzuordnen.

Wie du bereits weißt, entwickeln wir als KInd Schutzmechanismen. Das sind Strategien, die es uns ermöglichen, in der Familie, in der wir nun Mal sind, bestmöglich zu überleben, aber auch, das höchste Maß an Liebe zu geben und zu bekommen, das wir unter diesen Umständen erreichen können.

Das Problem dabei ist: Die Vorstellungen, wie wir Liebe erhalten oder geben können, passen sich unserer Umgebung an. Diese Schutzmechanismen führen oft zu einem bestimmten Verhalten.

In der Kindheit hat das vielleicht zu unserer Familie gepasst, aber später macht das für uns Erwachsene überhaupt keinen Sinn mehr.

Wenn Du das erkennst, dann kannst Du deine typischen Verhaltensmuster in Beziehungen auflösen.

Es gibt viele Modelle für unsere Entwicklung. Ich habe mir auch eines für dich ausgedacht. Es ist nicht wissenschaftlich erforscht. Es soll Dir nur helfen, dich einzuordnen.

Warum?

Weil du dann noch besser weißt, warum du so handelst, wie du es oft tust. Du wirst immer besser wissen und erkennen, wann die alten Gewohnheiten und Erinnerungen zuschlagen.

Jetzt bist du aber klüger. Du weichst ihnen aus, lächelst und gehst deiner Wege.

Jene Wege, die DU DIR von heute an SELBST AUSSUCHST!

Lies dir einfach einmal alles durch und schau, ob was bei dir klingelt. Wenn nicht, dann gehe zum nächsten Kapitel, falls ja, dann entscheide dich, diese alten Muster jetzt hinter dir zu lassen.

Typ 1

Papa /Mama sieht mich nicht, beachtet mich nicht, ist nie da. Ich kann es ihr/ihm nie recht machen.

Es entsteht die Strategie, sich Aufmerksamkeit und Liebe durch eine bestimmte Verhaltensweise zu erlangen.

Da es durch das reine Sein nicht zu gelingen scheint, geliebt zu werden, wird es durch Leistung oder Gefallen geholt. Das Kind buhlt um den Vater oder die Mutter, es versucht genau das zu sein und zu bringen, was der Vater oder die Mutter in seinen Augen wünscht. Manchmal erfolgt der Versuch der Bindung, indem sich das Kind gegen einen Dritten, in dem Fall die Mutter oder den

Vater oder ein Geschwister, mit dem betreffenden Elternteil verbündet, um so Wichtigkeit für ihn zu bekommen.
Da es nicht reicht, einfach da zu sein, um Liebe zu erreichen oder zu erleben, entsteht das tiefe Gefühl **„ich bin nicht wichtig, ich bin nichts wert“.**

Die Gefallsucht kann sich später durch folgende Merkmale äußern:

Extrem angepasst versucht man, dem anderen jeden Wunsch abzulesen. Man will es anderen recht machen und kann nicht zu seinen wahren Wünschen und Bedürfnissen stehen. Um gemocht zu werden, verstellt man sich. Der Perfektionsanspruch an sich selbst ist sehr hoch.

Zentral ist hier auch, keine wahre Nähe zulassen können, denn sie setzt voraus, sich irgendwann unverstellt zu zeigen und dann fürchtet man, nicht genug zu sein.

Typische Beziehungsprobleme: Männer, die plötzlich weggehen, Männer, die einen schlecht behandeln, Männer wenden sich ab, sobald sich die Frau verliebt, ein Abhängigkeitsgefühl in Beziehungen, Hingehalten werden. Nicht verfügbare Männer anziehen. Keine Kritikfähigkeit, da alles als Angriff erlebt wird.

Die LÖSUNG: Das Gefühl des Genügens und des eigenen Wertes zu stärken und zu pflegen. Zu erkennen, dass man um Liebe nicht buhlen muss. Nähe kann entstehen, sobald man sich selbst als genug bewertet.

Zur Selbstwertstärkung empfehle ich viel Arbeit mit Meditationen und Affirmationen. Dazu findest Du viel Material, kostenfrei, im Netz. Wie ich Dir Unterstützung geben kann, zum Beipspiel durch meine speziellen meditativen Affirmationen, erfährst Du über meine Webseite www.carolingruber.at

---

Typ 2

Ich bin hier der BOSS!

Das Kind wird zu sehr hochgehoben, verwöhnt, überversorgt.

Die Aufmerksamkeit des Vaters oder der Mutter ist übergroß. Das Kind spürt dies als Einengung, weil die Grenzen ständig überschritten werden. Ebenso kann ein Gefühl der ständigen Überforderung entstehen, die andauernde Erwartungshaltung der Eltern zu erfüllen.

Das Kind will sich befreien, um Luft zu bekommen. Die Grenzen werden dann unbewusst durch Krankheit oder eine Flucht in die Innenwelt hergestellt. Dabei fühlt es sich aber schuldig und will sich selbst dafür bestrafen.

Die Folgen reichen von Rückzug, Introversion, Gedankenverlorenheit, Schüchternheit auf der einen Seite oder aber aggressivem, fordernden Verhalten auf der anderen Seite. Offene Aggression ist nicht erlaubt, deshalb folgt oft Quengeligkeit oder Bösartigkeit als indirektes Mittel, die Eltern fernzuhalten oder seine Wut auszudrücken. Auch Bettnässen ist hier typisch.

Das kann so weit gehen, dass ein Kind sich verletzt oder krank wird, wenn etwas Schönes geplant ist, es verhindert, dass die Eltern es gut haben, es stellt sich immer mehr in den Mittelpunkt, ist anstregend und muss dauernd beschäftigt werden. Tobsuchtsanfälle können ein Weg sein, die unterdrückte Wut und Überforderung auszudrücken. Wenn ein Kind als Ersatzpartner, einziger Lebensinhalt oder Kitt für eine Beziehung herhalten muss, wird es maßlos überfordert und es handelt sich dabei um einen psychischen Missbrauch.

Daraus entstehen das Lebensgefühl und die Überzeugung:

„Meine Grenzen werden überschritten, ich werde eingeengt und bedrängt, ich kann nicht Ich sein, ich kann mich nicht wehren“

„Alles was ich bin und tue, reicht niemals aus“

„Ich darf meine Eltern nicht ablehnen“

„Alle wollen etwas von mir, ich kann nicht mehr“

„In Beziehungen werde ich maßlos überfordert“

Solche Menschen haben ein großes Problem mit Nähe oder Forderungen, weil sie sich sofort zurückversetzt fühlen in die Ohnmacht als Kind. Sie müssen ausbrechen und immer ihre Freiheit bewahren. Leider wird so eine erfüllte Beziehung mit einer gesunden Nähe und normalen Forderungen, die durchaus erfüllbar sind, nie möglich.

Typische Beziehungsprobleme: Kurze, wechselnde Beziehungen, auch mehrere parallel. Man hat schnell das Gefühl, eingeengt und zu sehr bedrängt zu werden. Oft lebt man Beziehungen zu Partnern, die durch Gewalt, Sucht, Betrug oder anderes schädliches Verhalten Nähe nicht zulassen. Oder die Situation von früher wird wiederholt, indem Partner die Grenzen überschreiten.

Die LÖSUNG: Lernen, gesunde Grenzen zu setzen, Nähe schrittweise zulassen und dabei erfahren, dass die Freiheit und das Überleben nicht zwingend bedroht wird. „Es ist gut genug“ als neue Haltung einüben. Die eigene Wut annehmen und lernen, sie auf unschädliche Art auszudrücken und zu verarbeiten. Erkennen, dass man nicht für das Glück und Wohl der anderen zuständig ist.

Typ 3

„In Deckung gehen“

Das betrifft vor allem Familien mit Gewalt, Missbrauch und Sucht – das Kind versucht, nicht aufzufallen und nicht da zu sein. Es versteckt sich und ist leise. Es muss irgendwie alleine zurechtkommen oder sich sogar um die Erwachsenen kümmern und frühzeitig reifen, alle Gefühle nach innen richten und dort alleine verdauen.

Die Welt wird als gefährlich, instabil, schwer und unberechenbar wahrgenommen. Das Kind muss viel zu früh zu reif sein. Es muss in der Welt funktionieren.

Es ist immer auf der Hut und auf sich gestellt. Es nimmt Beziehungen als gefährlich wahr und kann kein Vertrauen in andere aufbauen. Es erlebt, es kann sich nur auf sich selbst, aber nicht auf andere verlassen. Wahre Bedürfnisse werden nicht erfüllt, Schwächen müssen vertuscht oder verdrängt werden. Schwäche in jeder Form wird als lebensbedrohlich eingestuft. Das innere Kind muss sterben. Menschen, die es liebt und von denen es abhängt, verletzen und betrügen es.

Hier entstehen Glaubenssätze wie

„Ich darf und kann niemandem vertrauen, ich werde verletzt"

„Beziehungen und die Welt sind unsicher, instabil und gefährlich"

„Mit mir ist etwas nicht in Ordnung, ich habe Liebe nicht verdient, ich werde bestraft"

Diese Menschen sind immer auf der Hut, in Angstspannung und haben den Fokus auf möglichen Fehlern. Die Angst, wieder verletzt, verlassen oder enttäuscht zu werden ist das zentrale Lebensgefühl. Gleichzeitig will man Sicherheit und symbiotische Nähe herstellen.

Typische Beziehungsprobleme: konfliktbeladene Beziehungen, in denen man häufig Verlassen wird. Enge Bindungen, die keinen Freiraum lassen und Betrug und Trennung wechseln sich ab. Die Nähe, die man sich so wünscht, wird schlecht ausgehalten und als bedrohlich erlebt.

LÖSUNG: Das innere Kind trösten, das zu kurz gekommen ist. Sich selbst davon überzeugen, dass es verlässliche und stabile Beziehungen und Menschen gibt. Die Sucht als Suche begreifen. Frieden schließen mit der Vergangenheit und sagen, was man wirklich braucht. Sich helfen lassen und generell das Annehmen lernen.

Typ 4

„Ich tauge nichts“

Das Kind wird nicht ernst genommen, belächelt, kritisiert, verunsichert.

Man traut ihm nichts zu. Es erlebt seine Wichtigkeit nicht. Es wird zu streng in engen Grenzen gehalten.

„Ich kann nichts richtig machen, ich bin unfähig, ich kann nichts, egal, wie ich es mache, es ist falsch“

Aus solchen Erfahrungen entsteht oft ein tief verunsicherter Mensch, der sich selbst und Beziehungen boykottiert. Entweder klagt er als depressiver Jammerlappen alle an, bringt nichts in seinem Leben weiter oder überfordert sich immer. Ständig sucht man etwas oder sich selbst. Die Suche wird zur Sucht. Das sind Persönlichkeiten, die nicht an sich glauben und den eigenen Wert immer im Außen suchen. Sie hängen sich an andere an, schauen zu ihnen hoch und überfordern jeden Partner weil sie ihre Identität in einer Beziehung suchen.

Typische Beziehungsprobleme: Ausgenutzt, verlassen und betrogen werden. Das Gefühl der Ohnmacht und Abhängigkeit. Geschlagen oder missbraucht werden, da ein gesunder Selbstwert nicht vorhanden ist und Grenzen nicht gesetzt werden. Streit und Konflikte wegen problematischer Lebenssituationen: Arbeitslosigkeit, Sucht, finanzielle Unfähigkeit.

LÖSUNG: Selbstwert stärken und lernen, wie wichtig man ist. Erkennen, was man kann. Wo es möglich ist, Fähigkeiten aufbauen. Grenzen setzen lernen. Den selbstkritischen Blick in eine wohlwollende, liebevolle Sichtweise verändern. Erfüllung auch in sich selbst entdecken.

Typ 5

„Ich bin der Ersatz“

Das Kind muss als Verbündeter oder Partnerersatz herhalten und wird in eine es überfordernde Rolle gedrängt. Schuldgefühle und unterdrückte Wut folgen. Die Glaubenssätze daraus können lauten:

„Ich muss etwas anderes sein als ich kann und bin“

„Ich darf nicht wütend auf meine Eltern sein, ich muss meine Aggressionen unterdrücken“

„Ich weiß nicht, wer ich bin, ich werde nicht wegen mir selbst geliebt“

Beziehungen werden als äußerst anstrengend und überfordernd erlebt, natürliche Aggression muss unterdrückt werden. Es muss zu früh eine falsche Rolle einnehmen. Das wahre Ich kann sich nicht frei entwickeln. Dadurch spürt man sich selbst schlecht und Aggression kann kaum kontrolliert werden. Sie zeigt sich oft in Kritiksucht an sich und anderen. Man sucht immer Distanz, um sich ausruhen zu können.

Typisch hierfür sind dann Beziehungsmuster in Form von Fernbeziehungen, Affären als Ausflucht oder Arbeitssucht.

LÖSUNG: Lernen und Erkennen „Wer bin ich“? Selbstentfaltung fördern. Lernen, Emotionen entsprechend auszudrücken und die ureigene Rolle im Leben einzunehmen.

Typ 6

„Ich denke, also bin ich“

Diese Kinder haben keine Körperlichkeit erfahren, Bindung funktionierte nur über den Intellekt oder vermittelte Werte.

Solche Menschen haben dann die negative Erwartung

„Meine Bedürfnisse nach Nähe werden nicht erfüllt, man muss im Kopf bleiben“

„Gefühle passieren im Geist nicht im Körper“

„Ich brauche körperliche Erfüllung, um mich zu spüren“

Sexuelle Störungen und Ängste bis hin zur Asexualität oder im genauen Gegenteil eine regelrechte Sexsucht können die Folge sein. Ebenso das exzessive Ausleben von Risikosport oder Drogenkonsum, um sich selbst und den Körper zu spüren, weil man normale Zärtlichkeit und Nähe nie gelernt hat.

Typische Beziehungsprobleme: schwerwiegende sexuelle Probleme oder Partner, mit denen Sexualität nicht funktioniert. Manchmal viele wechselnde Sexualpartner. Es entsteht schnell Langeweile in einer Beziehung. Das Ablehnen von Körperlichkeit kann zu Trennungen führen.

Die LÖSUNG: mithilfe therapeutischer Settings oder Körperarbeit den Zugang zu Emotionen und Empfindungen lernen. Sich Spüren lernen und Körperlichkeit zulassen. Nähe schrittweise zulassen und das Aushalten körperlicher Nähe langsam einüben.

Typ 7

„Bin ich (noch) da?"

Dies betrifft Kinder, die rasch ein neues Geschwister bekommen oder von denen sich schlagartig die Aufmerksamkeit abwendet, ebenso nicht gewollte Kinder, die eine unterschwellige Ablehnung der Eltern spüren oder Familien mit völlig überforderten Eltern, die sich um das Kind nicht kümmern wollen oder können. Kinder psychisch kranker Eltern, die keine normale Obsorge erfüllen können, gehören auch zu dieser Gruppe.

Es entsteht das Grundgefühl

„Ich bin nicht gewollt, ich sollte gar nicht hier sein"

„Ich lehne mich selbst und das Leben ab"

„Ich weiß nicht, wer ich bin und ob ich hier sein darf"

Daraus resultieren entweder sehr frustrierte, depressive bis resignative Menschen, die in Beziehungen als Fußabtreter zur Verfügung stehen oder sich in langweiligen Arrangements aufhalten, wo man eben nebeneinander herlebt. Die tief verwurzelte Selbstwertproblematik lässt immer wieder an Menschen geraten, die einen respektlos oder schlecht behandeln. Sie spiegeln das eigene Gefühl der Wertlosigkeit wider.

Die LÖSUNG: Energetische und therapeutische Arbeit zum Thema „Meine Existenz annehmen, bejahen, zulassen". Selbstwirksamkeit lernen. Zu sich selbst JA sagen als eine tiefgreifende Entscheidung zu sich und dem Leben. Selbstwert stärken.

Irgendwo hier wirst du dich annähernd einordnen können. Es gibt auch Mischformen. Dies ist kein vollständiges Modell, sondern soll nur jene Typen beschreiben, die sich als Erwachsene in Beziehungen sehr schwer tun können.

Falls deine Kindheit glücklich und ausgeglichen war und du trotzdem tiefgreifende Beziehungsprobleme hast, dann sind deine Stolpersteine später entstanden.

Wenn du dich in einem Typ wiedergefunden hast: du bist deinem Schicksal nicht völlig machtlos ausgeliefert. Du kannst jetzt als erwachsener Mensch entscheiden, was du mit diesen Erfahrungen machen willst. Du kannst hinsehen und dich für eine veränderte Form deiner bisherigen Annahmen entscheiden.

Das wichtigste ist, dass du die früher entstandenen falschen Annahmen über dich auflöst. Es sind Interpretationen, die nicht stimmen!

Es ist eine Lüge, dass du nicht wertvoll, genug oder wichtig warst und bist.

Es geht hier nicht um Schuldzuweisungen an die Eltern und was sie falsch gemacht haben. Erstens bringt das nichts, zweitens haben die meisten Eltern selbst aus Ängsten und fehlendem Selbstwert gehandelt. Sie haben ihr Bestes getan, auch wenn es für dich leider nicht das Beste war. Den Eltern weiter die Schuld zu geben, das hindert uns, macht uns klein und verlängert das Problem.

Du kannst sie anklagen, aber irgendwann muss du es hinter dir lassen und deinen Frieden damit schließen.

Das ist eine reine Entscheidung. Ob du ihnen vergeben kannst, weil sie es aus irgendeinem Grund nicht hingekriegt haben, das liegt an dir. Du tust dir allerdings keinen Gefallen, wenn du ihnen weiter Vorwürfe machst – denn damit blockierst du dich für dein Glück.

Lass es also gehen und deine Eltern deine Eltern sein, genauso wie sie waren.

In der Folge findest du heilsame und erleichternde Lösungs-Rituale, mithilfe derer du dich von deinen Ahnen, deinen Versprechen oder deiner Schuld, ob bewusst oder unbewusst, frei geben kannst.

> ***Allein dadurch, dass Du jetzt hinsiehst, darf dein gesamtes System zu heilen beginnen. Danke, dass Du das tust und somit dir und der Welt hilfst!***

Das Wichtige ist, dass du dein Drehbuch, das deinem Leben zugrunde liegt, ab jetzt neu schreibst und nicht mehr die alten Rollen weiterspielst. Du kannst es umschreiben! Jetzt!

LÖSUNGS - RITUALE

Die folgenden Rituale vermischen hypnotherapeutische Elemente mit spirituellen Sichtweisen. Falls Du nicht an spirituelle Vorgehensweisen glaubst, kannst Du die Rituale auch anpassen oder auslassen.

Die rein weltliche Lösung sieht so aus:

Es ist dein Entschluss. Du erkennst, dass dir Schuldgefühle, falsche Bindungen, alte Muster und irgendwelche familiären Zwänge überhaupt nichts bringen und dir nicht nützen, sondern nur schaden. In diesem Wissen lässt du sie bewusst hinter dir und achtest bewusst darauf, ob und wann du aus ihnen handelst und sie dich wieder aus dem Hinterhalt antreiben. Dann steigst du aus und entscheidest neu. Du schreibst dein Drehbuch, niemand anderer sonst.

Du bestimmst, was du denken und glauben willst. Daraus entsteht dein Verhalten. Daraus deine Ergebnnisse.

So einfach ist es.

Das Schwierige ist, dabei zu bleiben und neue Denkweisen und Überzeugungen einzuüben und zu leben. Dazu mehr im Kapitel über Techniken für neue Glaubenssätzen.

Besonders, wenn man seine Eltern sehr liebt – dann kann es passieren, dass man nicht glücklicher sein will als sie es waren.

Oft wollen wir aus Liebe auch so sein wie sie oder eng mit ihnen verbunden bleiben, das aber leider oft durch deren Unglück, Leid, Krankheit oder Beziehungsprobleme.

Wir geben dann unbewusst irgendwelche Versprechen an unsere Eltern oder Ahnen ab, etwas zu sein oder zu tun, das uns schadet und unser Glück verhindert.

Versprechen auflösen

Diese Versprechen kannst du duch deine Gedanken und Rituale auflösen.

1. **Werde dir bewusst, dass deine Versprechen jederzeit von dir verändert werden können. Sie waren Folge deiner Gedanken und Fehlinterpretationen. Daher können deine Gedanken sie auch wieder auflösen.**
2. **Du kannst dich immer neu entscheiden und neu gestalten, es gibt keine Verpflichtung an das System, NUR DU gabst und gibst dir den Auftrag, du kannst ihn jederzeit ändern!**

Zur Auflösung gehe bitte so vor:

1. **Triff die Entscheidung, alte Versprechen jetzt zu löschen, allein durch deine Entschlusskraft**
2. **Stelle dir deine Eltern und Ahnen vor – entweder mit geschlossenen Augen in deinem Inneren schemenhaft oder mit geöffneten Augen im Raum vor Dir als eine Vorstellung.**

Sage zu Ihnen (lies es laut oder sprich es inhaltlich nach) und lege dabei deine Hand aufs Herz:

„Ich danke Euch für mein Leben, ich bin Eure Nachfahrin!

Hier und heute übernehme ich die volle Verantwortung für mein Schicksal und mein Glück. Alle Versprechen, die ich einmal abgegeben habe, die auf falschen Annahmen und Interpretationen beruht haben, die niemals meiner Wahrheit entsprochen haben, die lösche ich jetzt.

Sie sind durch eine Lüge entstanden, die ich über mich und euch geglaubt habe. Die Wahrheit darf sie jetzt löschen.

Alles, was mich mit euch verbindet, das nicht in der Liebe ist und das meinem Lebensglück nicht mehr dient, darf sich jetzt auflösen.

Alles, was mich mit Euch verbindet, das in der Liebe ist und meinem Glück dient, das bleibt.

Ich stehe für euer Schicksal nicht mehr zur Verfügung, es ist eure Verantwortung.

Für meines muss und werde ich jetzt selber und alleine Sorge tragen.

Danke, wenn ihr mich in Liebe begleitet und unterstützt.

Ich gehe jetzt frei und selbstentschieden, mit dem Siegel meiner Entschlusskraft meinen Weg, so, wie ich es bestimme.

Es ist.

Danke."

Dann werde dir bewusst, dass du jetzt DEIN DREHBUCH NEU schreibst, SO WIE DU ES WILLST. Und dass du keinen unbewussten Schuldgefühlen, Versprechen oder Mustern mehr folgst, die einmal in deinen Gedanken Fuß gefasst hatten.

JETZT hast du sie verändert, weil du es erkennst und den FOKUS AUF DAS NEUE lenkst, was du wirklich möchtest!

Für deine Erinnerungskarte:

♥ Ich schreibe mein Drehbuch
♥ Ich kann alles jederzeit ändern
♥ Ich bin frei
♥ Jeder übernimmt seine Verantwortung
♥ Meine Entschlusskraft bestimmt und verändert. Es ist.
♥ Was ich jetzt an eigenen Zielen umsetzen will_______________________________________
♥ Der Titel meines neuen Lebens-Drehbuches heisst:____________________________________
♥ ...du kannst wie immer eigene Sätze ergänzen...
♥ ____
♥ ____

Ritual zur Auflösung allgemein

Wie vorher erklärt: wenn du spirituell nicht arbeiten möchtest, dann ziehe dir jene Teile und Aspekte aus den Ritualen, die dich ansprechen und die dir guttun. Allein deine Absicht, es aufzulösen und die Techniken zu den neuen Glaubenssätzen sind im Grunde genommen ausreichend, um deine eigenen, neuen Wege zu gehen. Die energetischen Rituale unterstützen diesen Prozess, machen ihn einfacher und sind wohltuend.

Man kann eine Sache, ein Thema, eine Schuld oder eine Bindung auflösen. Das funktioniert sehr gut, indem man aufschreibt, was man verändern möchte und es anschließend verbrennt und einer höheren Macht übergibt und die Reste vergräbt.

Nimm dir dazu Zeit und schreibe alles auf, was zu dieser Sache gehört, was dich belastet, alles, was sich für dich wichtig anfühlt. Wenn du gar nichts schreiben magst, dann reicht es, wenn du die Bezeichnung dessen, wovon du dich lösen willst, auf einem Blatt Papier notierst (also einen Namen, deine Schuld, eine Bindung, ein Thema).

Dann gehe hinaus ins Freie. Wenn es geht, zünde eine Kerze an. Wenn du magst, bitte alle Helfer des Lichtes und die geistige Welt um Unterstützung dabei, das jetzt aufzulösen.

- ∞ Zünde dann in einem Topf oder in einem feuerfesten Gefäß die Blätter an. Während es verbrennt, beachte bitte folgende Gedanken und Verhaltensweisen:
- ∞ **Tue dies immer feierlich mit einem Aspekt der Dankbarkeit dafür, was dir diese Erfahrung geschenkt hat.** Was immer es war. Auch schmerzvolle Erfahrungen bringen dir Entwicklung, Klarheit und Bereicherung.
- ∞ Nachdem du gedankt hast, **übergib es den Flammen und damit auch der geistigen Welt zur Transformation und Lösung.**

Sieh zu, wie die Flammen es verändern und wie alles aufsteigt, weg von dir zu höheren Mächten. Zelebriere innerlich den Moment der Lösung und dass du dich davon frei gibst!

Sei dir dessen ganz bewusst!

Danke allen Kräften, danke auch Dir und Danke für deine neue Selbstverantwortung.

Als zweite Möglichkeit kannst du das, was du auflösen möchtest, **in einen Stein hauchen**.

Suche dir irgendwo einen schönen Stein aus. Setze dich hin und überlege, was du alles abgeben und lösen möchtest. In Gedanken lässt du dann alles in diesen Stein fließen, du übergibst mit deinem Atem diese Energien dem Stein. Ihn übergibst du dann der Natur, damit diese es für dich aufnimmt und verwandelt. Lege den Stein hierfür an die Wurzeln eines ausgewählten Baumes und bitte den Baum und die Natur, das Zu Lösende im Stein zu transformieren (bitte sage dazu, dass der Stein für denjenigen, der ihn findet, neutral ist).

Vielfach bewährt hat sich auch eine **kleine Meditation**, in der du die Sache, die du lösen willst, in einem inneren Raum triffst und um Veränderung bittest (diese Meditation verwendest du bitte auch als Ritual zur Ablösung von den Ahnen, dazu beschreibe ich etwas später noch weitere Schritte).

Bringe dich dafür mit einer Anleitung oder Musik deiner Wahl in eine tiefe Entspannung.

Bitte Helfer des Lichts um Beistand und dein höheres Selbst um Hilfe zur Auflösung dessen, was gehen und sich verändern darf.

Lass dann ein Bild von einem Raum in dir auftauchen. Es kann auch ein schöner Platz oder Ort sein. Nimm das, was auftaucht und sich stimmig anfühlt.

Dann bitte das, was du befreien oder von dir trennen möchtest, was immer es ist, eine Sache, ein Problem, ein Thema, ein Muster oder eine Person, in diesen Raum oder an diesen Ort zu kommen. Warte entspannt bis es oder sie erscheint.

Das alles geschieht in deiner inneren Vorstellung. Vertraue dem Prozess.

Dann stelle dich gegenüber und danke für das, was Euch im Guten verbunden hat und für das, was du daraus gelernt hast. Danke für das, für das es da war. Wenn du es benennen kannst, dann sprich es aus, ansonsten danke, für was immer es ist, auch wenn du es nicht kennst.

Wenn es für dich passt, kannst du dich verneigen als Zeichen der Anerkennung und des Friedens.

Dann sage, dass du nun diese Verbindung lösen möchtest und sie transformiert werden soll, zum Wohle aller.

Bitte Helfer des Lichts um Hilfe bei der Verwandlung dieser Verbindung, und jetzt das zu trennen, was getrennt werden kann, was nicht mehr zu dir gehört.

Stelle dir eine „magische Schere" vor, die alle vorhandenen Verstrickungen zum Besten aller löst.

Gib dann alles um diese Sache, diese Beziehung, in Liebe und Friede an ein helles Licht zur Transformation ab.

Vielleicht sagt dir die Sache oder Person auch etwas. Nimm es dankend an.

Falls sie sich wehrt, etwas aufzulösen, bleibe ruhig und bestimmt, dass du sie anerkennst und die Lernaufgabe annimmst, dass du jetzt aber deinen Weg weiter gehen willst, ohne sie, in einer anderen Form.

Du gibst sie oder es frei und lässt alles bei der Person, Beziehung oder der Sache, das nur zu ihr gehört und nicht zu dir. Atme aus und schicke es zurück.

Nimm alles zu dir zurück, was nur zu dir gehört – atme ein.

Dann stelle dir nochmals vor, wie du dankbar, aber bestimmt deinen eigenen Weg gehst und diese Sache/Person freigibst und hinter dir lässt.

Alles darf sich jetzt transformieren.

Du kannst dir euch beide von hellem, goldenem Licht durchdrungen vorstellen.

Denke dir dabei:

„Über alle Zeit und allen Raum darf alles gelöst werden, in Liebe, Anerkennung und Dankbarkeit, für das es jetzt Zeit ist. Alles darf sich wandeln zum höchsten Wohle aller in Frieden und Liebe".

Dann lasse die Person oder die Sache aus dem Raum gehen.

Falls das nicht geht, dann verabschiede du dich in Frieden und mit Leichtigkeit, dreh dich um und gehe in dein neues Leben.

Voller Mut und in guter Absicht.

Kehre wieder zu deinem normalen Wachzustand zurück.

Ritual zur Auflösung von Schuld

Zur Auflösung von Schuld hat sich in meiner Arbeit eine Kombination aus zwei Ritualen als sehr wirkungsvoll gezeigt.

Als ersten Teil schreibe dir deine Schuld, wenn du sie kennst, von der Seele. Schreibe entweder der Person, der gegenüber du dich schuldig gemacht zu haben glaubst, einen Brief. Das kannst du auch machen, wenn sie schon verstorben ist. Du kannst auch generell über deine Schuld betreffend einer Sache oder Handlung einen allgemeinen Brief schreiben.

Wenn du nicht weißt, ob du Schuld als Thema in dir trägst, dann kannst du darüber schreiben, dass du Schuld als eine Blockade in deinem Leben jetzt auflösen willst, auch wenn du dir nicht bewusst bist, woher sie genau kommt und ob du sie von jemandem übernommen hast.

Beschreibe ein extra Blatt Papier mit den Worten

MEINE SCHULD

Dann bitte höhere Kräfte, die geistige Welt, Engel oder Helfer des Lichtes (wenn du nicht an so etwas glauben kannst, dann bitte dein Unterbewusstsein und dein geerbtes Wissen) um Hilfe, deine Schuld aufzulösen und zu transformieren.

Am besten eignet sich eine Neumondnacht, du kannst aber auch generell die Abenddämmerung nützen. Gehe irgendwo in Freie, wo es dir eben möglich ist (Natur, Hof, Straße, Balkon, Wiese) und verbrenne dann die beschriebenen Blätter mit der Intention, diese Schuld den Flammen und der höheren Kraft zu übergeben. **Wenn deine Schuld eine Person betrifft, bitte auch diese während des Verbrennens um ihre Vergebung und wünsche, dass sich**

alles in Liebe und Frieden auflösen darf. Vergebe auch dir selber, indem du es einfach willst und zulässt.

Das Abbrennen des Papiers geht gut in einem Küchentopf. Die Asche und Papierreste kannst du dann irgendwo vergraben oder einfach abgekühlt in den Müll geben.

Als zweiten Teil kannst du, wie schon im allgemeinen Lösungsritual beschrieben, deine Schuld in einen Stein hauchen und diesen zu einem Baum legen, damit Mutter Erde die Schuld aufnimmt und transformiert. (Bitte auch: Für einen möglichen Finder des Steines ist dieser neutral).

Diese beiden Rituale kombiniert, entfalten eine große Kraft.

Die Schuld, die du aus der Ahnenreihe übernommen haben könntest, kannst du mit dem Ritual zur Lösung von den Ahnen befreien.

Wenn es dir gut tut, kannst du dir selber auch überlegen, durch welche gute Tat oder Verhaltensweise, die anderen Menschen und der Gesellschaft dient, du einen Ausgleich schaffen könntest.

Ritual zur Auflösung von Ahnenversprechen

Versetze dich in eine gute Entspannung. Schließe die Augen.

Gehe dazu bitte anfangs so vor, wie ich es in der Meditation zur Auflösung allgemein beschrieben habe.

Nur, dass du jetzt viele Ahnen vor dir auftauchen lässt. Du musst sie nicht gekannt haben, um das machen zu können. Du musst dir auch keine genauen Gesichter vorstellen. Es reicht, wenn du dir eine große Gruppe Menschen, die deine Vorfahren waren, schemenhaft als gesamte Ansammlung vorstellst.

Wenn es dir hilft, kannst du auch ein Wesen bitten, deine gesamten Ahnen zu vertreten.

Stelle dich nun deinen Ahnen gegenüber.

Verneige dich vor Ihnen und danke, dass das Leben von Ihnen zu dir geflossen ist.

Dann bitte um ihren Segen, dass du jetzt deinen eigenen Weg gehst.

Stelle dir vor, dass du alle Verbindungen, die du noch unnötigerweise in deinen Händen hältst, jetzt einfach loslässt.

Sage:

In Liebe bleiben wir immer verbunden, ich gehöre dazu, auch wenn ich meinen eigenen Weg gehe. Ich bestimme ab hier und jetzt neu. Ich gebe mich frei.

Lass dir den Segen geben.

Sage:

Euch zu Ehren, für unser aller Freude und für Heilung gehe ich jetzt in meinen Erfolg und in mein glückliches Leben.

Ich bin frei, zu entscheiden. Ich darf das. ich danke Euch.

Es gereicht uns zum Wohl, wenn es mir gut geht.

Für Eure Geschichten stelle ich mich nicht mehr zur Verfügung. Ich gebe mich frei.

Verbeuge dich noch einmal und danke für Alles, das du von ihnen bekommen hast.

Sie dürfen auch gerne als wohlwollende Beobachter an deiner Seite bleiben. Wenn du ihre Hilfe brauchst, kannst du sie dir holen. Du bestimmst.

In der Ehrung ihres Schicksals, in der Achtung, in Liebe und Frieden drehe dich dann um und gehe imaginär einen Schritt in dein Leben.

Spüre, wie sie hinter dir stehen und lasse dir von ihnen Kraft zufließen. Sie darf dich stützen.

Doch du bist in deinem eigenen Leben und du bestimmst, wie es aussehen soll und wer du ab jetzt bist.

Stelle dich stolz und gerade hin und freue dich auf deine Zukunft, die du ab jetzt bestimmst.

Ritual für Bestimmte Ahnen, die du kanntest:

Du kannst das auch in etwas abgewandelter Form machen, wenn es um Ahnen geht, die du kennst oder gekannt hast. **Du kannst ein Foto von ihnen hinstellen oder sie dir im Raum vorstellen. Du kannst Pölster oder neutrale Gegenstände als Stellvertreter für sie verwenden.**

Zünde eine Kerze an, um es feierlich zu machen.

Dann sprich mit Ihnen (den Fotos oder ihrer vorgestellten Energie)

Sage die Sätze wie oben bei der Ahnengruppe, dass du jetzt deinen Weg gehst und deine eigenen Regeln aufstellst. Dass du dich nicht mehr für ihre Schicksale zur Verfügung stellen willst.

Achte Sie und danke Ihnen, aber sage, dass du jetzt frei bist, das Leben zu leben, so wie du es beschließt.

Sage ihnen, dass du von jetzt an alle Schuld frei geben willst, die du dir aufgeladen hattest.

Jeder hat das getan, was er tun konnte. Bitte um Vergebung für alle, von allen und auch für dich. Vergib dir auch selbst.

Sage:

Ich achte ab jetzt das Leben, das ich von Euch bekommen habe. Und weil ich es achte, mache ich jetzt etwas Gutes daraus. Auf meine Art.

Du kannst hier Alles ansprechen und aussprechen, was du möchtest. Bleibe nur in einer wohlwollenden, friedlichen und dankbaren Haltung. Wenn du wütend bist, ist das in Ordnung, du darfst das aussprechen, aber bitte dann um Veränderung dieser Gefühle in etwas Produktives, das allen nützt.

Manches darf auch einfach so sein. Groll darf sein. Trotzdem darfst du auch dankbar sein für das, was gut war, und wenn es nur dein Leben ist.

Wenn du dich soweit öffnen kannst und willst, kannst du auch Zwiesprache halten, indem du Fragen stellst oder hörst, was sie dir zu sagen haben. Die Antworten tauchen in deinem Inneren als Bilder, Worte oder Empfindungen auf.

Im Zweifelsfall lass immer alles in hellem Licht baden, bitte um Lösung und Transformation und gehe in das Gefühl des Wohlwollens. Denn du willst in einer guten Energie sein und dein Leben zum Besten für dich wenden. Denke an dieses Ziel.

Es darf Leichtigkeit einkehren.

Erlaube sie dir.

Spüre hinein, ob du selbst das Ritual erweitern willst oder selber eines erfindest.

Jetzt hast du schon sehr viel zur Lösung und Befreiung von Dir im System getan, damit du jetzt selbstbestimmt deinen Weg in eine erfüllte Beziehung und ein erfülltes Leben gehen darfst.

DEIN INNERES KIND – WIE HAST DU SPASS MIT IHM?

Jetzt kannst Du mit deinem inneren Kind und deinen alten Wunden arbeiten, damit sie nicht aus dem Hinterhalt dein Leben oder dich boykottieren und deine neuen Ausrichtungen sabotieren.

Das innere Kind macht Probleme, wenn seine Bedürfnisse nicht erfüllt werden.

Für Dich als erwachsene Frau geht es darum, zu erkennen, dass alle Annahmen, die du einmal als Kind getroffen hast, nur einfach Annahmen waren, die nicht einer allgemein gültigen Wahrheit entsprechen und jederzeit von Dir wieder verändert werden können.

In den Übungen geht es darum, zu erkennen, was dein inneres Kind braucht und was ihm gut tut und dein Kind in dir merkt, dass es gehört und ernst genommen wird. Dass es wichtig und genug ist!

Rede mit ihm, laut oder innerlich! Mach die Übungen – und du wirst erstaunt sein, wie gut dir das tut und was sich dadurch verändert!

Die Lady: Seit ich mein inneres Kind pflege, ist mein Frausein so viel stärker und schöner geworden!

Beides darf da sein, ganz bewusst. Das macht den Unterschied.

Im Grunde geht es um drei Dinge - Wenn ich vom Kind rede, meine ich deinen kindlichen Anteil in dir:

1. **Dem Kind zu vermitteln, dass es wichtig ist, dass jemand da ist und dass seine früheren Annahmen und Wahrheiten über sich selbst nicht stimmen. Ihm jetzt eine gute Leitfigur und Beschützer zu sein und für es da zu sein**
2. **Seine Bedürfnisse ernst zu nehmen und sie zu erfüllen**
3. **Zu erkennen, wann das Kind das Ruder übernimmt und es sanft auf seinen Platz zu verweisen, als Erwachsener agieren und Selbstverantwortung übernehmen**

Damit Du spürst, wann das innere Kind agiert und welche Bedürfnisse es hat, musst du eine Beziehung zu ihm aufbauen, es wahrnehmen lernen und eine Kommunikation mit ihm einüben.

Die folgenden drei ÜBUNGEN mit dem inneren Kind helfen dir dabei.

Übung – Kind am Sessel

Hier darf dein inneres Kind sprechen, indem du es auf einem von zwei Stühlen Platz nehmen lässt. Du wirst erstaunt sein, was es dir zu sagen hat.

In meiner Arbeit mit Klienten, die diese Übung machten, hat sich etwas ganz deutlich gezeigt, das offenbar alle inneren Kinder gemeinsam haben.

Der kindgerechte Spaß und Zeit für sie, kommt immer zu kurz im Erwachsenenleben. Es wird ständig auf später vertröstet und versprochene Belohnungen werden nicht eingehalten. Das führt irgendwann zu einem trotzigen Kind, das Erfolge sabotiert.

So führst du diese erfrischende Übung durch:

Stelle zwei Stühle bereit. Auf einen legst du ein Blatt Papier mit der Aufschrift „Erwachsenes Ich“ von ________(dein Name) und am Stuhl gegenüber legst du ein Blatt mit der Aufschrift: „Inneres Kind“ von ____________(dein Name)

Zuerst setzt du dich auf den Stuhl des Erwachsenen Ich und stellst dir vor, dein inneres Kind säße dir gegenüber. Du kannst ihm jetzt sagen, dass du gerne von ihm wissen willst, was es braucht und du ernst nehmen wirst, was es dir zu sagen hat.

Dann wechselst du auf den anderen Stuhl. Lass dich einfach darauf ein, denke nicht nach, schließe kurz die Augen und komme an in der Rolle deines inneren Kindes. Vertraue darauf, dass aus dem Informationsfeld alles zu dir kommt, was du brauchst und was dein inneres Kind dir sagen will. Lass Sätze, Bilder oder Gefühle einfach auftauchen. Dann kannst du, wenn du möchtest, mit dem Erwachsenen Ich am Stuhl gegenüber, das du dir dort vorstellst, reden und ihm alles sagen, was du willst, brauchst, dir wünscht, was dich stört.

Du wirst als dein inneres Kind gehört!

Danach kannst du nochmal zum Erwachsenen wechseln und dem Kind sagen, dass du auf alles, das dir möglich ist, eingehen wirst. Bei unmöglichen Wünschen kannst du, soweit es in deinem Rahmen möglich ist, eine Ersatzlösung vorschlagen. Sag dem Kind, dass du auch seine Vorwürfe, Trauer oder Wut, falls geäußert, ernst nimmst und dich darum kümmerst. Danke deinem inneren Kind und versichere ihm, dass du für es da bist.

GANZ WICHTIG! Halte deine Versprechungen ein!

In Zeiten, wo du zum Beispiel etwas Wichtiges erledigen und das Kind eine Durststrecke aushalten muss, kannst du ihm eine große Belohnung in Aussicht stellen. Dann MUSST du diese aber auch einhalten!

Je besser du mit deinem Kind auf diese Art oder mittels innerer Dialoge kommunizierst, desto besser wirst du es spüren lernen.

Das hilft dir, genau zu erkennen, wann dieser Teil in dir sich wieder mal in Beziehungsgespräche einmischt und bei deinem neuen Partner quengelt, weil es keine Aufmerksamkeit bekommt!

Wenn das passiert, dann kannst Du folgendes tun:

Übung - Kind zur Seite nehmen

Wenn es jetzt doch einmal passiert ist, dass du dir selber zusiehst, wie du als kleines Mädchen agierst und nicht als gelassene Frau, dann ist es Zeit, mit deinem inneren Kind vor die Tür zu gehen.

Wenn du bemerkst, das Kind spielt wieder Kapitän auf deinem Schiff, gibt es folgende Lösung

Schritt 1: Erkennen, dass Ich als verletztes Kind agiere

Schritt 2: Aus der Situation gehen, diesen inneren Anteil beruhigen und die Lage mit ihm klären

Nehmen wir mal an, du bist diese Frau. Die Kleine in dir beginnt, den Mann mit Vorwürfen zu beschießen. Denn die Kleine bekommt vom Papa (Verwechslung mit dem Partner) nicht die Zuwendung, die sie es so dringend gebraucht hätte.

Du als Erwachsene merkst, das bist jetzt nicht du als Frau, die hier den Ton angibt. Das ist die enttäuschte Kleine in dir, die viel zu wenig Aufmerksamkeit bekommen hat.

Das Kind in dir fühlt sich wieder übergangen, nicht wichtig genommen, nicht genügend.

Die alten Wunden und Gefühle kommen wieder hoch.

Was kannst du tun?

- ♥ Gehe sofort aus der Situation, wenn du kannst, also wirklich aus dem Raum, auf die Toilette, in ein Nebenzimmer oder ins Freie
- ♥ Nimm in Gedanken dein inneres Kind wie ein verärgertes, störrisches, verletztes Kind zur Seite und halte innerlich Zwiesprache
- ♥ Erkläre ihm, dass du vielleicht zu wenig auf es geachtet hast und es nicht wichtig genug für dich war. Sage ihm, dass es wertvoll ist, dass dieses Gefühl jetzt nur aus einer alten Wunde herrührt, es aber in seinem Wert genügt und du ihm diese Anerkennung und Wichtigkeit gibst
- ♥ Dann beruhige es, indem du ihm versprichst, dass du dir die Wunden und das Thema ansiehst und es ernst nimmst. Erkläre ihm, dass du mit dem Partner jetzt als Erwachsene sprichst, weil du das besser kannst als das Kind
- ♥ Rede ihm gut zu, dass du es lösen wirst, nur nicht in diesem Moment. Versichere ihm, dass, was immer der Andere macht oder nicht macht, überhaupt nichts mit ihm oder dir, seinem Wert als Kind oder deinem Wert als Erwachsene, mit seiner Bedeutung oder der Liebe zu ihm zu tun hat und schon gar nicht mit dem, was damals in der Vergangenheit passiert ist
- ♥ Sag ihm auch, der Mann ist nicht dein Papa. Ich sorge jetzt für dich. Wir finden einen Weg, dass dein Bedürfnis nach

Wichtigkeit und Wahrnehmung erfüllt wird, ok? Ich überleg mir was!

Natürlich kannst du das Ganze auch in der Ich-Form tun und einfach mit dir selbst sprechen und dich beruhigen, dass da einfach alte Wunden klaffen und du deinen Wert wieder in Frage stellst. Dann rede dir gut zu wie oben beschrieben.

Du kannst das auch auf ein Thema mit der Mutter oder andere Erfahrungen erweitern, die in dir das alte Gefühl hochbringen, nicht zu genügen.

Dieses Beispiel kann man auf jede Person erweitern, ebenso für andere Beziehungen.

Für dich als Frau ist es essentiell zu begreifen, dass du genügst. Jedes ungute Gefühl des Ausgeliefert seins, des Sich-Verlierens und der Verletzung entsteht hauptsächlich aus einer alten Wunde und deiner eigenen, heutigen Bewertung über dich.

Niemand kann dich klein machen oder ungenügend! Niemand.

Nur DU selbst machst das mit dir. Mache dich nicht selber klein. Bestimme selbst deinen Wert! Denn nur DU kannst das!

Du genügst. Punkt.

Wer das nicht erkennen kann, hat nichts in deiner Zone verloren.

Wenn du es aber nicht erkennst, hast du dich verloren.

In den nächsten Stunden und Tagen kannst du verstärkt auf Impulse und Ideen achten, während du wirklich den Wunsch hast, dir selbst diese Wahrnehmung und Anerkennung zu erfüllen. Triff die Entscheidung, dass du es verdient hast, dass diese erfüllt wird. Wenn es der Partner nicht kann, dann

kann es von einem anderen Menschen oder einer anderen Aktivität erfüllt werden. Zu allererst musst du es dir aber selbst geben. Sei kreativ.

Wo und wie kannst du dir das geben?

Es geht nur darum, sich selbst wichtig zu nehmen und sich zu sagen: "Ich nehme mich wichtig!".

Nimm wahr, was du jetzt brauchst, folge dem und sei achtsam mit dir.

Was brauche ich, um mich gut zu fühlen?

Was tue ich jetzt, um mich selbst wertzuschätzen?

Frage dich:

- ♥ Brauche ich jetzt Gesellschaft? Einen Spaziergang? Will ich ein Buch lesen, ein Bad nehmen, brauche ich eine Aufgabe? Wie kann ich in meinem Leben in einer konstruktiven Art für genug Aufmerksamkeit sorgen? Wo und wie kann ich mich einbringen, um meine Bedeutung zu fühlen? Brauche ich eine Auszeit? Sorge für dich und nimm dich ernst!
- ♥ Geborgenheit und Zärtlichkeit verbinden wir immer mit anderen Personen. Aber auch hier kann man viel für sich selbst tun. Sorge für eine kuschelige Umgebung oder zumindest eine Ecke in deinem Wohnbereich. Was würdest du für ein Kind tun, damit es sich geborgen fühlt? Du kannst an Orte gehen, wo du dich wohl fühlst, dich mit Freunden treffen und dich umarmen lassen. Wenn jemand fehlt, der dir eine Umarmung geben kann, lass dich massieren. Öle dich selber mit warmen Ölen ein. Nimm ein heißes Bad. Mache Sport, um deinen Körper auszupowern und die wohlige Entspannung danach zu fühlen.

Natürlich kann man sich nicht alles selbst geben, aber die Entscheidung, dich um dich selbst so gut du kannst zu kümmern, verändert dein inneres Programm! Dann kommt es zwingend auch von außen auf dich zu.

Wenn du spirituell unterwegs bist, kannst du dir auch Geborgenheit vom Universum und der geistigen Welt holen. Wenn du die Augen schließt und danach fragst, dich dem hingibst, kannst du wundervolle stärkende Energien erhalten und dich geliebt fühlen. Lass dich von dieser Welt tragen, dir Lichtduschen schicken. Nach der Geborgenheit des Allumfassenden, deiner Quelle zu fragen und suchen kannst du jederzeit und dir wird immer geantwortet.

Die Lady:

Kille deine Langeweile! Begeistere dich für etwas, dann geht´s dir besser!

Ein gewisser Schmerz, der bleibt

Du weißt, ich sage dir hier nicht das, was du hören willst, sondern das, was dich weiterbringen soll. Und ich nenne die Dinge gerne beim Namen.

Ein gewisser Schmerz wird bleiben, wenn wir als Kinder etwas entbehren mussten und Du wirst lernen müssen, das ganz einfach auch mal auszuhalten und deinen konstruktiven Weg finden, damit zu leben.

Das Leben ist toll, wundervoll, lebenswert, grandios! Erfolg und Liebe dürfen einfacher und schneller zu Dir kommen, als Du es dir je erträumt hast, aber es werden auch immer wieder Herausforderungen, nicht so gute Dinge und schlechte Gefühle auf dich zukommen.

Die Meisterschaft liegt darin, sich davon nicht umhauen zu lassen und weiter in einer möglichst guten, hohen Energie und einem unerschütterlichen Fokus auf seine positiven Ziele seinen Weg weiter zu gehen. Probleme, die anfallen, mit der größtmöglichen Leichtigkeit zu lösen, das ist die wahre Kür.

Du kannst glücklich sein, auch wenn du ein gewisses Paket mit dir herumträgst.

Je eher du akzeptierst, dass auch diese Dinge zum Gesamtpaket Glück und Leben gehören, desto leichter wird es.

Der Trick:

Sich nicht hineinsteigern, nicht ewig drin rumwühlen, sich nicht darin baden oder es als Ausrede benützen, sich nicht aus der Komfortzone zu bewegen. Im Drama kann es sich schon saugut anfühlen. Steig aus! Keine Entschuldigungen mehr.

Nimm es mit Kraft und Würde und mache das Beste daraus, so gut Du es kannst!

Du darfst deinem Kind aber klar machen: Es geht auch anders als früher!

Das Kind, das in alten Ängsten gefangen ist, das kriegt nie genug. Tief verunsichert kann es nie genug Sicherheit haben. Es hat eine nie enden wollende Sehnsucht, weil nichts, was jetzt passiert, die Liebe der Eltern von damals erfüllen kann.

Die Heilung kann nur darin bestehen, dem Kind klar zu machen, dass der Schmerz der fehlenden Liebe nichts über seinen Wert aussagt und es jedes Recht hat, unendlich geliebt zu werden. Dass die fehlende Liebe und der Schmerz von damals zwar wehtun, aber der viel schlimmere Schmerz jener ist, den man jetzt immer wieder neu erzeugt. Der Preis, den man als Erwachsener zahlt, weil man das immer wieder durchmacht, ist zu hoch.

Erkläre deinem Kind unermüdlich und immer wieder, dass es jetzt anders gehen darf!

Erkläre ihm, dass es keine Schuld hat und nichts dafür kann, wie es einmal behandelt wurde.

Vergeben heißt hier – gib deinen Eltern ihr Schlammassel und ihren Kampf zurück, ver- gebe es an andere, wo es hingehört. Es war und ist nicht deines, du hast es nur übernommen. Warum? Aus Liebe! Weil du so liebesfähig bist und immer warst. Du hast nur die falschen Schlüsse gezogen.

Kann man mit der Wunde und diesen Entbehrungen von damals leben?

Ja, man kann es, wenn es vorbei sein darf. Wenn man nicht immer diesen Schmerz wiederholt. Das passiert, indem man so vieles, das einem widerfährt, aus den Augen des Kindes interpretiert und damit in der alten Situation zu sein scheint. Als das Kind will man unbewusst ewig diese Situation wieder herstellen, um endlich das zu bekommen, was einem damals gefehlt hat.

Die große Erlösung entsteht, wenn man akzeptiert, dass man es in dieser Form nie mehr erhalten wird. Man darf sich sagen: Mir hat etwas Essentielles gefehlt. Es tat weh und tut weh, wenn ich daran denke und es wieder fühle. Aber auch wenn es mir damals gefehlt hat, muss es das jetzt nicht mehr.

Geh aus dem DRAMA!

No more Drama Baby!

Vergessen funktioniert nicht, man wird sich immer daran erinnern, aber man kann sich klar machen, es darf vorbei sein und muss nie mehr wiederholt werden, weder in Situationen noch im inneren

Erleben. Du darfst ab jetzt neu bestimmen, alles anders zu erleben. Du kannst dir das holen, was du möchtest.

Du kannst sagen:

- ♥ **Ich habe damals etwas nicht bekommen. Das muss mich jetzt nicht mehr bestimmen. Ich betrauere, dass es mir nicht geschenkt wurde. Ich muss nicht wissen, warum es so war. Ich nehme es einfach so an, weil ich mich befreien möchte. Ein Teil in mir trägt Trauer. Ich richte in meiner Innenwelt eine Trauerecke und einen Gedenkaltar ein, an die verlorenen Dinge meiner Kindheit. Ich gedenke dort an das, was ich nie erleben und haben durfte. Das mache ich bewusst an einem Trauertag im Jahr. Und dann lasse ich es gut sein. Ich entscheide mich, dass diese Wunde existieren darf, ohne mein Leben weiter zu bestimmen.**
- ♥ **Ich akzeptiere von nun an, dass ich keinen guten Vater oder keine gute Mutter hatte, so wie ich es gebraucht hätte.**
- ♥ **Ich gebe ihnen ihre Themen und Geschichten zurück, denn ich kann nichts dafür. Ich sehe, dass sie es aus eigenen Zwängen und Verletzungen getan haben und dass mein Vater oder meine Mutter auch ein verletztes Kind war, das nie die Chance hatte, es anders zu erkennen, so wie ich jetzt diese Chance bekomme.**

Die Übungen Frieden schließen mit dem Vater und der Mutter unterstützten diesen Prozess, ebenso die Lösungs-Rituale.

Wenn zum Beispiel mit dem Partner an deiner Seite wieder ein Gefühl von Kleinheit und Schwäche hochkommt, du ärgerlich wirst und merkst, etwas stimmt nicht - dann finde Gedanken und Fragen, die dein Gefühl verändern. Der Weg ist, aus der Situation zu gehen und sich zu sagen:

- ♥ Es hat nichts mit mir zu tun. Mein Wert bleibt unangetastet, egal was hier passiert. Ich werde es überleben, falls das schief geht, ich ruhe in mir. Alles ist gut. In jeder Beziehung geschieht Distanz und Nähe. Wo und wann habe ich mich vergessen? Habe ich genug auf mich geachtet? Habe ich mich unabhängig gemacht in meinem Leben? Was zeigt mir der Andere als mein Spiegel? Wo gehe ich auf Distanz? Habe ich Angst, mich zu zeigen? Habe ich Angst und Unsicherheit - wovor? Ist sie berechtigt? Oder koche ich die alte Suppe wieder auf? Ist es eine alte Geschichte? Erinnert es mich nur an eine alte Wunde oder ist es etwas Aktuelles? Hat das etwas mit damals zu tun? Wie kann ich mir anders helfen, als mich klein und schwach wie ein Kind zu fühlen oder abhängig? Wie kann ich jetzt gut für mich sorgen und den anderen damit in Ruhe lassen? Wie mache ich mich von meinem Partner so abhängig? Wie kann ich ab sofort meine Bedürfnisse anders erfüllen oder erfüllt bekommen? Und so fort.

Du sollst und brauchst keine zwiegespaltene Persönlichkeit werden, aber du sollst trennen zwischen dem kindlichen Teil in dir und dem erwachsenen Ich. Du darfst lernen, zu verstehen, wer die Kontrolle übernimmt und was los ist, wenn der kindliche Teil zu zicken, spinnen, schreien, treten und boykottieren beginnt. Dann wurde er schlichtweg vernachlässigt.

Mit solchen Übungen und der Bewusstheit für den kleinen, verletzten, bedürftigen Anteil in dir, kannst du ab jetzt erkennen, ob du als Erwachsener handelst oder wieder die Kleine die Führung übernommen hat.

Übung - Der innere Kind Tag

Die Idee des Tages für das innere Kind stellt sicher, dass wichtige Bedürfnisse erfüllt werden, die im Alltag oft untergehen.

Dieser Tag bedeutet, dass an einem fixen Tag im Monat oder zumindest alle paar Wochen, zum Beispiel an einem Sonntag, der Tag für das innere Kind eingeplant ist.

An diesem Tag wird ausschließlich das gemacht, was dein inneres Kind möchte. Du folgst dabei deinen inneren

Impulsen, ohne groß nachzudenken. Meistens will das Kind einfach einmal losgehen, in den Zoo, ins Kino oder ein Eis essen. Sich treiben lassen mit Spaß und zwischendurch mal was Gutes zum Essen, macht dem Kind immer Freude.

Stelle dir vor, du würdest etwas mit deinen Kindern, wenn du welche hast, oder mit dem Kind von jemand anderem, auf das du aufpasst, unternehmen. Dann fallen dir genug passende Dinge ein. Du machst das ganz alleine. Du, der Erwachsene mit deinem Kleinen, deiner Kleinen in dir drin.

Das Kind bestimmt, wo es hingeht. Natürlich im sicheren Rahmen.

Du wirst erstaunt sein, wie viel Freude das macht und wie du innerlich einen ganz neuen Bezug zu dir aufbaust. Damit hast du diesen inneren kindlichen Anteil dann auf deiner Seite, was dir in Sachen „Erfolg" in allen Lebenslagen zum Vorteil gereichen wird.

Vielleicht kommt dir diese Übung am Beginn komisch vor. Alleine Sachen zu machen, die ein Erwachsener nicht und schon gar nicht alleine machen würde, kann am Anfang gewöhnungsbedürftig sein. Gerade Frauen sind es nicht gewohnt, Dinge alleine zu machen. Überwinde deine Scham und die Vorstellung, du könntest es nicht. Glaube mir, es geht und es tut dir gut.

Natürlich verlangt niemand von dir, alleine in eine Spielecke für Kinder bei Ikea zu gehen, dich dort in die Bälle zu werfen und die armen Kinder zu erschrecken. Auch eine Kinderrutsche am Spielplatz, wenn er gerade brechend voll ist, würde vielleicht dazu führen, dass man den Arzt oder die Polizei holt.

Wähle also bitte Tätigkeiten, die mit gesellschaftlichen Grenzen im Grunde genommen gut vereinbar sind: Ausstellungen besuchen, Museen, Kinobesuche, Spaziergänge, Kletterparks, Tanzstunden, und vieles mehr ist hier gut umsetzbar.

Auf den Spielplatz zu gehen bietet sich dann an, wenn dort gerade niemand ist, den du erschrecken würdest.

Probiere aus, was dir gut tut. Die Tätigkeiten müssen nicht unbedingt denen eines Kindes entsprechen, es geht nur

darum, dass das Kind sie machen will, Spaß daran findet und dass du dich vor allem einfach einmal treiben lässt und siehst, wozu nur du mit dir alleine Lust hast.

Wenn ein ganzer Tag aus Verpflichtungen nicht möglich ist, dann nimm dir wenigstens ein paar Stunden Zeit oder plane eine fixe Unternehmung ein.

Eine kleine Warnung mit Augenzwinkern: Es kann passieren, dass Du an so einem Tag Pommes, Torte, Eis und Bratwurst essen willst, am liebsten auf einmal und dir danach etwas schlecht ist. Denk an mich und grinse, wenn es so kommt. Keine Angst, es macht so viel Spaß, dass ein bißchen flauer Magen ruhig dazu gehören darf. Ein Pfund mehr am nächsten Tag? Deine Freude wird es in den nächsten Tagen darauf im Nu wieder purzeln lassen.

Übung - Trauertag für das Ungelebte

Wenn Du möchtest, kannst du einen bewussten Trauertag für das einführen, was du als Kind nicht bekommen hast und nicht erleben konntest.

Das sollst du aber nicht in einer Opferhaltung tun. Im Gegenteil. Du sollst Selbstverantwortung übernehmen und dir sagen: Weil ich jetzt in eine glückliche Beziehung gehen möchte, lasse ich das hinter mir, was als Ungelebtes in mir emotionale Lücken hinterlassen hat. Sie dürfen heilen, sie dürfen da sein, sie dürfen unbedeutender werden. Ich darf sie betrauern, damit sie da sein können.

Begeh bewusst einen Tag lang diese Traurigkeit und Trauer, zieh dich schwarz an, weine, schau alte Bilder an…was auch immer dir dazu einfällt.

Aber nur einen Tag lang. Danach ist Schluss damit.

Diesen Tag kannst du einmal im Jahr einführen, damit diese Gefühle ihren Platz haben.

Wenn du sie so begrenzt und sie da sein lässt, verlieren sie an Wucht und unbewusster Macht über dich.

Zusammenfassung

Du solltest jetzt schon eine Reihe von Glaubenssätzen, Themen und Muster für dich entdeckt haben, die Du früh übernommen oder entwickelt hast. Durch sie erkennst Du auch bereits, welche hinderlichen Annahmen Du in Dir bisher getragen hast.

Du weißt, welche Bedürfnisse dein inneres Kind hat und wie du mit diesem Teil in dir umgehen kannst, wenn er wieder das Ruder übernehmen will.

Du hast einige Notizen für deine Erinnerungskarte gesammelt ☺

Im Grunde genommen kann man alle verschiedenen Glaubenssätze auf folgende Grundthemen zusammenführen:

- Ich bin nicht gut genug, ich bin wertlos, ich bin nicht wichtig, daher kann man mich nicht lieben, wenn ich einfach nur bin
- Nähe erzeugt Angst oder Überanstrengung, weil ich mich nie authentisch zeigen darf, dann werde ich nicht mehr geliebt oder verletzt
- Sich zu öffnen und zu vertrauen wird früher oder später zu Enttäuschung und Verletzung führen
- Liebe gibt es nur als Gegenleistung für etwas: ich muss etwas Bestimmtes geben oder sein, dann darf ich Liebe erhalten
- Bindungen und Beziehungen sind schwierig, anstrengend, belastend, mit mehr Strafe, Verlust oder Anstrengung als Belohnung und Lust verbunden (z.B. ich verliere meine Freiheit, ich verliere meine Sicherheit)
- Für mich gibt es nicht, was ich mir wünsche

Das Alles darf sich jetzt auflösen und durch deine Bewusstheit und Entschlusskraft der Vergangenheit angehören!

Du wirst es nach und nach verändern, bis von den alten Mustern und Gefühlen nichts mehr übrig bleibt. Das Geheimnis ist, dabei zu bleiben, neue Denkgewohnheiten und Überzeugungen einzuüben, und IMMER WIEDER dein neues BEWUSSTSEIN zu leben.

Wie das geht?

Das sehen wir uns jetzt an. Also los!

LEVEL II NEUE GLAUBENSSÄTZE, NEUES ICH – DEIN MINDSET ZUM TRAUMPARTNER

Der erste Schritt zur Transformation war, **zu erkennen**, was in dir wirkt, welche Glaubenssätze du dir zurecht gelegt hast, wie du Beziehungen als Kind erlebt und wahrgenommen hast und welche Wahrheiten da in deinem Kopf herumspuken, die dir einmal Schutz geboten haben, jetzt aber zu nichts mehr zu gebrauchen sind!

Der zweite Schritt zur Veränderung ist es, **neue Glaubenssätze zu kreieren!**

Dazu braucht es deine volle Entscheidung und dein STOP zu dem, was bisher war!

Du hast in den vorangegangenen Übungen und Erklärungen erkannt, welche Glaubenssätze dich wahrscheinlich schon lange prägen. Damit hast du die Möglichkeit, sie auch bewusst zu verändern.

Voraussetzung ist aber deine **vollkommene Entscheidung, Stop zusagen** zu dem, was du bisher gedacht und geglaubt hast, von dem du weißt, das es dir auf lange Sicht schadet.

Du merkst, ich wiederhole manchmal WICHTIGES. Damit es Dir so richtig bewusst wird.

TIPP:

Mache dir jetzt die negative Konsequenz bewusst, wenn du weiter an den falschen Glaubenssätzen festhältst.

Schreibe dir auf, wie es weitergeht, wenn du so weitermachst wie bisher. Schreibe auf, wozu deine bisherigen Glaubenssätze und inneren Annahmen geführt haben.

Im Vergleich stellst du dir bitte **alle möglichen, positiven Folgen vor, wenn du die alten, hindernden Blockaden endlich aufbrichst.**

Schreib auf, welche Belohnungen auf dich warten können, wenn du es schaffst, dir neue, unterstützende, gute Glaubenssätze zuzulegen, die ab jetzt deinen Fokus und Filter bestimmen.

Du brauchst diese neuen Glaubenssätze noch nicht zu kennen, aber überlege, welche Folgen es haben wird, wenn es dir gelingt, dich völlig neu zu programmieren in Richtung deiner tiefsten Herzenswünsche. Hin zu deinem passenden Partner.

- ✪ Triff eine Entscheidung, dass du ab sofort deine alten Bahnen und Strategien beenden willst und für dich gewinnbringende, fördernde, stützende Glaubenssätze entwickeln willst.
- ✪ Triff die Entscheidung, deine bisherigen Annahmen als falsch und als Lügen zu erkennen.
- ✪ Danke ihnen dafür, dass sie dir das Überleben gesichert haben, aber sage dir auch, dass es jetzt vorbei sein darf und muss!

Sage laut! Mit der Hand auf deinem Herz:

„Es muss sich jetzt etwas ändern. Es gibt kein Sollte, kein Könnte, Nein, es gibt nur noch ein MUSS! Weil ich es so bestimme!“

Diese Entscheidung ist der wichtigste Schritt!

Es geht nur mit deiner Überzeugung!

MUSS ist kein schlimmes Wort. Es ist sehr kraftvoll, wenn es Dir dienen darf. Wenn etwas MUSS, das DU willst und bestimmst, dann hat es KRAFT!

Das wird dir in den folgenden Tagen und Wochen den Fokus, die Konzentration und die Kraft geben, die alten Muster aufzubrechen und dir neue Denkweisen anzugewöhnen.

Dabei ist es von größter Wichtigkeit, dir klar zu werden und dir selbst klar zu machen, immer wieder, jeden Tag, dass diese alten Annahmen über dich, das Leben und **Beziehungen NICHT der Wahrheit** entsprechen.

Sie waren eine Sichtweise des Kindes, die es zu seinem Überleben gebraucht hat oder die es entwickelt hat, weil es nicht anders konnte.

Manchmal kann sich auch die Energie und Kraft des Kindes nicht richtig entwickeln und unsere nach außen geleiteten Energien drängen nach innen. Dies hat Auswirkung auf unseren Körper und unsere Gesundheit, aber selbst diese Spuren und Wirkungen können durch neue Annahmen transformiert, erneuert und verändert werden.

Verurteile dich nicht dafür, dass du so gedacht hast. Es diente früher einmal deinem Leben. Es ist nur wichtig, dass du jetzt, wo es dir nicht mehr nützt, damit aufhörst.

Wie, einfach aufhören? Höre ich dich fragen.

Ja, so ist es. **Deine Entscheidung, etwas zu erkennen und dann damit aufzuhören, bewirkt schon etwas. Einen Schub hin zur Transformation. Diese starke Entscheidung, dein MUSS, gibt dir die nötige Schubkraft**, alles zu verändern.

Es entsteht in deinen Gedanken, in deinem Geist, das ist das Werkzeug!

Die Gefühle und das Handeln folgen dann daraus. Im Detail sehen wir uns das noch genauer an. Wenn du sagst **STOP! ES MUSS!**

Ich höre auf mit dem Alten und beginne das Neue, das mir nützt, dann veränderst du es bereits.

Verurteile auch nicht deine Eltern oder damalige Umstände, denn jeder handelt immer so, wie er es kann und fast alle handeln nicht aus einer Absicht sondern aus eigenen, unerfüllten Bedürfnissen und Zwängen, weil sie es nicht besser können oder wissen.

Glaube mir - sie hätten es so gerne besser und anders gemacht, Sie wären auch glücklicher gewesen, hätten sie es gekonnt.

Wir sind Menschen und damit äußerst unperfekt, was unsere Fehler anbelangt. Wir haben einen vollkommenen Wesenskern, der unangetastet seit unserer Geburt besteht und der immer so bestehen bleibt. Er ist reine Liebe und eine wunderbare Energie, die unser Ich im Grunde ausmacht.

Leider vergessen das so viele und glauben, was man Ihnen an Lügen erzählt.

Du bist jetzt weiter!

Du verstehst jetzt besser.

Du konntest

- ♥ Dir klar werden, dass die alten Annahmen nicht der Wahrheit entsprechen.
- ♥ Mit deinen Eltern Frieden schließen und deine Ahnen in Anerkennung hinter dir lassen.

Die Frage ist nun.

Was willst du satt dessen glauben?

Wenn wir das Alte verändern wollen, müssen wir es durch etwas Neues ersetzen. Daher wollen wir jetzt ...

... neue Glaubenssätze einüben.

Wir konditionieren uns neu und koppeln neue Emotionen und Belohnungen an beziehungsfördernde Einstellungen, Denk – und Verhaltensweisen.

Du wirst erstaunt sein, was du alles bewegen und verändern kannst!

TECHNIKEN FÜR NEUE GLAUBENSSÄTZE

Ich stelle dir jetzt einige Techniken vor, womit du neue Glaubenssätze entwickeln kannst. Das wiederum kann dein Leben neu gestalten und neue, passende Männer in dein Leben ziehen!

Techniken klingen trocken?

Du wirst es lieben – es ist der **Werkzeugkoffer zum Liebesglück** und zu deinem Wohlgefühl mit dir selbst!

Wende Sie an und spüre, wie sehr sie Dir DIENEN.

Technik 1: Spürhund auf Spur setzen

Du hast ein Machtinstrument, das nichts anderes tun will, als dir zu dienen. Es sitzt zwischen deinen beiden Ohren. Dein Gehirn! Du wirst es jetzt, weil du es ab sofort weißt, für dich arbeiten lassen.

Und es wedelt schon wie ein treuer Hund und hechelt erwartungsvoll. Darauf, dass Du das Stöckchen wirfst.

Es funktioniert wie eine Suchmaschine. Es sucht Material, Info und Beweise für das, was du in die Suche eingibst und wartet ständig auf Futter. Gib ihm etwas Neues zu suchen, und es stürzt sich darauf, wie ein hungriger Wolf auf rohes Fleisch oder wie ein Fuchs, der den Hasen jagt.

Das funktioniert immer. Wir alle machen nur meistens den Fehler, dass wir unserem Gehirn das Stöckchen in Form negativer Fragen zuwerfen und seine Suche damit in die völlig falsche Richtung lenken.

Du erratest die Lösung!?

Durch neue Fragen und einen neuen Fokus wirst du dein Gehirn etwas anderes suchen und jagen und BRINGEN lassen. Damit wirst Du andere Dinge und Menschen wahrnehmen und im Außen eine neue Welt kreieren.

Folgendes Beispiel soll Dir helfen, das noch besser zu verstehen.

Silke ist Single.

Sie stellt sich vorrangig selbst oder auch gemeinsam mit ihren Freundinnen folgende Fragen:

- Warum bin ich immer noch alleine?
- Wieso gibt es keinen passenden Mann für mich?
- Was an mir ist falsch, dass es bei mir nicht klappt?
- Wieso bekommen nur die anderen jemanden?

Damit setzt sie ihr Gehirn auf Suche nach Beweisen, warum es nicht klappt! Und es wird sie finden.

Du weißt ja, das Stöckchen und der sabbernde, wedelnde Hund. Dem ist egal, welches Stöckchen Du wirfst. Hauptsache er darf laufen und Dir bringen, was Du wirfst.

Das Stöckchen, das Silke wirft, führt zu negativen Antworten!

Was wäre also die Lösung?

Den Suchhund auf eine andere Spur zu bringen!

Auf jene Fährte, die uns gut tut, die uns weiterbringt, die uns hilft, unsere Ziele zu erreichen, die etwas Konstruktives in uns auslöst, satt uns zu behindern.

Wenn Silke anders fragen würde, bekäme sie von ihrem Gehirn automatisch positive Beweise dafür geliefert.

Sie könnte also stattdessen fragen:

- ♥ Was an mir ist in jedem Fall beziehungsfähig?
- ♥ Wie kann ich das Singlesein nützen? Was ist der Vorteil für mich?
- ♥ Welche Beispiele von Menschen mit Beziehungen kann ich finden, die selber nicht perfekt, aber gemeinsam glücklich sind?
- ♥ Was könnte ich tun, um es mir in der Zwischenzeit so richtig gut gehen zu lassen?
- ♥ Wie kommen andere an einen Partner, was kann ich davon übernehmen?
- ♥ Was an mir ist total liebenswert?
- ♥ Welche Beweise finde ich, dass ich jederzeit einen Partner haben könnte?
- ♥ Was finde ich an einer Partnerschaft toll?
- ♥ Wie fühle ich mich in einer erfüllten Partnerschaft?
- ♥ Welche Beispiele für glückliche Paare finde ich da draußen?
- ♥ Welche Vorbilder habe ich für eine Partnerschaft?
- ♥ Wo finde ich Beweise, dass es tolle, liebevolle Männer gibt?
- ♥ Wo sehe ich heute tolle Männer?
- ♥ Wie lerne ich am leichtesten jemanden kennen?

Schreibe dir zwei, drei gute, neue Fragen und Glaubenssätze auf deine Erinnerungskarten ♥

Neue Glaubenssätze findest du, indem du dich fragst,

- ♥ An was sollte ich glauben, damit ich eine erfüllte Partnerschaft anziehe?
- ♥ Wie denkt eine Frau, die eine erfüllte Partnerschaft lebt?
- ♥ Was kann ich heute sein und tun, um meinem Ziel näher zu kommen?
- ♥ Was will ich heute denken, das meinem Ziel dient?
- ♥ Wie kann ich den Glauben an mich stärken, dass ich den tollsten Mann verdient habe?

Technik 2: Neue Autobahnen bauen

Ich hatte ja bereits erwähnt, dass unsere Erfahrungen und Gedanken im Hirn Spuren hinterlassen, die sich bei wiederholtem „Befahren" zu regelrechten Autobahnen entwickeln.

Deine alten Straßen haben dich aber bisher zu den alten Ergebnissen geführt.

Wir brauchen daher neue Bahnen, die dich an dein wahres Ziel bringen.

Deine alten Annahmen zu verändern und ihre Wirkung zu schwächen, kannst du, indem du ihnen den Nährboden entziehst.

Wenn du deine alten Gedanken nicht mehr fütterst, dann sterben sie langsam ab, wie eine Pflanze, die du nicht mehr gießt.

Daneben baust du neue Glaubensmuster auf, die immer stärker und grösser werden, bis sie ganz von selbst dein Leben in eine neue Richtig führen.

Den Nährboden zu entziehen geschieht auf zwei Wegen.

1. **Ihnen keine Aufmerksamkeit zu schenken**, indem du alles, was mit ihnen verbunden ist, nicht mehr fütterst: weder durch Gedanken, noch durch Gespräche, Worte oder Verhaltensweisen. Deine Aufmerksamkeit darf ihnen nur so lange gelten, bis du sie entlarvt hast, dann schaust du sofort woanders hin, nämlich dahin, wo du hin möchtest.

2. **Dich auf etwas Anderes zu konzentrieren! Deine Energie woanders hinzulenken.**

WO WILLST DU HIN?

Nochmal

WO WILLST DU HIN?

Die neuen Autobahnen baust du wie?

! Durch Wiederholung und Gedankenkontrolle !

WIE?

HAST DU es Bewusst gelesen?

Durch WIEDERHOLUNG

WAS?

WIEDERHOLUNG

WAS?

JAAAA, ich hab's kapiert!

Und..

Gedankenkontrolle.

Gedanken-Was?

Stöckchen –Werfen!!!!!

So, wie die alten Gedankenbahnen und damit Verhaltensmuster entstanden sind, **durch ständige Wiederholung und Gewohnheiten,** so kannst du jetzt auch die neuen aufbauen!

Das gelingt dir durch das ständige Wiederholen neuer Gedanken und neuer Verhaltensweisen, bis die neuen Bahnen stärker als die alten geworden sind.

Wie war nochmal die Technik?

Wieder.....Hol...Ung...

Jetzt weißt du es...!

GROSSE VERÄNDERUNGEN werden durch kleine Schritte erzielt!

Trippel, Trappel, Trippel, Trappel...

Nicht durch Hauruck Aktionen oder über Nacht.

Bleib also dran. Schätze auch die kleinen Schritte.

Wenn du etwas verändern willst, braucht es Übung. Dein altes Denken ist eine Gewohnheit. Das schaltest du nicht um, wie einen Lichtschalter. Schade, dass es nicht so einfach geht. Du wirst es immer wieder tun müssen, bis es sitzt. Deine neuen Gedanken sind wie kleine Babys, die laufen lernen. Wenn sie hinfallen, hilf ihnen wieder auf und ermuntere sie, es nochmal zu probieren, und nochmal, und nochmal, und nochmal....und irgendwann hörst du sie lachen, weil sie endlich laufen gelernt haben.

Die Lady: Ich mag auch noch mal:

Wiederholung

Gedankenkonrtolle

Dranbleiben

Trippel Trappel

Schreibe dir ab jetzt, wann immer dir einer einfällt, neue Glaubenssätze auf, die du jetzt glauben willst! Solche, die dir und deinen Zielen und deinem Wohlgefühl dienen.

Diese übst du dann nach und nach ein.

Mit deiner Gehirnwaschmaschine ☺

Technik 3: Belohnen und neu Konditionieren

Ich habe bereits bei den Glaubenssätzen erklärt, dass sich immer wiederkehrende Gedanken und Verhaltensweisen als immer stärkere neuronale Verknüpfungen im Gehirn abbilden.

Wir brauchen jetzt neue neuronale Verknüpfungen. Die müssen langsam wachsen und stärker werden als die alten.

Soweit so klar.

Das funktioniert aber nur, wenn wir die neuen so oft wie möglich knüpfen, also quasi **immer mehr Freundschaftsbänder um unsere Gehirnwindung hängen** oder die neue Verknüpfung so unwiderstehlich für unser Gehirn machen, dass es immer mehr davon will.

Wie geht das bloß?

Gehe ich immer wieder einen Pfad durch eine Wiese entlang, entsteht dort ein Weg. Klar?

Ja.

Wir verbinden mit bestimmten Erlebnissen und Verhaltensweisen auch bestimmte Emotionen. Das nennt man dann Konditionierung.

Wie bitte? Konditio....Was? Und Was ist jetzt mit dem Weg? Warte.

Gehe ich diesen Pfad durch die Wiese jedes Mal bei Sonnenschein und Vogelgezwitscher, dann werde ich den Pfad wahrscheinlich mögen. Wäre jedes Mal ein Sauwetter, eiskalter Regen, Sturm und Pfützen, wenn ich da entlang gehe, würde ich den Pfad irgendwann nicht mehr mögen.

Irgendwann finde ich Pfade blöde oder schon beim Gedanken an den Pfad im Eisregen, schaudert es mich, obwohl ich noch wohlig warm zu Hause sitze.

So geht es uns oft auch mit Erlebnissen und Erfahrungen. Eine bestimmte Geste, ein Geruch, ruft automatisch eine bestimmte Reaktion, ein gewisses Gefühl hervor.

Du kriegst hier gleichzeitig eine Vorlesung in Psychologie. Wer weiß, wofür Du das brauchen kannst? Mindestens als Gesprächsthema beim nächsten Date, wenn er dir nicht gefällt und du ihn loswerden willst! Aber jetzt mal im Ernst. Das Gerücht, Männer würde keine intelligenten Frauen mögen, stimmt nicht. Sie haben höchstens Angst, nicht gescheit genug für sie zu sein!

Wenn wir Beziehungen immer wieder mit schlechten Emotionen verknüpft erleben, dann stellen wir die Stacheln auf, wenn wir jemanden kennenlernen, mit dem es klappen könnte.

Um dies zu verändern, muss man neue Verknüpfungen schaffen. Also positive Gefühle an Beziehungen binden.

Wir streben nach Lust und wollen Schmerz vermeiden. Im Gehirn gibt es eigene Areale für diese Empfindungen.

Dein Gehirn kann sich übrigens dein Leben lang entwickeln, verändern und neue neuronale Verknüpfungen herstellen. Das ist sehr wichtig, zu wissen!

Warum?

Weil das lebenslange Veränderungsmöglichkeit bedeutet! Das ist großartig!

Bleiben wir beim Konditionieren. Das heißt genauer gesagt, dass du einem bestimmten Reiz (Klingelton) eine bestimmte Konsequenz folgen lässt (Essen), die dann eine Emotion und ein Verhalten bei dir auslöst (Das Essen steht vor dir und duftet – du erlebst Freude und dir läuft das Wasser im Mund zusammen).

Also wenn du Pizza bestellst, der Pizzalieferant klingelt und du dann die duftende Pizza riechst, wenn er vor der Türe steht, dann läuft dir das Wasser im Mund zusammen.

Würdest du das sehr oft machen, Klingeln- Pizza – Sabber, dann reicht irgendwann schon das Klingeln aus, damit du mit Speichelfluss reagierst!

Also alleine der Klingelton kann irgendwann dazu führen, dass du vor Freude sabberst, auch wenn deine Pizza noch nicht in Sichtweite, oder besser, Riechweite ist.

Du hast den Reiz KLINGELN mit Sabber konditioniert.

Was hat das jetzt mit deinem Traumpartner zu tun?

Dieses Prinzip nützen wir für uns!

Du kannst ab jetzt deine neuen Glaubenssätze und Verhaltensweisen mit Belohnungen und angenehmen Erlebnissen verbinden. Irgendwann zeigst du diese dann von selbst, weil dein Lustzentrum im Gehirn auch ohne folgende Belohnung angeregt wird.

Ganz konkret: Wenn du es schaffst, alte Denkgewohnheiten zu durchbrechen und durch neue Gedanken zu ersetzen, belohnst du dich!

Wenn du in angenehmen Situationen bist, denkst du deine neuen Gedanken und an deine neuen Glaubenssätze.

Und umgekehrt – wenn du neue, gute Gedanken denkst, belohnst Du Dich nach Möglichkeit.

Damit erzeugst du eine starke Verbindung von Lust und Freude mit deinen neuen Denkgewohnheiten.

Achte ab jetzt darauf, Beziehung mit positiven Gefühlen und Erlebnissen zu verbinden. Guck dir schöne, positive Liebesfilme an, beobachte oder treffe Paare, die glücklich sind, verbinde deine Dates mit besonders schönen Orten, Düften und Genüssen. Belohne dich!

Jetzt weißt du, wie du neue Glaubenssätze stärken kannst. Aber wie kommst du zu deinen neuen Gedanken?

Durch folgende Fragen:

- ♥ Welche Glaubensmuster hat ein Mensch, eine Frau, die das lebt, was ich mir wünsche?
- ♥ Was kann ich denken, um in die Richtung dessen zu gehen, was ich möchte?
- ♥ Welche Wortwahl und welche Gedanken entsprechen meinen neuen Ausrichtungen?
- ♥ Was will ich über mich, andere und das Leben denken, damit es meinen Zielen entspricht?
- ♥ Was muss ich glauben, damit ich das erreiche, was ich möchte?
- ♥ Wer muss ich sein, um das zu erreichen, was ich möchte? Wie denke ich als diese Person?
- ♥ Welche Überzeugungen tun mir einfach gut?

Wenn du eine erfüllte, harmonische, liebevolle Beziehung willst, dann helfen dir

Beziehungsfördernde Glaubenssätze

- ∞ Ich bin eine wertvolle Frau, um die sich die richtigen Männer bemühen
- ∞ Ich bin genug
- ∞ Für mich gibt es den genau passenden Mann, der mich gut behandelt und mich blühen lässt
- ∞ Ich weiß genau, wer ich bin und was ich will (das weißt du ganz sicher nach dem Level II)
- ∞ Beziehungen machen Freude und man kann sich gemeinsam entwickeln
- ∞ Ich kenne meine Bedürfnisse und weiß jetzt, wie sie erfüllt werden können
- ∞ In einer Beziehung darf man sich zeigen, wie man ist
- ∞ In einer Beziehung kommuniziert man seine Werte und das, was man braucht, damit es funktionieren kann
- ∞ Eine Beziehung ist geprägt durch wertvolle Kompromisse und konstruktives Konfliktverhalten
- ∞ Ich bin ein liebevoller Beziehungsmensch
- ∞ Es gibt starke, liebevolle und beziehungstaugliche Männer
- ∞ Ich erkenne die passenden Männer
- ∞ Ich lerne, meine Weiblichkeit zu leben
- ∞ Ich kenne meinen Wert
- ∞ Meine Grenzen sind etwas ganz Natürliches
- ∞ Männer kommen ganz automatisch auf mich zu
- ∞ Ich darf verletzlich sein, ich bin sicher in mir selbst
- ∞ Ich vertraue ab jetzt Beziehungen und Männern, weil ich so will und entscheide

Was würde eine Frau glauben, die eine erfüllte Beziehung lebt?

- ♥ Ich bin eine tolle Frau
- ♥ Ich bin für einen Mann die Nr. 1
- ♥ Ich bin wichtig und wertvoll

- ♥ Ich bin genug
- ♥ Ich habe Selbstbewusstsein

Die Lady: Ich denke über mich immer Stärkendes. Ich entscheide mich, an mich zu glauben. Punkt! Komplimente nehme ich lächelnd und dankend an. Ich sage niemals, dass ich aber gar nicht so schön oder toll oder sonst was bin. Ich mache mich groß und zeige, dass ich mich schön fühle. Und wenn ich einen schlechten Tag habe, dann rede ich mir selbst gut zu. Und lass mich von den Männern besonders verwöhnen!

Zu den Themen Selbstwert, Frausein und wie du dich als erfolgreiche Person und tolle Frau fühlen kannst, findest du Affirmationen und weiteres Material im Netz. Stöbere zum Beispiel auf Youtube und genieße!

Auf meiner Seite www.carolingruber.at kannst Du ebenfalls nach passenden Angeboten und Produkten von mir für Dich suchen.

Da sich mein Angebot ständig verändert und entwickelt, schau Dich einfach dort um oder kontaktiere mich!

Wenn du merkst, dass du in alte Glaubenssätze rutschst, mache dir klar, dass diese nicht der Wahrheit entsprechen und konzentriere dich sofort auf deine neuen Überzeugungen.

Es geht nicht darum, dir das oberflächlich einzureden.

Du darfst neue Sichtweisen zulassen, dich damit beschäftigen und nach Möglichkeiten und Beweisen, suchen, die deine neuen Denkweisen bestätigen und unterstützen!

UND es ist IMMER hauptsächlich dein Wille, der entscheidet. Du entscheidest, was du glauben willst.

Und jetzt spüre und höre ich dein Seufzen...Ach, Carolin...wenn es DAS wäre, wenn es so einfach wäre....wie soll ich denn....STOP!!!

Das sind Glaubenssätze aus alten Energien!

Die Physik, die Hirnforschung, die spirituellen Gesetze.... wissen längst...wir können tatsächlich unsere Wirklichkeit anders erschaffen als bisher gewohnt.

Und es geht einfacher als wir glauben.

Es ist eine Glaubens-Sache.

Es ist so einfach. Ich kann Dir leider keine kompliziertere Erklärung geben.

Gewöhne Dich daran!

WIE?

DURCH WIEDERHOLUNG!!!

WIE?

DURCH W....

Technik 4: Die absolute Geheimtechnik

Und jetzt verrate ich Dir das ganz besondere Geheimnis. Ohne diese Technik wirst Du es nie schaffen. Dieses Geheimnis ist so geheim, dass ich es Dir jetzt nur flüsternd mitteilen werde.

Bist Du bereit?

Die wichtigste Technik ist – Trommelwirbel – Ergriffenheit – Spannung:

Dass Du es auch **tust und umsetzt!** Und zwar ab sofort jeden Tag!

Das unterscheidet dich nämlich von denen, die von einem Seminar ins nächste laufen und dann doch wieder in der gleichen Misere sitzen bleiben.

Denn nur lesen, hören und wissen alleine bringt nichts. Du musst es auch **TUN!**

ÜBUNG zur absoluten Geheimtechnik

Jedes Mal, wenn du dich erwischt, dass du wieder in alte Denkgewohnheiten kippst, kneifst du dich unsanft irgendwo oder noch besser, **kauf dir ein Gummiband,** das du am Handgelenk trägst, und bei jedem alten Muster, das du wieder lebst, **schnalzt du es gegen deine Haut**. Das tut ein wenig weh und erinnert dich damit daran, was du da machst und dass du wieder bequem in deine alten Bahnen zurückrollen willst!

Wenn du eine Sparerin bist, zahl Strafe und wirf einen Euro in ein Glas, am Ende von vier Wochen wird dieser Betrag an jemanden verschenkt, den du nicht magst!

Für das Einüben des neuen Denkens - Tippe auf deine Stirn und sage:

Ich denke wie eine glückliche Frau in einer erfüllten Beziehung.

Ich denke neu. Ich denke anders.

Du kannst dich auch selbst belohnen, indem du für jedes gelungene Drehen und Ablegen deiner alten Glaubenssätze einen Euro in ein Sparschwein wirfst.

Nach vier Wochen kaufst Du Dir etwas Schönes vom Betrag. Je höher der ausfällt, desto besser das, was du dir kaufen kannst!

Meine neuen Glaubenssätze:

DEINE IDENTITÄT– WER BIN ICH UND WAS BRAUCHE ICH

Warum du dich damit beschäftigen sollst?

Ganz einfach: Solange du nicht weißt, wer du bist und was du wirklich willst und brauchst, solange wirst du auch nicht die Beziehung und den Mann ansteuern, der wirklich zu dir passt.

Je genauer du das alles für dich definieren kannst, desto klarer wirst du in deiner Anziehungskraft und desto schneller wirst du ab sofort jene Männer aussortieren können, die weder zu dir noch zu deinen Bedürfnissen passen.

Ich rede nicht von Listen, wie er aussehen soll oder wie er lebt.

Das wäre viel zu eng gefasst.

Damit schränkst Du Dich ein!

Von Milliarden Männern sollst Du jetzt in deiner Situation schon wissen, wer für Dich DER Mann ist?

Alle Kombinationen kennen und für Dich beurteilen?

Wirklich?

Das EINZIGE, das Du kennen kannst, ist Dich selbst und Das, was Du erleben möchtest....

....Wer DAS erfüllen kann, das erahnst Du nicht einmal ansatzweise, also hör auf mit deinen komischen Listen....ob er blaue Augen haben soll...

Die einzige Liste, die Du führen sollst, ist, über all das, was Dich und deine Werte und Bedürfnisse betrifft...

Was heißt das für meinen Traumpartner

Wenn man sich über seine Persönlichkeitsanteile, seine Bedürfnisse, Schatten, Schwächen, Werte, Glaubenssätze und generell über seine Lebensgestaltung nicht im Klaren ist, dann fehlt einem auch eine klare Identität. Also Klarheit zur Frage: „Wer bin ich?“

Wenn meine Bedürfnisse nicht erfüllt wurden und ich mit vielen Schutzmechanismen und fehlgeleiteten Glaubenssätzen durchs Leben renne, dann weiß ich oft nicht genau, wer ich eigentlich wirklich bin, was mich ausmacht, wo mein Wert liegt und vor allem, wo meine Werte, Regeln und Grenzen sind.

Vieles ist automatisiert und entspricht nicht meinen wahren Bedürfnissen und Werten.

Unsere Handlungen und Muster sind dann eine automatische Reaktion auf unerfüllte Bedürfnisse, denen wir wie ein hungriges Kind nachrennen und sie nie erfüllt bekommen.

Ohne deine wahre Identität zu kennen, kannst du aber auch keine erfüllende Beziehung eingehen. Weil Du immer das Falsche suchst und wählst.

Viele sagen, du musst dich zuerst selbst lieben, damit dich ein anderer lieben kann und man würde erst einen Partner finden, wenn man sich selbst liebt und sehr gut mit sich allein sein kann. Ich widerspreche hier.

Es gibt Paare, die sich gefunden haben, obwohl keiner von beiden je allein sein konnte oder wollte und die ihr Single-Dasein jede Minute hassten.

Ich kenne ebenso Menschen in glücklichen Partnerschaften, von denen ich nicht behaupten kann, sie würden sich selbst besonders lieben.

Selbstliebe und die Fähigkeit, allein zu sein, das ist zwar sicher sehr bereichernd und wichtig, aber keine Voraussetzung für Beziehung.

Was ich aber als essentiell für eine andauernde Partnerschaft erkannt habe, ist, seine Identität und sich selbst zu kennen. Es ist entscheidend, zu wissen, was man will, was man nicht will und welche Grenzen und Regeln man für sich und sein Leben hat. **Du brauchst Standards. Du musst wissen, was ein No Go ist und das, was du unbedingt brauchst.**

Die meisten von uns sind sich ihrer grundlegenden Werte und ihrer wichtigsten Bedürfnisse im Leben nicht wirklich bewusst. Sie wissen nicht, was sie brauchen, was sie möchten und sie haben sich über die Art und Weise der Erfüllung der Bedürfnisse und Werte keine Gedanken gemacht. Wenn wir es aber selbst nicht wissen und unseren Lebensmenschen nicht sagen, ist es für den anderen weder durschaubar noch erfüllbar. Dann kann Beziehung niemals gelingen.

Daher ist es nicht nur wichtig zu erforschen, **wer ich bin und welche Bedürfnisse ich habe, sondern auch genau zu definieren, wie diese zu erfüllen sind.**

Welche Werte ich im Leben habe, bestimmt einen Großteil meines Beziehungslebens und wie ich mit anderen Menschen umgehen möchte.

Wenn man sich dessen bewusst wird, kann man erkennen, wo man sich und andere vielleicht ständig überfordert. Wenn ich das, was ich möchte, an zu viele Bedingungen und Regeln knüpfe, die keiner erfüllen kann, ist Enttäuschung vorprogrammiert.

Die gute Nachricht ist, dass man seine bisherigen Vorstellungen mithilfe seiner Entscheidung und mit etwas Entwicklung rasch ändern kann. Auch Bedürfnisse und Werte lassen sich neu entdecken und in anderer Wichtigkeit ordnen. Alle Pfeiler deiner Identität, also alles, was dich als Person ausmacht, kannst du umgestalten. Du hast es vollkommen in der Hand!

Du sagst „ich möchte jemanden kennen lernen“

Ich sage, „Gut, fang zuerst bei dir selbst an!“

So strahlst du jene Klarheit aus, die den richtigen Partner automatisch anzieht.

Bist du dir selbst in deiner Identität unklar, ziehst du jemanden an, der genauso unklar und verwirrt über sich selbst und sein Leben ist wie du. Das sind dann jene Männer, die sich schnell wieder verabschieden, weil sie nicht wirklich beziehungsfähig oder - willig sind, wahrscheinlich aus den ganz gleichen Gründen, warum du es jetzt noch nicht bist.

Wer bin ich wirklich

Erstelle jetzt deine Standards, die für dich gelten. Diese brauchst du, um deine Beziehungen auf ein neues, gutes Niveau zu heben und neue Standards zu definieren, die dem dienen, was du willst. Diese Klarheit über dich selbst ist nicht nur wie die Neubeschichtung deiner Bahn ins Liebesglück, sie stärkt dich auch für alle anderen Lebensbereiche und zeigt dir, wo und wie du dort Erfüllung erreichen kannst.

Meine Mission, Passion und Vision

Zuerst ist es wichtig zu wissen, was meine Mission in diesem Leben ist, welche Visionen ich habe und was ich leben möchte.

Du denkst das ist Luxus? Ich sage dir, es ist die Basis für ein gelingendes Leben. Erst wenn du wirklich weißt, wo du hinwillst, wirst du die richtigen Weichen stellen.

Meistens, wenn ich meine Klienten zu Beginn frage, was ihre Mission ist, dann sehe ich in erstaunte Gesichter. Irgendwann kommt dann ein Schulterzucken und ein „ich weiß nicht“.

Fast alle antworten mir: „Darüber habe ich noch nie nachgedacht.......und....das ist echt schwer“

Sehr oft muss ich sie erst dahin führen, nachzusehen, nachzuspüren und zu erkennen, was sie in diesem Leben eigentlich sein, tun und bewirken wollen. Daraus ziehen sie dann aber große Klarheit und Motivation.

Dabei geht es nicht um Einfluss durch Geld oder einen superwichtigen Job.

JEDER kann das. JEDER hat eine Mission. Ob Putzfrau (zu neudeutsch Raumkosmetikerin), Schlosser, Hausfrau, Anwalt, Auszubildende, Verwaltungs-Angestellte oder Zuhälter.

Viele glauben, nur weil sie mit dem Alltag so beschäftigt sind und in Verpflichtungen hängen, sie hätten keine Zeit für eine Mission.

Letztlich dienen wir aber alle immer einer Mission. Wenn wir sie nicht bewusst wählen, dann agieren und dienen wir ferngesteuert einer Sache, ob wir es gut finden oder nicht.

> ***Egal, welches Leben du führst, du kannst eine Mission verfolgen.***

Du kannst es als deinen Weg ansehen, ein freundlicher Mensch zu sein, der Freude verbreitet. Du kannst eine Mission haben, Liebe zu leben und Menschen wo immer du kannst, mit Liebe und Wärme zu begegnen.

Die Umwelt zu schützen, egal in welchem Rahmen das auch sein mag, ist eine Mission, auch wenn du nur den Müll trennst.

Es geht nicht um das Ausmaß, sondern dass du für dich bestimmst, was du hier in diesem Leben bewirken willst.

Jede kleine Tat zählt.

Ich zum Beispiel habe als Mission, Freude, Unterhaltung und Schönheit zu verbreiten und Menschen anzuregen, ihr Potential zu leben. Ich will Menschen aus ihrer Ohnmacht wieder zurück in ihre ursprüngliche Macht bringen. Inspiration zu verbreiten und den Lebensfluss anzuregen, wo immer ich Gelegenheit dazu habe, das erfüllt mich, weil ich damit dienen möchte.

Es gibt Menschen, die wollen Leben retten, den Alten helfen und die Gesellschaft verbessern.

Andere wollen gute Eltern sein.

Wieder andere wollen, dass jemand etwas lernt. Sie geben ihr Wissen weiter.

Ein anderer will Genuss und Sinnlichkeit verbreiten.

Es gibt Weltretter, Erfinder, Gärtner für den schönen Rasen, jemanden, der Altes erhalten will (der eine schraubt an Oldtimern, der andere sammelt Tupperware oder Schachfiguren), wieder ein anderer ist im Fußballverein weil er entweder die Bewegung im Leben liebt oder die Gemeinschaft im Verein fördern will.

Wofür bist du hier auf der Erde?

Sinnentleertes, stupides Tun oder eine leidenschaftliche Mission?

Spürst Du den Unterschied in der Energie? Und in der Motivation und Freude?

Du kannst immer mit dem, das du bist, eine Mission erfüllen. Es kann ganz einfach sein. Freude verbreiten, Freundlichkeit pflegen, Genuss teilen. Das kann eine Mission sein.

Überlege einmal, was du gerne machst, was du gut kannst oder wo du anderen schon geholfen hast. Egal, ob es Aufräumen, Kochen, etwas Planen oder einen Blumenstrauß schön Zusammenstellen ist.

Was ist für dich wichtig im Leben, auf was legst du bei anderen Wert?

Bist du Mitglied bei Gemeinschaften, Gruppen oder Vereinen?

Was stört dich? Was gefällt dir? Welche Fragen gehen dir oft durch den Kopf? Was beschäftigt dich im Leben? Was erfüllt dich mit Freude? Was würdest du auf jeden Fall tun, egal ob du dafür Geld bekommst oder nicht? Was würdest du tun, wenn Geld keine

Rolle spielen würde? So findest DU DIE SPUR zu dem, was DICH wirklich AUSMACHT.

Wenn du dir denkst, du würdest eigentlich gerne Party machen, du hast gar keine Mission, dann sage ich dir, auch darin steckt sie: Spaß am Leben zu haben und diesen Spaß mit Menschen zu teilen.

Wenn du Musik liebst und gern ins Konzert gehst, dann könnte deine Mission sein, die Liebe zur Musik zu leben, sie zu verbreiten oder mit andern zusammen zu genießen.

Egal, wie unbedeutend es scheinen mag, Alles hat seine Berechtigung. Die Welt ist so vielfältig wie alle Menschen in ihr.

Mache ein Board. Gehe hinaus ins Leben und sammle alles, was dir gefällt. Gegenstände, Bilder, etwas, das dich anspricht. Natürlich kannst du nicht einfach einen tollen Mann von der Straße mit nach Hause nehmen und auf deine Pinnwand pinnen. Ernsthaft – Das, was Dich anspricht, auch wenn es keinen Sinn ergibt, das nimmst Du wahr und sammelst diese Eindrücke und Ideen. Mache Fotos, wenn möglich.

Nach ein paar Tagen oder Wochen schaust du dir das gesammelte Werk an. Vielleicht erkennst du ein deutliches Thema, eine Gemeinsamkeit, die sich wie ein roter Faden durchzieht.

Gehe auf Entdeckungsreise, wer du bist und habe Spaß daran.

Es kann ein unglaublich sinnliches, kribbelndes Erlebnis sein, dich selbst zu finden und das, wofür du eigentlich hier bist.

Du musst keinen Beruf daraus machen! Wichtig ist nur, dass du es dir bewusst machst und es dann in irgendeiner Form lebst, selbst wenn es nur in abgewandelter Form oder in kleinen Dingen ist.

Wenn du gerne eine Modedesignerin wärst, das aber nicht umsetzbar ist, dann belege einen Nähkurs auf der Volkshochschule und nähe dir selbst ein Sommerkleid oder entwirf eines und lass es vom Schneider anfertigen. Selbst, wenn Du mit der Nähmaschine vom Aldi nur schiefe Kissenbezüge nähst. Wenn es dir Freude bereitet und Du spürst, das ist was, wofür Du hier bist, dann ist es auch wichtig.

Wir müssen nicht wissen, ob die Bezüge eine höhere Aufgabe erfüllen. Aber wir wissen – wenn Du damit Freude hast – dann erfüllt es Dich. Und dann erfüllst Du die Welt!

Du wirst Wege finden, wenn du dich öffnest.

Begeisterung findet immer Lösungen und die Impulse kommen zu dir!

- **Schreibe es auf**

MEINE MISSION IM LEBEN IST

____

Nimm diesen Satz oder ein Bild, das deine Mission repräsentiert und stelle oder lege es dahin, wo du es täglich siehst! Erinnere dich selbst jeden Tag daran!

Es sollte sich gut, klar, freudig, leicht und kraftvoll anfühlen.

Ergänze es mit folgenden Überlegungen. Wie denkt, handelt, fühlt und lebt eine Person, die diese Mission erfüllt?

____

____

Meine Werte, Regeln und Grenzen

Warum sind WERTE wichtig?

Weil Du, wenn du sie für dich definiert hast, inklusive deiner Bedürfnisse, genau weißt, was für dich im Leben und in Beziehungen passt und was nicht.

Dann wirst Du dich auf keinen Mann mehr einlassen, der durch sein Verhalten oder seine Einstellungen deine Werte verletzt.

Wenn du deine Werte erklären und einfordern kannst, werden automatisch Männer aussortiert, die dem sicher nicht entsprechen können oder wollen.

Gleichzeitig gibst du einem Mann die Chance, sich für dich und deine Werte zu entscheiden.

Wenn du in dir sicher bist, was du willst, dann kannst du das auch in einer ruhigen Weise einem Mann mitteilen. Anstatt in eine abhängige Warteposition zu gehen und dann unruhig, klammernd oder kritisierend zu werden.

Wir Frauen werden aggressiv, wenn wir uns ausgeliefert fühlen und abhängig davon sind, was der Mann nun macht oder nicht.

Das tut uns gar nicht gut.

Du wirst noch viele Tricks kennen lernen, wie du das ab jetzt abstellen kannst.

Gehen wir es an.

Kennst du deine Werte? Was ist für dich wichtig im Leben? Welche Werte willst du in einer Beziehung leben?

Wenn wir uns nicht ganz bewusst dieser Frage stellen und uns Zeit nehmen, uns darüber klar zu werden, dann handeln wir automatisiert.

Wir leben dann nach den Werten, die uns früher unsere Familie oder die Gesellschaft übergestülpt und aufgedrückt haben. Wie ein Fähnchen im Wind, planlos, wissen wir nicht, worauf wir „Wert legen" und finden uns immer wieder in unbefriedigenden Lebenssituationen wieder.

Je klarer du dich ausrichtest, desto klarer ist das, was du bekommst.

Je genauer du deine Werte kennst, desto mehr werden alle deine Beziehungen, Lebensumstände und Erlebnisse dem entsprechen, was du für wertvoll erachtest.

Wir vergessen, dass wir den Weg vorgeben, dass wir der Kompass sind und dass wir letztlich bestimmen, was passiert.

Unser Gehirn arbeitet unermüdlich dafür, die Welt nach DEM abzusuchen und DAS auszusieben, wie wir es mit unseren Filtern bestimmen.

Deine Werte, neben deinen Glaubenssätzen, geben vor, was du von dieser Welt wahrnimmst. Dazu gehören Menschen, aber auch Chancen und Ideen.

Wenn du ohne Chancen groß geworden bist, glaubst du vielleicht, dass du in einer bestimmten Zone leben musst. Das ist aber nur in deinem Kopf so.

Ändere deine Rahmen und deine Grenzen, indem Du Deine Werte änderst und du kannst sofort in andere Zonen wechseln.

Öffne deinen Geist, deine Vorstellungen und deine Möglichkeiten.

Es gibt Überschneidungen von Welten, von denen du nicht zu träumen wagst.

Der Weg dahin ist, dir klar zu werden, was für dich zählt, was du erleben möchtest, wie du sein möchtest und welche Werte ab jetzt für dein Leben bestimmend sein sollen.

Du bist dein Schöpfer. Du kannst jetzt wie ein Architekt an einem Reisbrett sitzen und dein Leben neu gestalten.

Fange gleich damit an.

Die Basis sind deine Werte – **MACHE DIR JETZT GLEICH eine erste LISTE**. Wenn du fertig bist, bringe deine Werte in eine Reihenfolge nach Wichtigkeit.

Deine Werte findest du, wenn du überlegst

- ♥ **Worauf lege ich Wert?**
- ♥ **Was ist mir wichtig im Leben?**
- ♥ **Was spielt für mich eine große Rolle?**

Du brauchst keine Doktorarbeit daraus zu machen, Du musst auch nichts beweisen. Du bestimmst deine Werte, egal wie sie aussehen!!

Erinnere dich bitte daran, dass du diese Liste jederzeit ändern kannst, auch ihre Reihenfolge.

Meine Werte sind zum Beispiel: Liebe und Wärme, Freundlichkeit, Familie, Respekt, Gemeinschaft, Beitrag, Genuss, Freude, Sinnlichkeit, Wachstum, Optimismus, Humanität und Integrität.

Meine Werte Freude und Optimismus haben zum Beispiel zur Folge, dass ich in meinem engsten Kreis keine Menschen akzeptiere, die dauernd nur negativ sind.

Ich gebe den Menschen aber auch die Chance für Wachstum, was auch ein Wert ist, indem ich Ihnen offen sage, wenn sie für mich zu negativ sind. Sie können sich dann entscheiden, ob sie etwas ändern wollen.

Deine Werte werden in Folge ab sofort bestimmen, was Du in Beziehungen unbedingt verlangst und was nicht mehr akzeptabel ist.

Diese Werte bestimmen auch, wie du ins Leben gehst und dich in diese Gesellschaft einbringst.

Wenn du als hohe Werte Liebe, Herzenswärme, Hilfsbereitschaft und Ehrlichkeit in deine Liste schreibst, dann wirst du ab jetzt keinen Partner mehr akzeptieren, der lügt, auf seinen Vorteil bedacht ist oder dir keine liebevolle Zuwendung schenkt.

Gleichzeitig wirst Du einem Mann eine Chance geben, der genau das erfüllt, dir das alles gibt, aber vielleicht optisch zuerst mal nicht Brad Pitt ist oder nicht DEN Job oder Style hat, auf den Du bis jetzt fixiert warst.

Zuletzt noch ein ganz wichtiger Schritt.

DU HAST JETZT DEINE WERTE DEFINIERT!

Schön!

Schreib sie gleich hier herein, wenn du möchtest. Werte können sich auch über die Zeit verändern. Dann kannst du später nachschauen, welche sich verändert haben und welche für dich noch immer gelten.

♥ MEINE WERTE:

♥
♥
♥
♥
♥
♥
♥
♥

Jetzt ist noch etwas ganz Wichtiges dran! Nämlich, **WIE DIESE ERFÜLLT WERDEN. Im Detail. Das darfst du dir jetzt überlegen!**

Das ist ganz wichtig – besonders für deine zukünftige Partnerschaft. Denn du wirst deinem Partner kommunizieren, was dir wichtig ist und wie er das für dich erfüllen kann!

Männer sind keine Hellseher. Sie möchten dich glücklich machen. Dazu müssen sie aber auch wissen WIE. !!!.

Wenn du zum Beispiel Aufmerksamkeit als WERT für eine Beziehung hast oder EHRLICHKEIT, dann musst du definieren, wie das genau aussieht.

Heißt Aufmerksamkeit, dass du jeden Tag Blumen haben willst oder stündlich eine SMS oder bedeutet es für dich, dass dir dein Partner einmal am Tag zuhört? Brauchst du einmal in der Woche ein schönes Abendessen mit ihm, oder bedeutet für dich Aufmerksamkeit, dass er dir kleine Geschenke macht?

Ehrlichkeit ist auch so eine Sache. Darf dein Partner niemals lügen? Nicht mal kleine Notlügen, die unwichtig sind? Oder geht's dir nur darum, dass er dich nicht betrügt?

Wenn du deine Wege kennst, wie deine Werte zu erfüllen sind, von Dir selbst und von anderen, dann überlege dir bitte auch gleich,

Welche Konsequenzen du ziehst, wenn sie verletzt werden!

Nur wenn du Konsequenzen setzt, haben sie eine Bedeutung und andere wissen, wo deine Grenzen sind, die sie zu respektieren haben!

Du kannst einmal einen Warnschuss abgeben, der andere kann sich dann daran halten. Aber wenn es nochmal passiert, muss die angedrohte Konsequenz durchgezogen werden. Ohne Wenn und Aber. Sonst hast Du Dich verkauft. Punkt.

Du wirst einen Mann nicht umerziehen oder im Grunde ändern können. Aber du kannst ihm klar machen, was bei dir geht und was nicht und somit kann er sein Verhalten anpassen oder nicht.

Es gibt Dinge, da hilft kein Drumherum- Eiern. Da gibt es klare Grenzen.

Du sagst ja auch nicht: Wenn Du über die Klippe springst, fällst Du runter und bist tot, aber na ja, das erste oder zweite Mal passiert vielleicht eh nix......

Ich fasse zusammen:

Du hast jetzt erarbeitet:

- ♥ Was sind meine Werte?

- ♥ Wie werden sie erfüllt?
- ♥ Was passiert als Konsequenz, wenn sie verletzt werden?

WIE meine Werte erfüllt werden:

- ♥ ____
  ____
  ____
  ____
  ____
  ____

Meine Bedürfnisse – Was brauche ich wirklich

Als nächstes sehen wir uns **deine wahren, tiefsten Bedürfnisse** an.

Das, was Du wirklich tief drinnen ersehnst, brauchst und möchtest.

JETZT DARFST SO RICHTIG SCHWELGEN!

Lasse nichts aus und schäme dich für nichts.

Wenn du gestreichelt werden willst, viel Sex brauchst oder dir jemanden wünschst, der deinen Fetisch teilt, dann schreibe es auf und gib es vor dir selbst zu.

Egal, was es ist, es geht hier nicht um Bewertung, sondern einzig und allein darum, dir klar zu werden, was deine Bedürfnisse sind.

Sollten diese Bedürfnisse so weit gehen, dass sie jemandem schaden könnten, bitte ich dich, dir Hilfe zu holen und daran zu arbeiten, bevor du dir, der Gesellschaft und einem anderen Menschen schadest. Für alles gibt es Wege. Das schlimmste ist, Dinge zu verdrängen und damit ein Destaster heraufzubeschwören.

Stelle dich allem, was du in dir fühlst und überlege, wie und ob du es mit einem Menschen, der das auch will, leben kannst.

Vielleicht scheinen deine Bedürfnisse ganz banal. In meiner Arbeit bin ich vielen Menschen begegnet, die sich nicht bewusst waren, dass tief in ihnen eine Sehnsucht nach etwas schlummert, dass sie sich nicht einzugestehen trauen.

Aber es gibt auch ganz viele, die sagen, sie würden ja nur jemanden wollen, der zu ihnen passt, der lieb ist und mit dem man sich versteht.

Dagegen ist nichts einzuwenden, im Gegenteil, aber auch hier sieh genau hin, wie das für dich erfüllt werden kann.

Wie genau ist denn jemand, der lieb ist? Wie verhält sich so jemand dir gegenüber?

Woran merkst du, dass jemand zu dir passt?

Willst du dich in einer Beziehung entspannen können? Einfach Du sein? Willst du angenommen werden? Liebkost mit Worten und Händen? Wo? Wie? Wie lange? Wie fest? Wie zart?

Schreib alles auf! Halte die Lupe drauf!

Brauchst du Zweisamkeit? Zeit für dich? Gespräche? Berührung? Willst du wandern, lesen, skydiven oder in die Oper gehen mit deinem Partner? Willst du deine Gedanken teilen? Gemeinsam genießen? Brauchst du Körperlichkeit und Genuss? Sind dir geistige Aspekte wichtiger? Brauchst du einen Rückzugsraum? Freiheit oder Sicherheit? Willst du dich entspannen können oder lieber Aufregung?

Willst du in den Fußballverein, in deinem Garten buddeln, Wandern, zum Schachclub oder in den Swinger-Club? Willst Du radeln, Motorrad Fahren oder Serien schauen bis zum Umfallen, während ihr zusammen von drei Lieferanten die Chef-Menüs verdrückt? Willst du Mountainbiken, Hard-Core-Kuscheln, Autorennen oder Elektroeisenbahn fahren? Es ist ganz egal, was – aber werde Dir klar, was Dir Freude macht und was du unbedingt brauchst und willst.

Nicht alles muss man gemeinsam machen. Klar. Überlege Dir, was Du alleine und was Du zu zweit machen willst.

Wieviel Aufmerksamkeit brauchst du? Wieviel Liebesbezeugungen? Wie stehst du zu Betrug oder einer offenen Beziehung? Was brauchst du, um dich in einer Beziehung richtig gut zu fühlen? Was davon willst du selbst geben? Was soll vom anderen kommen? Was brauchst du, um dich geliebt und vollständig zu fühlen? Was kann deine alten Wunden zwar nicht heilen, aber sie besänftigen? Was kannst du deinem Partner erzählen, was in dir sehnsüchtig nicht erfüllt wurde und was dich jetzt verletzlich macht (Im Wissen, dass er es nicht erfüllen kann, aber wissen sollte)?

Wie willst du dich mit dem Partner fühlen?

Wie willst du von ihm behandelt werden?

Welche Erwartungen hast du und was steckt an Wünschen dahinter?

Wie zeigt dir jemand, dass du wichtig, genug, wertvoll und liebenswert bist?

Wann fühlst du dich geliebt?

In dieser Phase darfst du einfach sammeln und deinen Gefühlen freien Lauf lassen. Später erst sieh dir an, was von einem realen Partner realistisch auch wirklich machbar und lieferbar ist.

Ein Mann ist ein Mensch. Er muss realistisch machbar sein, was du dir wünschst. Superman gibt es nur im Märchen. Du willst einen echten Kerl an deiner Seite im alltäglichen Leben.

- ♥ MEINE BEDÜRFNISSE
- ♥ Wenn Du sie nicht hier herein schreiben möchtest, weil es zu persönlich ist, dann schreibe es dir irgendwo anders auf, es ist gut, wenn du es schriftlich festhältst und immer wieder darauf zurückgreifen kannst. Im Grunde ist es aber

am Wichtigsten, dass du dich einmal eingehend damit befasst und es ausformuliert hast:

♥ ____

____

____

____

____

____

Meine Persönlichkeit - Meine Schatten

Wir sind Viele. Wir besitzen verschiedene Persönlichkeitsanteile.

Wir besitzen in unserer Charakterstruktur viele komplexe Puzzle-Steinchen in einem komplexen Zusammenspiel. Darüber hinaus füllen wir in unserem Leben unterschiedliche Rollen aus.

Unterschiedliche Aspekte unseres Ichs formen mit der Zeit unsere Persönlichkeit.

Anders gesagt: Du hast an Dir verschiedene Seiten, die Du in unterschiedlichen Lebenssituationen zeigst oder fühlst. Manche kennen die anderen, manche kennst vielleicht nur Du.

Darunter gibt es auch Seiten, die Dir gar nicht gefallen. Nennen wir sie deine Schatten-Anteile.

Dazu gehören auch jene Teile, die dich immer wieder in Probleme bringen, weil du sie scheinbar nicht im Griff hast.

Diese Anteile alle zu kennen und sie zu integrieren, also in uns einzubinden, ist sehr wichtig. Denn alles was wir nicht haben wollen und wegdrängen, kommt wieder auf uns zurück.

Wozu soll ich meine Schatten kennen? Wozu soll ich sie einbinden, also mit ihnen gut leben können?

Weil dich verdrängte Schatten oder Schwächen entweder zu einer bedürftigen, jammernden Klammerin machen oder zu einer aggressiven Nörglerin. Manchmal wirst du auch zu einer stillen Rächerin oder zu einem Opfer.

Warum?

Weil unsere Schatten Persönlichkeitsanteile sind, die wir zwar an uns nicht mögen, die aber trotzdem da sind. Und wenn wir sie weg haben wollen oder missachten, dann werden sie zornig und machen sich noch größer, damit wir sie endlich beachten.

Wenn sie uns unbewusst steuern, dann geraten wir immer wieder in schwierige Situationen.

Du kannst das mit Kindern vergleichen, denen Du keine Aufmerksamkeit schenkst und die dann immer lästiger werden, je mehr du sie ignorierst. Sie zupfen an deinem Rockzipfel, bis du sie auf deinen Schoß nimmst oder ihnen ein Eis kaufst.

Wenn sie einmal mit hochrotem Kopf losbrüllen, kann man sie kaum noch beruhigen. Klug ist es daher, sie schon vorher zu beruhigen und zu wissen, wann sie wieder aufmüpfig werden könnten.

Alles, was du verdrängst und nicht sehen willst, das kontrolliert dich umso stärker und damit bist du deinen Schwächen scheinbar ausgeliefert.

Der Trick ist,

- ♥ **hinzuschauen und sie zu erkennen,**
- ♥ **an jenen zu arbeiten, die veränderbar sind, wo wir es können,**
- ♥ **jene, die nicht veränderbar sind, da sein zu lassen,**
- ♥ **aber sich ihrer bewusst zu sein, damit wir nicht mehr in ihre Fallen tappen und sie sanft zu kontrollieren**

Sie dürfen da sein – aber dich nicht mehr aus dem Hinterhalt bestimmen.

Das Allerwichtigste ist: Nur, wenn Du deine Schwächen zulässt, kann eine wahre, erfüllte Beziehung möglich werden!

Jeder Mensch darf auch schwach sein!

In einer gesunden, liebevollen Partnerschaft sind gewisse Schwächen etwas, das dazu gehört, man muss nicht alles an sich lieben. Man muss nicht alles an sich oder am anderen toll finden.

Die Kunst ist, sich und den anderen trotzdem zu lieben, obwohl nichts perfekt ist.

Das heißt aber auch nicht, faul zu sein und die Schwäche als Ausrede zu benützen, nach dem Motto „Ich kann ja nicht anders".

Das führt in eine Sackgasse und ist Selbstbetrug.

Wenn du deine Schwächen und Schatten kennst und lernst, mit ihnen umzugehen, dann kannst du sie kontrollieren.

Wenn du sie nicht kennst oder nicht weißt, was du mit ihnen tun sollst, dann kontrollieren sie dich.

Wie kannst du mit ihnen umgehen?

1. **Du lernst Strategien, sie zu besänftigen oder zu kontrollieren, wenn sie in einem ungünstigen Moment auftauchen und Drama machen wollen**
2. **Du beginnst, deine Schwächen nach und nach zu einer Stärke zu machen**

Sie verändern kannst Du auch, wenn du ihnen die übergroße, dramatische Energie nimmst und sie wie mit einem Lautstärkeregler beim Radio einfach etwas herunter drehst, wenn sie übermächtig werden. Lass dich auf kein Drama mehr ein. Tragische Stücke haben im Theater ihren guten Platz.

Die Lady:

No more Drama Baby!

Ich steige prinizipiell in kein Drama mehr ein, seit dem geht´s mir und meiner Umwelt besser.

Eine Schwäche zu einer Stärke machen kannst du, indem du anfängst sie anders zu interpretieren und zu bewerten.

Eine Schwäche wie Überempfindlichkeit und Angst kann zu einer Stärke werden, wenn du sie zu Sensitivität, Empfindsamkeit, Hingabe und Behutsamkeit umwandelst.

Angenommen es kommt eine Situation, die dich verunsichert. Du merkst wie Angst, Panik und Tränen in dir hochsteigen. Du beginnst, Worte oder Menschen gegen dich gerichtet zu sehen und nimmst es persönlich.

Jetzt kannst du dich entscheiden, es zu verwandeln. Denke dir, dass deine Reaktionen übertrieben sind, weil du alles zu persönlich nimmst und es falsch interpretierst. Nimm dir fest vor, dass die Drama-Queen in dir mal Pause hat und du die Situation falsch einschätzt. Indem du dir klar machst, dass alles nicht so schlimm ist, wie du glaubst, hilft es dir, dich zu beruhigen. Damit hast du den Regler schon mal runter gedreht.

Dann transformierst du deine Empfindlichkeit und überlegst dir, wo du das, was du gerade erlebst, als Stärke einsetzen kannst. Was will dir diese Situation zeigen? Hat die Person, die dich vielleicht gerade kritisiert hat, eigentlich ein großes Problem und schreit nach Hilfe? Setze deine Sensitivität ein und fange an, sie klug einzusetzen.

Bringe den Fokus aus dir heraus und bringe ihn nach außen!

Stärke dich mit den inneren Worten: ich bin sensibel, ich bin empathisch, das ist eine wertvolle Eigenschaft. Was davon kann ich jetzt einsetzen, was davon hat jetzt gerade besser Pause?

Der Partner kann davon profitieren, wenn wir Anteil nehmen können an seinen Ängsten, uns in ihn einfühlen und uns ihm ganz verletzlich zeigen können, was sehr aufregend sein kann.

Die meisten Menschen sind erst einmal mit sich selbst beschäftigt – drehe den Spieß also ruhig um.

Im Schattendasein führen unsere ungeliebten Anteile oft dazu, dass wir biestige, nörgelnde, bedürftige Personen werden, denen alles zu viel ist. Wir machen dann zu oft den anderen für alles verantwortlich.

Darin liegt der Unterschied. Wenn wir Verantwortung für uns übernehmen und hinschauen, auch dahin, was uns nicht gefällt, dann werden wir stark.

Die schwache Seite in uns wird immer wieder einmal durchbrechen.

Wenn wir uns selbst und dem anderen erklären, woher diese Empfindlichkeit kommt und was wir als Kinder erlebt haben, dann wird er uns verstehen. Wenn wir dem Partner das nicht umhängen, sondern nur um sein Verständnis bitten, wird uns das garantiert für unsere Heilung und Transformation helfen.

Man könnte dann zu ihm sagen:

„Ah, gorade kommt meine Überempfindlichkeit durch, etwas hat mich gerade wieder an meine alte Wundo erinnert, heute bin ich mal wieder bedürftig und nörgelnd, dafür bin ich aber sonst empfindsam und hingebungsvoll, ich weiß, es hat nichts mit dir zu tun"… dann lässt es sich damit auch für den Partner gut leben. Er weiß dann, warum wir vielleicht so schnippisch reagieren oder dass jetzt eine alte Wunde aufreißt und kann es besser verstehen.

Du darfst ihm dann ruhig sagen „Nimm mich bitte einfach in den Arm, das hilft jetzt am meisten…“ Es wird es liebend gerne tun (Erwarte nicht, dass er von selbst drauf kommt…).

Humor und Entspannung sind die wichtigsten Zutaten, deine Schatten in ihrer Wichtigkeit mal wieder an ihren Platz zu verweisen.

Du kannst dir für Notsituationen auch eine Karte in deine Geldbörse legen, die dich mit ein paar Worten daran erinnert, was zu tun ist, wenn ungeliebte Seiten in dir hochkommen. Das dürfen sie ja auch. Nur sollen sie dich nicht überwältigen oder Beziehungen torpedieren.

Wir Frauen neigen dazu, Vieles in uns anstauen zu lassen und dann explodieren wir aus einem kleinen Anlass wie eine Bombe und der Mann glaubt, er hat eine unberechenbare, launenhafte Zicke an seiner Seite.

Sowas macht viel kaputt. Lass es nicht soweit kommen und Dinge sich vorher nicht zu lang aufstauen. Wenn du merkst, da kocht was hoch, dann bringe deinen Regler wieder runter, bevor du etwas ansprichst. Rede bitte erst dann, wenn du dich wieder beruhigt hast und nicht der alte Schatten das Gespräch alleine führt, der der ist immer auf Krawall gebürstet oder spielt das Opfer. **In Freundlichkeit und Ruhe liegt die meiste Kraft und Würde!**

Dazu die Geschichte von Klara:

Eine Klientin, **Klara**, hatte ein so geringes Selbstbewusstsein, dass sie alles, was sie tat, in Frage stellte und ständig an ihren Fähigkeiten zweifelte. Dies machte sie unglücklich und depressiv, sie rutschte immer mehr in eine Opferhaltung. Ihr quengelnder, die anderen anschuldigender Teil, der sich als Opfer empfand, brach immer wieder auf einmal aus ihr heraus. Sie verschreckte die Männer in ihrem Leben, weil sie plötzlich losschimpfte, weinte oder richtig zickig wurde. Ihre Begleiter hielten sie in solchen Augenblicken für eine unberechenbare Zeitbombe, die immer irgendwo explodieren kann.

Sie entschied sich im Coaching hinzusehen, woher das kam. Die Reaktionen ihres Umfeldes als Kind hatten in ihr diese Sichtweise über sich selbst bewirkt, sie wäre unwichtig, unfähig und manchmal wie unsichtbar.

Sie fühlte sich zu schwach für dieses Leben. Sie nahm den natürlichen Kampf nicht freudig auf, da sie sich als nicht wichtig und nicht wirksam empfand.

Sie wollte daran arbeiten.

Zuerst ging sie in die Akzeptanz, dass sie diese Lücke ihrer Kindheit nicht schließen konnte, sie aber liebevoll in ihre Persönlichkeit integrieren könne.

Sie wurde sich zudem bewusst, wann sie aus dieser Kindheits-Wunde heraus handelte und entwarf einen „Notfall-Plan". Dieser bestand daraus, dass sie den Raum verließ, wenn sie die Gefühle der Wertlosigkeit und der Anklage wieder spürte, einen Ankerpunkt zur Selbstsicherheit drückte und sich mit ein paar eingeübten Sätzen wieder in ihre Mitte brachte. So konnte sie einige Zeit später wieder als erwachsene Frau den Raum betreten und in Ruhe ihre Anliegen besprechen.

Wir veränderten ihre Glaubenssätze.

Dadurch konnte sie erstmals erkennen, wie wichtig sie tatsächlich war und dass jeder Mensch Wirksamkeit hat, wenn er das will.

So kreierte sie für sich neue Werte, Regeln und Glaubenssätze. Sie dachte dabei an ihren Fokus, wie sie in Zukunft sein und leben wollte.

Sie stellte sich neue Fragen und gab sich damit eine neue Identität.

Sie wollte jemand sein, der sich wichtig nahm und an sich glaubte. So entschied sie sich, von jetzt an, an ihre Fähigkeiten zu glauben.

Dieses Gefühl von Wichtigkeit gab ihr Ruhe und Kraft.

Damit setze eine unglaubliche Veränderung in Gang.

Mittlerweile nützt Sie ihr vergangenes Gefühl von Unwichtigkeit, anderen dabei zu helfen, ihr Problem mit dem Selbstwert ebenfalls zu bearbeiten.

Als Partnerin ist sie seither verständnisvoll für Verstimmungen ihres Partners und kann ihn besonders gut motivieren, Selbstmitleid in etwas Positives zu drehen.

Konflikte kann sie ruhig austragen und sie wirkt nicht mehr bedürftig und launisch, da sie ihre „Explosionen" abfangen kann. Sie spürt, wenn wieder das verletzte Kind in ihr agiert und ihre Opferhaltung das Ruder übernehmen will. Jetzt kann sie hier bewusst Grenzen setzen.

Natürlich gibt es schwerwiegendere Bereiche. Wenn du als Kind missbraucht oder vernachlässigt wurdest, dann braucht es tiefergehende Begleitung, um so ein Trauma aufzuarbeiten.

In dem Fall lege ich dir, wie schon früher erwähnt, ans Herz, dir Hilfe zu holen und mit einem erfahrenen Therapeuten die schmerzvollsten Punkte zu bearbeiten.

Es ist wichtig, Wunden und Schwächen anzuerkennen und da, wo es nicht veränderbar ist, zu akzeptieren, da, wo es geht, diese zu verändern und zu drehen.

Manche Dinge muss man als Teil seiner Biographie da sein lassen und sie so annehmen, auch wenn wir den Sinn niemals verstehen werden. Ich finde es wichtig, etwas Essentielles, das wir als Kinder nie bekommen haben, entsprechend zu betrauern.

Dafür eignet sich so etwas wie eine Trauerecke oder ein Trauertag, an dem wir diesem Verlust einmal wirklich Platz geben.

Betrauere einen Tag lang bewusst, dass dir etwas gefehlt hat. Stelle ein Bild auf und zünde eine Kerze an. Sei traurig. Aber mache es begrenzt für einen Tag und dann darf es bloß da sein, ohne es weiter groß zu beachten.

Du kannst beobachten, welche Dinge dir hinsichtlich deiner Wunde gut tun und wie du dir Teile dieses Gefühls vielleicht noch ersatzweise erfüllen kannst.

Zum Beispiel kannst du Geborgenheit durch Freunde erleben oder dir Tage mit Massagen gönnen, um dir das Gefühl dieses Eingehüllt-Seins zu schenken. Das ist natürlich kein Ersatz, aber es kann einfach dieses Thema in dir positiv berühren und wenigstens ein wenig deiner Sehnsucht stillen.

Aber ACHTUNG: Erwarte nicht von deinem Partner, dass er diese alten Wunden für dich ausgleicht, denn das ist unmöglich und er wird zwangsläufig scheitern.

Er darf einen Teil heilen, er darf es wissen und achtsam damit umgehen. Mehr geht nicht.

Die Liebe deiner Eltern wirst du von niemand anderem bekommen können. Sei traurig darüber, aber akzeptiere es. Es muss dich nicht hindern und nicht schwächen.

Du entscheidest, was es mit dir macht!

Wenn du es in dir annimmst und sagst: Ich lasse es da sein und halte es aus, dann entsteht Kraft!“

Meine Einstellungen und Gewohnheiten

Sehnsucht und Illusion als Droge

Ja, es gibt sie: Die Sucht nach dem Leiden. Sehnsucht hat eine starke Anziehungskraft. Leiden und sich in Illusionen zu baden, das können sehr intensive Gefühle sein und manchmal sogar süchtig machen.

Viele Frauen rennen ewig einer Illusion und Hoffnung nach, haben Sehnsucht nach diesem Einen, den kein anderer Mann je wird erreichen können. Dieses tiefe Ziehen in Herz und die Seufzer – ja, es kann eine ganz eigene Lust werden, das zu empfinden. Es ist intensiv. Man spürt sich darin. Und neben diesem Empfinden hat nichts eine Chance, weil es an die Größe dieser Gefühle niemals herankommen kann.

Eine Illusion ist unerreichbar, denn sie existiert nur in unserer Fantasie.

Der perfekte Mann, mit dem wir so schöne Zeiten hatten, an den erinnern wir uns dann noch jahrelang. Oder der Mann, der uns hinhält, der mit uns spielt, der ist ja so toll, denn in unserer Fantasie leben wir mit ihm bereits die große Liebe. Dass er kaum an unserer Seite ist und wir immer mehr an Lebensfreude und Energie verlieren, das wird eisern ignoriert und sich weiter schön eingeredet, wie schön alles einmal sein wird, wenn wir ihn nur soweit haben.

Bitte wach auf! Lebe dein Leben und zwar in dieser Realität, mit einem Mann, der auch wirklich da ist und nicht als Hirngespinst, Hoffnung oder Erinnerung in deinem Kopf herumspukt.

Erkenne den Reiz und die Macht so einer Illusion und stoße sie vom Thron. Entmachte sie, jetzt!

Schau dir an, was wirklich Tatsache ist. Sieh hin und sei ehrlich zu dir selbst.

Illusion oder Realität?

Erinnerung

oder Gegenwart?

Was tut er wirklich? Wie geht es dir wirklich mit ihm? Ist es ein Warten, ein Hoffen, ein Leiden, etwas, das mehr in deinem Kopf als im Hier und Jetzt stattfindet? Schmeiß ihn aus deinem Kopf und Herz, denn da gehört ein anderer hin und der kann nicht rein, solange du auf den Falschen fixiert bist.

Deine Sehnsucht ist eine Sucht! Reinige dich davon! Es tut vielleicht kurz weh, aber dann wird es dir so viel besser gehen. Ignoriere die anfänglichen Entzugserscheinungen und bleibe fest in deinem Willen. Danach steht dir das Leben mit einem tollen Mann offen!

Fixierungen

Egal, ob Fixierungen auf einen Ex, auf einen bestimmten Typ, eine Vorstellung. Diese Sturheit bringt dich genau dahin, wo du jetzt bist. Immer wieder.

Hör auf mit diesem Blödsinn.

So hart. So einfach.

Entscheide Dich. Öffne dich der Chance für etwas Neues.

Deine bisherigen Einstellungen haben dich dahin gebracht, wo du jetzt bist.

Wenn du das nicht mehr willst, musst du sie hinter dir lassen und anders denken.

Die Lady: Ich war früher immer auf fesche Typen mit einer gewissen Arroganz und Männlichkeit fixiert. Jedes Mal das gleiche, verletzende Spiel. Erst als ich mich für andere Männertypen geöffnet habe, konnte ich Glück kennenlernen.

Ich begegne nur Schwachmaten

Das höre ich in der Woche hundert Mal von Frauen, die allein durchs Leben gehen.

Ja, nur die unfähigen Männer da draußen sind schuld!

Wirklich?

Es gibt tatsächlich NUR Idioten und Schwächlinge? Es gibt keinen einzigen tollen Mann da draußen? Ach so, ja, verstehe, die sind schon vergeben!?

Stop!

Willst du wirklich diesen blödsinnigen Glaubenssätzen nachhängen und damit weiter auf eine wundervolle Partnerschaft verzichten?

Wenn dir nur unfähige, unpassende Männer begegnen, dann, meine Liebe, auch wenn du es nicht hören willst, dann solltest du mal nachsehen, warum du diese Sorte Männer anziehst und in deiner Wahrnehmung selektierst!

Entweder kommen nur die weniger guten Exemplare in deinen Empfangsradius, weil du deinen Filter so eingestellt hast –

erinnere dich, wir sehen nur das, was uns unsere Glaubenssätze und Überzeugungen vorgeben - Du hast also die Idiotenbrille auf.

Oder, du holst mit deiner verbiesterten Art aus allen armen Kerlen nur das Schlechte raus.

Bin ich zu böse? Ich will dich doch nur wachrütteln. Verzeih mir.

Ja, es gibt unerzogene, verweichlichte, unsichere, oberflächliche und schwache Männer, die für Dich als Powerfrau völlig ungeeignet sind. Aber sie sollten nur einen Prozentsatz unter allen Männern ausmachen, die du kennst und denen du begegnest.

Wenn ihre Anzahl überhandnimmt oder du denkst, es gäbe nur solche, dann stimmt was bei dir nicht, das ist die harte Wahrheit. Hart, aber doch so positiv – denn so kannst du es selbst verändern und musst nicht Warten, dass was im Außen passiert.

Wenn du alles hier durchgearbeitet hast, wirst du auch andere Männer wahrnehmen. Versprochen!

Die Lady Sehe in den Männern ihr Gutes, ziehe aus ihnen ihr bestes Potential, indem du daran glaubst und eine freundliche, entspannte, das Leben, dich selbst und die Männer liebende Frau bist!

Männer sind dein Spiegel! Sie zeigen dir deutlich, was in dir drinnen los ist. Schau bei dir selber hin. Du hast es in der Hand! Du bist nicht den Umständen ausgeliefert. Veränderst du etwas in dir, dann begegnest du auch anderen Männern oder dieselben Männer begegnen dir anders!

Das Erleben meiner Selbstwirksamkeit – ICH BIN WICHTIG

Es gibt kaum schlimmere Gefühle für den Menschen als das Gefühl von Ohnmacht. Dieses Gefühl entsteht immer dann, wenn wir nicht gelernt haben, wie wir unser Leben bewusst dahin steuern können, wohin wir wollen. Weil uns niemand gezeigt hat, dass wir den Umständen niemals hilflos ausgeliefert sind und immer die Chance auf Veränderung in uns tragen.

Wenn ich mich nur als Opfer betrachte, dann bin ich dem anderen ausgeliefert und bin automatisch abhängig. Wenn ich mich nicht selbst um mein Leben und meine Bedürfnisse kümmern kann, dann muss sie der Partner alle für mich erfüllen. Das hält auf Dauer kein Partner der Welt aus.

Im Gegensatz zur Ohnmacht bedeutet die Selbstwirksamkeit:

Ich fühle, dass ich mein Leben gestalten kann und dass ich eine Auswirkung auf andere habe, dass ich nicht den Umständen ohnmächtig ausgeliefert bin, sondern ich entscheide, ich steuere, ich bestimme, wo die Reise hingeht.

Ich fühle, DASS ICH WICHTIG BIN!

Selbstwirksamkeit ist das Gefühl, dass meine Person oder das, was ich tue, etwas in der Welt oder bei anderen auslöst und Bedeutung hat.

Sich selbst für wirksam zu erleben, das brauchst du für glückliche Beziehungen.

Eine Beziehung muss man auch aushalten können. Also Nähe ertragen, sich zeigen, wie man ist, sich dadurch verletzbar machen, bereit und fähig sein, Konflikte auszutragen, seine Bedürfnisse mitteilen und Verantwortung übernehmen. Dazu braucht es Selbstvertrauen. Und das kommt unter anderem aus dem Wissen, dass ich wirksam bin. Etwas bewirke.

Wenn du die Übungen in diesem Buch ausführst, die alle dazu dienen sollen, dass du dich selbst kennen lernst und Instrumente lernst, um dein Steuer in die Hand zu nehmen, dann wird dein Gefühl der Selbstwirksamkeit automatisch dadurch wachsen.

> ***Dass Du da bist hat Auswirkung auf deine Umgebung und die Welt! Sei dir dessen bewusst. Alleine deine Anwesenheit und deine Energie machen einen Unterschied!***

Angst vor wahrer Nähe und alte Wunden – ICH BIN GENUG

Beziehung und Partnerschaft gelingen nur dann, wenn wir vor Nähe nicht unbewusst flüchten. Denn früher oder später kommen die alten Wunden hoch. Und damit die alten Ängste.

Wozu die meisten Glaubenssätze und Erfahrungen unserer Kindheit führen, ist das tief in uns schlummernde Gefühl, **„Ich bin nicht gut genug, wenn ich einfach nur ich bin, werde ich nicht mehr geliebt".**

Und da liegt der Hase im Pfeffer!

Denn du kannst dich nur begrenzt verstellen und eine Rolle spielen. Das wird auf Dauer zu anstrengend oder dein Gegenüber fällt auf einmal aus allen Wolken, welche Person sich da auf einmal offenbart, sobald du dich echt zeigst.

Wenn wir keine Übung darin haben, uns offen und verletzlich zu zeigen, so, wie wir wirklich sind, unsere Wunden, Fallen, Schutzmechanismen und Schatten nicht kennen, dann führt das sehr oft zu völlig überschießenden Reaktionen, die den anderen in die Flucht treiben. Es folgen die typischen Auseinandersetzungen und Enttäuschungen nach den magischen drei Monaten, in denen sich meistens entscheidet, ob ein Paar dauerhaft zusammenbleiben kann.

Nach ein paar Wochen kann man sich nicht mehr verstellen. Dann aber kommt die Angst hoch: Wenn ich mich echt zeige, bin ich dann noch genug?

Das Gefühl „ich bin nicht genug“ macht dich zu einem bedürftigen Menschen, der von anderen Bestätigung will oder sich vom anderen abhängig macht.

Dazu ein typisches Beziehungs- Beispiel:

Du kennst das sicher von anderen oder von dir selbst.

Sie beginnt zu klammern und er fühlt sich eingeengt.

Ich beschreibe hier ein Beispiel von zwei Menschen, die aus jeweils unerfüllten Kindheitssituationen heraus eine erwachsene Beziehung verhindern. Beide lassen wahre Nähe nicht zu. Jeder aus seiner Geschichte.

Lisa läuft mit einem überhöhten, aber tiefen Bedürfnis nach gemeinsamer Zeit und Aufmerksamkeit herum, weil sie das von ihrem Vater unzureichend bekommen und seine Anerkennung für ihren Selbstwert nie erfahren hat. Sie sehnt sich nach dem Gefühl, geliebt zu werden und als Frau anerkannt zu sein. Sie wünscht sich Zuwendung von einem Mann als Beweis für ihre Wichtigkeit und Bedeutung für ihn.

Aus ihrer Bedürftigkeit heraus ist allerdings das Maß der Zeit und Aufmerksamkeit, das sie benötigt ein wenig zu groß für ihn. Sie braucht verhältnismäßig viel mehr Zuwendung und Bestätigung als Menschen, die in der vollen Erfüllung ihrer Bedürfnisse aufgewachsen sind und gelernt haben, für sich ein erfülltes Leben zu gestalten. Sie hat die einmalige Bestätigung des ersten Mannes in ihrem Leben, dem Vater, nie erhalten und jetzt klafft diese Wunde. Die Bestätigung ihrer Weiblichkeit und ihres Wertes durch einen Mann wurde vom Vater nicht erfüllt.

Bernd ist ein Freigeist. Er verbindet Liebe mit Freiheit und Raum geben. Er wurde von seiner Mutter überbehütet und mit Sorge und Klammern erstickt. Er konnte sich dagegen nicht wehren und hatte Schuldgefühle, weil er sein Mutter auch hasste, da sie zu viel von ihm forderte und ihn mit ihrer Nähe fast erstickte. Diesen Hass musste er unterdrücken.

Wenn eine Frau diese Gefühle wieder in ihm triggert, schnürt es ihm die Kehle zu und er fühlt Ablehnung und Einengung wie damals. Er fühlt sich wohl, wenn er viel Freiraum bekommt und seine Zuwendung ebenso frei erfolgen darf. Alles andere erzeugt für ihn Druck.

Die Beziehung beginnt, sie wird enger, sie wird näher. Bernd muss, um nicht die alten Ängste der Grenzüberschreitung und Enge mit seiner Mutter wieder panikartig zu erleben, sehr viel allein sein, weg sein von der Frau in seinem Leben und die Kommunikation eher frei gestalten.

Je mehr er sich entfernt, desto bedürftiger wird Lisa, denn in seiner Entfernung von ihr sieht sie einen Beweis für sein Desinteresse. Sie fühlt sich nicht geliebt, in ihr werden die alten Gefühle, nicht zu genügen, getriggert. Sie verlangt seine Nähe und Aufmerksamkeit, er verweigert sie.

Sie wird immer fordernder, weil sie von ihm viel zu wenig von dem erhält, was sie so dringend braucht, um sich sicher und entspannt zu fühlen. Sein Verhalten macht sie aber immer unsicherer und bedürftiger, das treibt ihn aber immer mehr in die Flucht.

Ein Teufelskreis. Am Ende sitzen beide wieder alleine da. Er glaubt, alle Frauen klammern. Sie denkt, sie ist ungenügend, und wird immer unsicherer in Bezug auf Männer, die sie für freiheitsliebende Egomanen hält.

Das ist nur ein Beispiel. Es gibt hiervon viele Varianten.

Wann immer Einer sehr bedürftig ist und die Erfüllung der Bedürfnisse vom anderen abhängt, setzt dies den Anderen unter Druck.

Wann immer jemand durch alte Erfahrungen Nähe nicht zulassen kann, wird ein balanciertes Miteinander unmöglich.

Wenn Beide sehr unterschiedliche Vorstellungen für Zuneigung und Nähe haben, entsteht immer das Problem, dass einer zu sehr klammert – scheinbar – und der andere Reißaus nehmen muss.

In Wahrheit reiten sich beide gegenseitig immer weiter in diese Spirale und jeder hat dafür Verantwortung. Beide machen das aber unbewusst und können gar nicht anders.

Erst, wenn sie sich bewusst werden, was die Motive, Ängste und Wunden dahinter sind, was jeder braucht und wie sie einen Kompromiss finden können, ist Lösung in Sicht.

Bernd muss mehr auf Lisa eingehen, damit sie ruhiger werden kann. Er kann lernen, in ihrem Nähebedürfnis nicht gleich eine Einengung zu sehen, sondern ihr Verhalten zu verstehen. **Lisa muss gleichzeitig an sich arbeiten,** um diese Wunden und Bedürftigkeit nicht nur über die Beziehung anzugehen.

Bernd kann verstehen lernen, warum Lisa Zuwendung braucht und dass sie ihn nicht einengen will, sondern dies für sie ein Ausdruck von Liebe ist. Sie darf auch ihre alten Wunden kommunizieren und was es in ihr auslöst.

Lisa muss auf der anderen Seite Verständnis für Bernd entwickeln und dass sein Bedürfnis nach Freiraum auch aus einer alten Wunde entsteht. Er kann ihr erklären, wie er fühlt und was er braucht, ohne einfach das Weite zu suchen.

So können sich beide annähern und aus einem tiefen Verständnis heraus für den anderen etwas tun und einen Kompromiss ausarbeiten, der beiden gerecht wird.

Übung – Ich bin genug

Einer der wichtigsten Punkte im Leben und in Beziehungen ist dein Gefühl

„ICH GENÜGE“

Hinter unseren Problemen steckt oft das Ur-Grundgefühl des Nicht-Genügens zu tun.

Denn das entsteht immer durch frühe Erfahrungen des Mangels.

Aus diesen Situationen heraus haben wir eine Lüge über uns entstehen lassen und sie ganz falsch interpretiert: Wir dachten, wir wären nicht genug. Dabei waren wir es aber immer.

Wenn dein Denken dieses Gefühl erzeugt hat, kann es dein Denken auch wieder ändern!

„Nicht-Genügen“ – dieses Gefühl ist wie ein zähes Unkraut, das immer wieder aus den Ritzen sprießt. Was es fördert und düngt, das ist:

Scharfe Selbstkritik, Strenge mit sich, Abwertungen, Vergleiche, Pessimismus, Zweifel und sich selbst verlassen, nicht für sich einstehen und keine Verantwortung übernehmen. **Dieser Mix garantiert dir, Dich vollkommen ungenügend zu fühlen.**

Aber jetzt kannst du den Spieß umdrehen - Dir zuliebe, und dem Mann zuliebe, der ein guter, liebevoller wunderbarer Mann ist und der endlich in dein Leben will!

Das Ticket zum „Genug“-Gefühl ist:

gute Gedanken über dich selbst, Selbstfürsorge, Annahme deiner Selbst, ein liebevoller Umgang mit dir, dich niemals zu vergleichen, dich für Fehler nicht nieder zu machen, dich selbst zu fördern und dich einfach SO SEIN zu lassen wie du gerade BIST und das für genug zu befinden, einfach, weil du das willst.

Was nicht heisst, dass du nicht ständig an deiner Weiterentwicklung arbeiten kannst und sollst.

Es gibt zwei Wege, dir ein Gefühl des Genügens zu erschaffen.

1. **Mit deinen Gedanken**. Wenn du erkennst, dass dir das Gefühl „Ich genüge nicht“ nur Schwierigkeiten eingebracht hat und es eine Lüge über dich war und du nur Dinge falsch interpretiert hast, dann kannst du dich entscheiden, es zu verändern.

Du weißt jetzt, dass das Gefühl „Ich genüge" dir weit besser dient und es ein Grundwert ist. Dieses Gefühl kann man tatsächlich nach und nach eintrainieren. Du sollst es dir nicht oberflächlich einreden. Sondern du sollst beginnen, dich selbst davon zu überzeugen. Und du MUSST dich dafür entscheiden. Und zwar intensiv, heftig und voller Willenskraft!
Wirf deine Gehirnwaschmaschine an!

2. **Du kannst es energetisch bearbeiten**, in dem Du täglich meditative, energetische Übungen machst, die dich in das Gefühl des „Ich bin genug" bringen. In einem entspannten Zustand lasse immer wieder das Gefühl zu, dass du voll auf genügst. Es gibt am Markt unzählige Meditationen zu diesem Thema, mache das, was dir gut tut. Lade dich immer wieder mit dem Gefühl auf: Ich genüge.

Dazu findest du in meinem Videokurs und generell über meine Seite www.carolingruber.at weiteres Material, wie zum Beispiel meine Meditationen zum Selbstwert.

Es geht hier niemals darum, mit irgendwelchen Anstrengungen deinen Selbstwert zu erhöhen, sondern **um ein entspanntes Gefühl des Seins, des „Ich bin genug" so wie ich jetzt bin, ohne Anstrengungen, ohne Entwicklungen, einfach so und jetzt.**
Achte ab sofort darauf, wenn du wieder in das Gefühl kippst, dass du nicht genügst oder nicht in Ordnung bist ....dann sollten deine Glocken läuten: Wahrscheinlich hast du dich dann wieder kritisiert und abgewertet oder du lässt dich von einem Mann schlecht behandeln. Strengst du dich wieder viel zu sehr an und glaubst, dies und das leisten zu müssen? STOP! Genügen ist ein Seins-Zustand und mit Leichtigkeit verbunden.

Die Lady:
Ein Mann, der dir das Gefühl gibt, dass du nicht genügst, der hat ab jetzt in deinem Leben nichts mehr verloren!

Du wirst aber bemerken, dass immer weniger solche Männer auf dich zukommen und immer mehr gute Männer in dein Leben treten, die dich entsprechend deiner neuen, inneren Einstellung behandeln.

Es gibt keinen speziellen Trick, dieses Gefühl in dir zu erzeugen oder zu lernen.
Es ist ein Prozess aus Entscheidung, Willen und Einüben.
Das Gute daran – Du hast es in der Hand.
Starte JETZT damit.
DU bist genug!

Übe dich darin, DICH selbst liebevoll wert-zu-schätzen. Bringe Dir selbst WERTSCHÄTZUNG entgegen. Das kannst Du entscheiden und dann einüben. Tag für Tag. Erkenne, wie wertvoll Du bist, weil du genügst und dein Wert zählt, unabhängig von Leistung oder Umständen.

Eine Warnung und Aufforderung zum Schluss:
Genügen bedeutet nicht, perfekt zu sein und auch nicht, sich gerade mit sich gut zu fühlen, weil man etwas geleistet hat. „Genug zu sein" ist ein Prinzip, eine Basis, die auch besteht, **wenn wir gerade nicht gut drauf sind, wenn wir uns selbst zu recht kritisieren müssen in irgendeinem**

Bereich oder unsere Schwächen uns wieder mal auf der Nase rumtanzen! Auch dann genügen wir!

! Es soll aber auch keine Ausrede sein, schön brav in der Komfortzone zu bleiben und sich nicht mehr zu entwickeln!

Deine Identität alt und neu

Jetzt hast du alle Daten gesammelt, die du brauchst, um zu wissen, wer du bist und was du willst, wie deine Bedürfnisse und Werte im Leben und in Beziehungen aussehen, wie sie erfüllt werden und welche Grenzen du ziehen musst, wenn sie verletzt werden.

Du kennst dich jetzt um Einiges besser als vorher, richtig?

Wahrscheinlich hast Du Vieles an Dir neu oder wieder entdeckt, das Dir gefällt und Dir weniger gefällt? Jetzt weißt du aber auch, wie du damit umgehen kannst.

Übung – meine klare Identität

Bitte nimm jetzt ein A4 Blatt oder eine neue Seite in deinem schönen Notizbuch und halte darauf fest, wer du bist und was dich ausmacht.

Stelle einen kurzen Überblick zusammen zu deiner Vision, deiner Mission, deinen Werten, deinen Stärken und Fähigkeiten, deinen Schatten und den Bedürfnissen deines inneren Kindes.

Als zweiten Schritt bitte ich dich, deine neue Identität zu bestimmen.

Du willst dich ja weiter entwickeln.

Deine bisherige Identität hat dich dahin gebracht, wo du heute bist. Um eine neues Ergebnis zu erzielen, muss sich auch deine Identität verändern.

Daher bestimme jetzt auf einem zweiten Blatt, wer du ab jetzt und in Zukunft sein möchtest.

Wie soll diese Person, die eine glückliche Partnerschaft führt, sein, denken, handeln und fühlen? Wie geht die mit sich und dem Leben um? Wie geht sie in eine Beziehung?

WER WILLST DU SEIN?

Manches kannst du von dem, wie du jetzt bist, einfach übernehmen, manches möchtest du vielleicht verändern, ein paar Dinge müssen vielleicht erst neu entwickelt werden.

Welche Fähigkeiten willst du dir noch aneignen? Welche Eigenschaften möchtest du entwickeln, welche Denk- und Verhaltensweisen lernen?

Frauke schrieb dazu für sich auf: Meine zukünftige Version von mir, die das lebt, wo ich hinmöchte, die glaubt an sich, ist selbstbewusst, tut etwas für ihren Körper und achtet auf genügend Pausen. Sie lässt nur einen Mann in ihre Nähe, der sie wie einen Schatz behandelt. Sie genießt die Aufmerksamkeit von Männern. In der Zukunft achte ich mich, wertschätze mich, vertraue mir du fühle, dass ich genüge. Bei Problemen habe ich längst das Know-How, wie ich mich selbst wieder aufbaue. Die Frauke in der Zukunft, die steht früher auf du ist viel freundlicher zu Menschen, weniger empfindlich und viel mutiger. Die nimmt sich wichtig und umgibt sich nur noch mit Menschen, die sie schätzen und die ihr gut tun.

Am Ende hast du jetzt einen Überblick, über die Person, die du bist und die, in die du dich hinein entwickeln möchtest.

Du hast die Basis gelegt, dich zu kennen und Klarheit über dich selbst zu haben.

Gratuliere Dir!

Das war viel Arbeit und es wird dir sehr viel bringen für dein weiteres Leben!

Ziel ist, dass Du mitten in der Nacht geweckt werden und aufsagen könntest, was dich im Grunde genommen ausmacht, was deine Werte und Missionen sind und wo du im Leben hin willst.

BEZIEHUNG – WAS WILL ICH – MEINE NEUDEFINITION

Du hast jetzt an der Definition deiner Identität gearbeitet, hast neue Glaubenssätze definiert und kennst deine Werte und Grenzen im Leben. Du weißt, was du von Dir und einem Partner erwartest.

Jetzt hast du dir alle Grundlagen erarbeitet, um festzulegen, wie eine Beziehung für dich aussehen soll und du hast jetzt deinen Standard entwickelt, zu dem ein bestimmter Mann passt und ein anderer gar nicht.

Übung Beziehung neu – Welche Beziehung will ich

Welche Vorgaben hast du für eine Beziehung? Welcher Partner passt dazu?

Aus dem, was du bisher erarbeitet hast, kannst du jetzt auch ableiten, was eine Beziehung für dich beinhalten und erfüllen soll.

- ♥ Was möchtest du in einer Beziehung, damit sie für dich erfüllt ist?
- ♥ Wie soll sie aussehen, damit sie deine Werte erfüllt?
- ♥ Was willst du in dieser Beziehung tun, sein, haben, fühlen und erzielen?
- ♥ Welcher Mann passt dazu? Werde dir hier klar, welche grundlegenden Charaktereigenschaften und Einstellungen er mitbringen muss, um zu deiner Wunschbeziehung zu passen!

Ich rede hier nicht von Details im Aussehen, im Beruf oder im Lebensstil – das ist viel zu begrenzend. Du hast keinen Überblick, welcher Mann genau zu deinen Wünschen passt. Du sollst hier wirklich nur die ganz grundlegenden Sachen definieren.

Ein Beispiel:

Wenn du eine sichere, treue, geborgene, stabile Beziehung willst, dann fallen Männer weg, die ihre Freiheit behalten und mit mehreren Frauen zusammen sein wollen. Ebenso wäre Freundschaft Plus dann das falsche Konzept.

Ein Abenteurer, der quer um die Welt reist, sich in Risikosportarten spürt und den Macho raushängen lässt – auch wenn du vor seiner Attraktivität und Männlichkeit niederknien könntest (was du als weibliche, sichere Frau niemals tun würdest) - er ist nicht dein Mann, date ihn nicht.

Außer du willst nur Spaß und Abwechslung. Aber Achtung – wenn du glaubst, du wirst ihn schon überzeugen - das funktioniert nicht.

Kein Mann ist zu binden, wenn er nicht will. Weder durch Sex, noch durch andere Tricks. NIE!

Übung Beziehung neu – wie wird es erfüllt

Bitte schreibe jetzt auf, wie deine definierten Bedürfnisse, Werte und Vorstellungen von einer Beziehung erfüllt werden können und wie der Mann das tun soll.

Nehmen wir einmal an, du hast das **Bedürfnis nach Aufmerksamkeit** in Beziehungen und du brauchst es, dass man dir Liebe gegenüber in Worten ausdrückt.

Die Erfüllung könnte jetzt so aussehen:

Mein Bedürfnis nach Aufmerksamkeit wird gestillt, wenn ER mir jedes Mal sofort auf eine SMS antwortet, wenn mein Partner immer nachfragt, wo ich bin und wie es mir geht; wenn wir keinen Tag getrennt sind und wenn er sich ständig für mich interessiert. Mein Partner muss mir jeden Tag sagen, dass er mich liebt und mir mehrmals täglich Liebesbotschaften schreiben.

Oder sie könnte so aussehen:

Ich bekomme genug Aufmerksamkeit, wenn mein Partner an mir und meinem Leben Interesse zeigt und wir eine regelmäßige Kommunikation miteinander haben. Mir ist die Qualität der Zeit wichtig, mein Partner ist dann ganz bei mir, wenn wir zusammen sind; Jeder hat aber seine Freiräume und ich habe volles Vertrauen zu meinem Partner. Es tut mir gut, wenn mein Partner mir mit Gesten hin und wieder seine Liebe gesteht, es ist aber nicht notwendig.

Das sind zwei extreme Beispiele, die verdeutlichen sollen, wie unterschiedlich du das für dich definieren kannst.

Finde das heraus, was genau zu dir passt.

Die erste Variante ist natürlich anfälliger für Enttäuschung.

Werde dir also bitte darüber klar, ob deine Ansprüche auch real erfüllbar sind und nicht zu viel Druck aufbauen.

Niemand kann auf Dauer zu strenge Regeln oder zu hohe Anforderungen erfüllen.

Viele Forderungen und Regeln müssen ausgesprochen und verhandelt werden.

Entscheidend ist es, einen leb- und machbaren Kompromiss zu finden.

Meistens müssen Frau und Mann eine Einigung zwischen seinem Freiheitsdrang und ihrem Wunsch nach Zweisamkeit und Sicherheit finden. Oder umgekehrt. Auch das gibt es natürlich. Wie alle anderen Varianten.

Für Dich gelten dein Standard und dein Bedürfnis!

Das ist dann umsetzbar, wenn beide die Karten auf den Tisch legen und in Ruhe aushandeln, wie man es in der Beziehung umsetzten kann, sodass beide einen Teil ihrer Bedürfnisse erfüllt bekommen. Es geht auf lange Zeit nicht gut, wenn einer zu viel opfern oder zurückstecken muss.

Das Hauptproblem liegt aber meistens darin, dass nie konkret und offen darüber gesprochen wird, was beide wollen, sich wünschen und wie das der andere jeweils im Detail erfüllen kann!

Man sollte sich als Paar möglichst schon in der Anfangsphase folgende Fragen stellen.

- ♥ Was brauchst du in einer Beziehung?
- ♥ Wann funktioniert es für dich?
- ♥ Was ist ein Muss, was ein Kann?
- ♥ Was ist ein No go, was ist OK?
- ♥ Wann fühlst du dich sicher, geliebt und zufrieden?

Wenn die Standpunkte sehr unterschiedlich sind, wird der Kompromiss grösser sein müssen. Aber es lässt sich einer finden, wenn beide dazu bereit sind.

Gewisse Dinge kann man in den ersten Dates nicht klären. Das wäre zu früh.

ABER

1. Männer verraten schon sehr viel in den ersten Treffen
2. Du kannst durch Fragen gewisse Werte heraushören, ohne gleich zu direkt zu werden
3. Manches sollte bereits beim zweiten oder dritten Date geklärt werden:
    - ♥ ob man grundsätzlich eine Beziehung will oder nur Spaß
    - ♥ ob – wenn beide eine Beziehung wollen, das Kinderthema geklärt werden muss
    - ♥ ob man sich grundsätzlich binden will und längerfristig denken kann
    - ♥ ob der Mann in massiven Verpflichtungen steckt (Alimente, Konkurs, Ex- Frauen, mehrere Kinder)
    - ♥ dass Sex nicht sofort passieren wird (Männer sollen ein wenig warten)
    - ♥ Sicherheit (Safer Sex)

Später klärt man dann Weiteres und die Details, wie man sich eine Beziehung vorstellt und was man braucht.

Du findest das unromantisch oder überzogen? Es ist deine Entscheidung und Verantwortung, wie Du vorgehen willst. Diese Punkte sind Vorschläge, wie es gelingen kann. Deine bisherigen Vorgehensweisen haben Dich wohin gebracht?

Natürlich gibt es Ausnahmen. Und ja, es gibt Fälle, da landen beide am ersten Abend ungeschützt im Bett, jeder hat Geldprobleme und drei Kinder und sie werden trotzdem sehr glücklich miteinander.

Ich kann dir nicht abnehmen, im Einzelfall hinein zu spüren, was für dich in diesem Moment richtig ist.

Ich hoffe aber, ich kann Dir mit diesem Buch so viel Rüstzeug an die Hand geben, dass du dein Gespür, deine Selbstliebe, dein Frau-Sein, dein Herz und deinen Verstand in einer perfekten Balance zu deinem Nutzen einsetzen wirst!

Übung Beziehung neu - welcher Mann passt zu mir

Nehmen wir an, ein wichtiger Wert für dich wäre Zweisamkeit.

Das gibt dir ein Mann der Nähe sucht, der gerne Zeit zu zweit verbringt.

Dazu muss er folgende Charakterzüge mitbringen: ein gewisses Maß an Stabilität und Verlässlichkeit, eine gewisse Ruhe, Bindungsfähigkeit und Geduld.

No Go´s: ein Stall voll Kleinkinder, sehr viel Arbeit, viel unterwegs sein, Unverlässlichkeit, Freiheitsdrang, Abenteurer, kein Genussmensch, keine Nähe wollen, lehnt Zweisamkeit ab, hat in seinem Leben keine Zeit und viele Verpflichtungen.

Für den Fall, Du Geborgenheit wichtig findest, füllst du zum Beispiel folgende Fragen für Geborgenheit aus.

> Geborgenheit gibt mir ein Mann, wenn er____
> Dazu muss er folgende Charakterzüge mitbringen________________________________und folgende Lebenssituation__________________________________
> ____

Dazu braucht es auch sicher ____

Und dabei gibt es folgende NoGo´s____________________________________

Jetzt mache das für alle deine wichtigsten Werte und Bedürfnisse in deiner Beziehung.

Die Arbeit lohnt sich. Du wirst nie wieder Zeit mit dem Falschen verschwenden und mit deiner erarbeiteten Klarheit sofort richtig aussortieren und die Passenden anziehen können!

Die Lady: Keine Sorge, wenn er nicht zu dir passt. Hab´ Mut zum Nein. NEXT! Es gibt viele mögliche Partner für dich da draussen. Du musst dich nicht an einen hängen, wenn er einfach nicht zu dir passt!

Meine Erinnerungskarte

Ich bitte dich jetzt zum Abschluss deine Erinnerungskarten fertig zu erstellen.

Dazu nimmst du alle gesammelten Stichworte und Erkenntnisse der vorhergehenden Übungen.

- ♥ Die Stichworte zu deiner Identität
- ♥ deine neuen Werte, deine Mission
- ♥ deine Bedürfnisse und wie sie erfüllt werden
- ♥ deine zukünftige Version
- ♥ deine Ziele in einer Beziehung

- die wichtigsten, neuen Glaubenssätze
- ein Notfallsatz, wenn alte Ängste und Zweifel hochkommen.

Beispiel für einen stärkenden Satz: **STOP! Es ist eine Entscheidung! Ich kann durch meine Gedanken jetzt sofort alles verändern!**

- **Suche Dir aus allen Notizen die aus, die für dich am stärksten sind und schreibe Dir deine persönlichen Erinnerungskarten!**
- **Nimm diese abwechselnd mit oder mach ein ganzes Büchlein draus, das du in deiner Handtasche immer griffbereit mit dir trägst!**

KNOW HOW

Wie Männer ticken – was Du unbedingt wissen solltest

Also eins will ich gleich loswerden und hier mal eine Lanze für meine großartigen Kollegen da draußen brechen, die als Love - Beziehungs - Dating- und Single- Coaches hervorragende Arbeit leisten.

Wenn Du wissen willst, wie Männer funktionieren und wie du sie mit bestimmten Tricks gewinnen kannst, dann findest du ganz viel Material. Sogar kostenlos. Du findest dazu alles, was du brauchst.

Hier geht es mir um etwas anderes.

Du sollst jene Punkte erfahren, die dein Blühen als Frau killen, wenn du es nicht besser weißt.

Vor allem geht's mir aber darum, dir Sicherheit zu geben, weil du ein paar grundlegende Wahrheiten kennst.

Ich sage hier nichts, was du hören willst oder was politisch korrekt ist, sondern was ich erfahren, beobachtet und herausgefunden habe und was scheinbar einfach besser funktioniert als das, was du bisher tust.

Es geht also nicht um die Manipulation des Mannes, sondern nur UM DICH, was es MIT DIR macht, wenn er sich so oder so verhält und WAS DU DANN TUST – FÜR DICH!!! – Nicht für ihn.

- ♥ **Männer brauchen länger für die Entwicklung von Gefühlen und Bindung und wir Frauen brauchen während dessen eine elendige Geduld!**

Diese Sache musst du deshalb wissen, weil das oft der Grund ist, warum wir uns klein, schlecht, abhängig oder nicht wichtig genug fühlen, weil wir sein Innenleben falsch interpretieren.

Männer stellen in einer gewissen Phase unbewusst unsere Geduld auf eine Zerreißprobe. Ihre Gefühlsentwicklung braucht viel länger. Wenn wir Frauen in unserer Emotion und Fantasie uns mit dem Kerl schon im gemeinsamen Heim sehen oder bereits als Paar vorstellen können, ist der arme Mann davon noch weit entfernt. Männer haben eine andere Art, sich emotional zu binden.

Das führt jedoch dazu, dass in uns Frauen ein Gefühl des Wartens oder des Abhängig-Seins, des nicht Gewollt-Werdens entsteht und wir in eine gewisse Ungeduld geraten. Das aber wiederum führt dazu, dass wir unterschwellig zu fordern beginnen, schlecht gelaunt werden oder letztlich zu viel machen, das ihn von uns forttreibt. Wir erzeugen dann Druck.

Sobald es dich anstrengt und er zu wenig macht, musst du dich zurückziehen!

Wenn Du das Gefühl hast „Tun zu müssen, damit…“ – dann stimmt etwas nicht! STOP!

Carolin´s Trick 17: Habe andere neben ihm! Nur so kannst du dich ablenken und Geduld aufbringen, während er im Schneckentempo schleicht, aber du schon die Hochzeitsglocken hörst. Ich meine damit nicht, du sollst mit mehreren Männern gleichzeitig eine Affäre anfangen! Nein! Aber Du darfst und sollst Dich von anderen Männern umwerben lassen, dich mit anderen Männern treffen, Dates geniessen und männliche Energie um dich versammeln. Wir Frauen dürfen empfangen, das ist unsere Natur.

Wenn uns ein Mann zu lange nicht gibt, dann können wir es uns von woanders geben lassen. Die Männer dürfen sich biegen und balzen und wir lassen sie tanzen. Im liebevollen Sinn natürlich!

Du MUSST wissen, dass es NICHTS mit Dir zu tun hat, wenn der Mann länger braucht. **Allerdings – der passende Mann lässt Dich niemals zu lange warten.**

Männer ziehen sich gerade am Beginn immer wieder bis zu einigen Tagen zurück. Manchmal tauchen sie gefühlsmäßig irgendwie ab. Das ist ein MÄNNERDING, das unserer Natur total zuwiderläuft. Sie müssen sich erholen oder über etwas brüten oder sind einfach beschäftigt.

Ob wir es auf uns beziehen und uns klein und abhängig machen oder wir es völlig unabhängig von uns sehen, entscheidet darüber, wie wir uns als Frau damit fühlen.

Am besten ist es erst einmal nur eine Weile zu beobachten, wie er sich weiter verhält.

Dein Fokus liegt ab jetzt darauf, ob er sich so verhält, wie ein Mann, der dich auf Dauer glücklich machen kann.

Die Don Juans, die immer wieder mal weg sind, das sind nicht jene Männer, die eine Frau glücklich machen können.

Natürlich dürfen wir nicht vergessen: Männer können mit sich selbst auch viele innere oder äußere Baustellen haben. Sie brauchen Rückzug dafür. Manchmal sind sie schlichtweg mit sich und ihrem Leben überfordert.

Manche Männer können nur mit Frauen, die sich ihnen abhängig vor die Füße werfen und mit denen sie niemals etwas Ernsthaftes eingehen müssen.

Ein beziehungs-unfähiger Mann ist einer, der sich schnell und oft entzieht.

Ein starker, guter Mann, wird sich vielleicht entziehen, aber nie in dem Ausmaß, wie es ein unfähiger tut und du wirst bei

einem bindungswilligen Mann letztlich wissen, was los ist und NIE komplett in der Luft hängen.

Bisher hast du wahrscheinlich viele beziehungsunwillige Männer erlebt. Wenn jetzt der passende Mann sich auch einmal zurückzieht, könnte das deine alten Muster und Ängste wieder aktivieren.

Kippe nicht in alte, bedürftige, abhängige Muster, die du nicht mehr nötig hast, nur weil sich der RICHTIGE mal kurz entzieht, um aufzuladen, sich um etwas zu kümmern oder etwas zu tun, das nichts mit dir zu tun hat.

Wie erkennst du den Unterschied?

Der Richtige wird dich niemals so hinhalten und in der Luft hängen lassen wie jene Männer, die sich unverbindlich Sex und Annehmlichkeiten abholen wollen, wenn sie es wollen.

Er wird Dich im Grunde wissen lassen, warum und wie lange er abtaucht. Sollte er ohne Erklärung einmal nicht verfügbar sein, wird es bei Ausnahmen bleiben und Du wirst nicht das Gefühl haben, nicht zu wissen, wie du dran bist.

Du bist bei ihm ruhiger, du hast keine Magenscherzen und starrst nicht dauernd auf dein Handy. Du läufst einfach nicht mehr als Fragezeichen durch die Gegend.

Trage in dir jetzt aber das Wissen: auch der beste Mann wird sich gerade dann, wenn du in die völlige Verletzlichkeit und Verliebtheit kipsst – und GEAU DANN – einw enig zurückziehen. Frage dich nicht, warum um Himmles willen das so ist, akzeptiere es einfach. Das ist ein Verhalten, das Männer zeigen und das wir einfach aushalten müssen, wenn es dauerhaft gelingen soll.

Jetzt weißt du es und bist vorbereitet und stellst dich nicht mehr in Frage!

Locker bleiben, dein unwiderstehliches Frausein pflegen und entspannen. Abwarten und Tee – oder Prosecco- trinken.

♥ Männer haben einen anderen Fokus

Männer können ihren Fokus anders als Frauen schnell und komplett verschieben. Das heißt, sie können gerade noch in deinen Armen gelegen haben, sind aber zwei Minuten später beim Geschäft. Ein Mann trennt verschiedene Bereiche sehr stark, während bei Frauen alles viel mehr verbunden ist, das hat mit unserer Gehirnstruktur zu tun. Die Verbindung zwischen linker und rechter Gehirnhälfte, das Corpus Callosum, ist ein Nervenstrang. Dieser ist bei Frauen wesentlich dicker ausgeprägt als beim Mann. Männer switchen eher von links nach rechts, Frauen haben beide Bereiche eher zeitgleich präsent (vereinfacht ausgedrückt).

Das bedeutet aber auch, dass Männer, wenn sie sehr mit ihrem Beruf, ihrer Karriere oder einem Problem beschäftigt sind, sich tatsächlich eine Zeit nicht melden und fast auf dich vergessen können. Sie sind dann ganz darauf konzentriert und denken sich nichts dabei.

Das darfst du ab jetzt nicht mehr persönlich nehmen. Das ist ganz normal.

♥ Männer wollen Ernährer und Beschützer sein

Die mitunter größte Angst von Männern ist, ihr Leben nicht zu stemmen und ein Loser zu sein.

Sie wollen eine Frau glücklich machen können, ihr Sicherheit und ein gutes Leben bieten.

Wenn sie das Gefühl haben, dass sie das nicht können, dann umwerben sie dich nicht oder ziehen sich zurück.

Sie fragen sich, ob sie genug Geld, Zeit und Konzentration für dich über haben. Falls nicht, suchen sie das Weite.

Ein Mann, der gerade um seine Existenz kämpft, für den sind romantische Gefühle erst einmal sekundär.

Wir Frauen neigen dazu, entweder alles auf uns zu beziehen oder zu glauben, wenn die Liebe nur stark genug ist, dann klappt das schon und dann müsste er doch.....

....nein, müsste er nicht. Wenn Mann mit Ego, Existenz oder Ex zu kämpfen hat, dann legt er einen Schalter um und du bleibst erstmal draußen aus seinem Herz.

Das macht er nicht, weil er so kühl und herzlos ist, sondern weil er in so einer Situation nicht weiß, wie er dich glücklich machen sollte und wie er den Untergang verhindert, in den er dich reißen könnte.

Bei so einem Fall hilft nur eines: Gib ihm Zeit und konzentriere dich auf etwas anderes.

Falls er dich nicht will und das nur als Ausrede benützt, wirst du es am unguten Ziehen in deiner Magengegend erkennen. Du spürt es!

♥ Egal was dir alle über Emanzipation erzählen

Ein Mann will sich erst beweisen und der Auserwählte sein. **Wenn du dich ihm vor die Füße wirfst, dann musste er sich für dich nicht anstrengen.** Und dann ist er nicht auserwählt, sondern einfach einer, den du grad dringend brauchst.

Es geht weniger um die reine Jagd oder darum, dich zu rar zu machen, sondern dass du ihm die Möglichkeit gibst, sich für dich ins Zeug zu legen, etwas für dich zu tun und in Dich zu investieren und sich zu bemühen. Denn dann steigt dein Wert und dann kann er ein Held sein, dann kann er fühlen, er hat dich erkämpft – unter vielen anderen Helden.

Wenn du zu viel für ihn machst, übernimmst, wenn du die falsche Rolle spielst, nämlich die männliche, dann nimmst du ihm die Möglichkeit, für dich der Held zu sein und zu werden. Dann fühlt er sich austauschbar und klein und damit wirst du uninteressant.

Männer helfen und unterstützen Frauen sehr gerne. Lass ihn machen!

♥ **Die guten Männer sind optisch nicht so kritisch – sie sehen eine Frau als Ganzes. Ihre Ausstrahlung, ihr Selbstbewusstsein und ihre Freude. Das wirkt auf ihn sexy.**

Viele Frauen denken, Männer mögen nur Models. Oder schlanke Frauen mit langen Haaren und langen Beinen.

Ich kann Dir sagen: Sie mögen in erster Linie entspannte, freundliche, fröhliche Frauen statt solchen, die nörgeln, jammern oder negativ sind.

Ja, manche haben ein eindeutiges Beuteschema. So wie viele Frauen auch. Wenn du dem nicht entsprichst, wirst du ihm wahrscheinlich nicht gefallen.

Die Mehrzahl jedoch ist nicht festgelegt, sieht die Frau als Ganzes und achtet auf den Gesamteindruck.

Attraktivität entsteht fast ausschließlich dadurch, wie gut du dich mit dir und in dir selbst fühlst.

Männer sind viel weniger kritisch als Frauen es zu sich selbst oder untereinander sind.

Männer finden Frauen anziehend, die sich selbst mögen!

♥ Rückzug und Abschied, die 3 - Monats - Grenze

Männer brauchen, wie gesagt, länger als wir Frauen, eine gemeinsame Zukunft zu sehen und zu fühlen. Deshalb kann es auch passieren, dass der Mann erst nach ein paar Wochen merkt, dass das mit dir nicht das ist, was er möchte.

Während wir verliebt im siebten Himmel schweben, zieht er Bilanz und entscheidet, ob sich das mit euch beiden ausgeht oder nicht.

Das klingt jetzt hart – aber es ist die Wahrheit.

Das ist keine gemeine Absicht, das liegt in der Natur der Männer. Sie können es nicht anders.

Es gibt auch das Phänomen, dass Männer, die zuerst einmal um dich gebuhlt haben, wie der Ritter um die Prinzessin, in dem Moment du schwach wirst, sich auf einmal etwas zurückziehen.

Warum?

Weil sie jetzt wissen, sie haben dich erobert und sie können dich haben. Erst jetzt schalten sie um auf: Hat das eine Zukunft mit dieser Frau? Ist sie die Eine für mich?

Und dann beginnen sie Dich unbewusst zu testen, ob du entspannt, gelassen und in Dir sicher bleibst, während sie selber im Inneren wankelmütig werden und überlegen.

Dazu kommt, dass ab drei Monaten mehr Nähe entsteht. Einige Wochen kann man sich verstellen, eine Show abziehen, aber wenn es einmal enger wird, dann geht sich das oft nicht mehr aus und die Tatsachen kommen ans Licht.

Da nehmen Viele lieber Reißaus, bevor sie sich eine Blöße geben. Manche müssen dann nochmal kurzweilig den Rückzug antreten, um sich wieder zu beruhigen.

Es ist wie das Schwung-Holen vor dem nächsten großen Schritt!

Lass dich bloß nicht aus der Ruhe bringen und erkenne das als eine **typische Phase**, die vor der wahren Bindung noch einmal kommt. Es hat nichts mit dir zu tun. Aber jetzt heißt es, cool und gelassen zu bleiben und dir deiner selbst sicher zu sein, ihm Raum zu geben und abzuwarten.

In dieser Phase solltest du besonders auf Zeiten mit Freunden achten, die dich stärken, dir Musezeiten als Frau gönnen (siehe mehr dazu im Kapitel FRAU SEIN) und dich umwerben lassen oder dich mit Dingen beschäftigen, die dich erfüllen und dir gut tun,

damit deine Aufmerksamkeit von ihm weg auf etwas anderes gelenkt wird!

Es kann sein, dass er nicht mehr wieder kommt. Dann hat er für sich so entschieden. Dann ist er nicht dein Mr. Right!

♥ Männer können Gefühle sehr gut wegschieben und verdrängen

Männer können, wenn es gerade um etwas geht, worauf sie sich konzentrieren müssen oder auch nur, wenn sie die Absicht dazu haben, ihre Gefühle einfach zur Seite schieben.

Wie bereits erklärt - Ihr Gehirn funktioniert anders, es ist zwischen Logik und Emotion nicht so verbunden wie das einer Frau. Der Mann springt also eher zwischen den Polen hin und her, während bei der Frau alles zeitgleich vorhanden ist.

Neben dem Gehirn spielt die unterschiedliche Hormonausschüttung auch eine große Rolle. Männer können Sex ohne Gefühl haben. Und sie entwickeln aus Sex nicht zwingend Gefühle. Bei Frauen besteht die sehr große Gefahr, durch Sex in ein Gefühl für den Mann einzutauchen. Das hat mit ihren Hormonen zu tun.

Männer binden sich nicht über Sex, sondern über gemeinsames Erleben und das, was sie investieren, um mit dir zusammen zu sein. Wenn sie sich mit Dir gut fühlen und wissen, sie können dich glücklich machen, bindet sie das an dich.

♥ Männer testen dich irgendwann: Kann sie ohne mich?

Jeder Mann wünscht sich eine Frau an seiner Seite, die in sich sicher ist, die gelassen den Stürmen des Lebens trotzdem kann und die als Fels in der Brandung da sein kann, wenn er einmal kentert. Außerdem will er sichergehen, dass er keine hysterische, abhängige Version an seiner Seite haben wird, die er niemals glücklich machen kann.

Es gibt natürlich andere Dynamiken, wo sich Männer eine abhängige und anhängliche Partnerin wünschen, aber wir wollen ja einen Partner auf Augenhöhe und keine ungesunde Dynamik in einer massiven Dysbalance.

Um zu wissen, ob er sich wirklich auf Dich einlassen kann, muss ER herausfinden – unbewusst – ob Du auch ohne ihn fest im Leben stehst oder gleich umkippst, wenn er einmal etwas nachlässt.

Mit im Leben stehen meine ich nicht, ob du deine Rechnungen selber zahlen und deinen Alltag ohne Probleme stemmen kannst.

Damit ist gemeint, ob du emotional in deiner Mitte bist, ob du weißt, wer du in diesem Leben bist und emotional für dich sorgen kannst, ohne dich an den Rockzipfel von jemandem zu hängen.

Es macht nichts, wenn du gerade mit allen möglichen Schwierigkeiten zu kämpfen hast und Unterstützung, auch finanzielle, gut gebrauchen könntest. Männer helfen gerne! Es geht nur darum, wie du dazu stehst und wie du mit dir selber in dieser Situation umgehst, ob du in dir eine Kraft und Festigkeit hast, die sich von äußeren Widrigkeiten nicht so leicht umwerfen lässt.

Dein Selbstwert und dein gesundes Maß an Selbstsicherheit und Vertrauen in dich sind hier die wichtigen Zutaten.

Wenn ein Mann das spürt, dann kann er sich auf dich verlassen und weiß, du brauchst ihn nicht als Sicherheitsnetz für deine tiefe Unsicherheit, sondern du willst ihn als Mann und Partner an deiner Seite, weil du es so willst und ihn auswählst.

♥ Männer schauen – Die Optik einer Frau ist für den Mann wie ein funkelnder Diamant für Raben

Männer schauen einfach gerne und können oft die Blicke von deutlichen, weiblichen Reizen nicht lassen. Das hat aber keine weitere Bedeutung und heißt nicht, dass du für ihn nicht attraktiv genug oder weniger attraktiv bist.

Gewöhne dir hier ein unerschütterliches Selbstbewusstsein an! Beziehe das niemals auf dich.

Wenn er zu sehr und zu oft glotzt, dann musst du ihm klarmachen, dass er das neben dir sein lassen soll und finde heraus, ob er generell gerne mehr als eine Frau genießen würde. Dann suche das Weite.

Wenn er hin und wieder mal guckt und das nicht zu offensichtlich, dann lass ihm die Freude und bleibe dabei selbstbewusst. Ignoriere es oder sag auch etwas Nettes über die Frau.

♥ Männer wollen Frauen glücklich machen und ihr Held sein

Du musst ihn das aber auch lassen! Du kannst nicht wie ein zweiter Mann agieren, alles selbst erledigen wollen und dich dann wundern, wenn er kein Kerl ist. Zudem musst du ihn wissen lassen, WIE er dich glücklich machen kann. Er ist kein Hellseher. Das haben wir bereits in den Übungen zu deinen Werten und Bedürfnissen genau erarbeitet.

Kommuniziere ihm das freundlich und weich, was dir Freude und dich so richtig glücklich macht, er wird alles daran setzen, dir das zu geben!

Auch wenn Du Vieles selber kannst, lasse es trotzdem ihn machen. Erlaube und ermögliche ihm, dich zu unterstützen, dir zu helfen, der Held für sein Weibchen zu sein! Selbst, wenn du es besser könntest **– Lass IHN machen!**

Er wird aufblühen!

Kritisiere ihn bloß nicht, wenn er voller Freude etwas für dich tut! Auch wenn es nicht deinen Erwartungen entspricht. Bestätige ihn darin, zeig ihm, wie sehr du das schätzt, was er für dich tut.

Dann kann er dein Held sein und fühlt sich als Mann an deiner Seite.

- ♥ **Männer zeigen Liebe am ehesten dadurch, indem sie etwas für dich TUN!**

Wenn er für dich tut und macht, etwas repariert, etwas besorgt, nach technischen Problemlösungen sucht – dann ist das seine Art Liebe zu zeigen. Schätze das und freu dich.

Männer zeigen Zuneigung in erster Linie durch das, was sie für dich TUN!

Auch, wenn es dich langweilt, weil er dein Auto wäscht anstatt Dich zum Essen auszuführen.

Auch, wenn Du das, was er für Dich macht, selbst besser könntest.

LASS IHN! LASS IHN MACHEN! Dafür liebt er Dich umso mehr!

Bitte ihn um Hilfe und Lösungen. Es wird es gerne für dich tun. Falls nicht, sieh genau hin, ob er nur ein bequemer Blender ist. In dem Fall: Renne!

- ♥ **Sie wollen immer nur das Eine? Nein. Sie wollen es vielleicht immer, aber nicht nur. Kommt auf dich an, was sie mit dir verbinden.**

Ja, Männer wollen Sex. Und sofern sie normal ticken, auch jederzeit. Allerdings heißt das nicht, dass sie nur das wollen.

Ob sie mit dir mehr verbinden als SEX, hat damit zu tun, wie du dich ihnen von Anfang an präsentierst.

Als leichte Beute, als immer verfügbares Bettabenteuer? Als super erotische Frau, wo nur das passiert?

Mein Tipp für dich: **Sex eher später und so eroberungs-würdig wie möglich! Du gibst dich ihm erst hin, wenn er es verdient hat!**

Ja, in unserer Zeit ist es üblich, nach dem dritten Date ins Bett zu hüpfen. Man will ja wissen, ob das klappt.

Das hat seine Berechtigung. Nur – dann ist die Basis seiner Empfindungen nur in Ausnahmefällen gegeben und der Weg, bis er soweit ist, für Dich als Frau wesentlicher schwieriger.

Wenn er dich einmal im Bett hatte, dann hat er alles erreicht und erst einmal flaut sein Eroberungsbarometer ab.

Jetzt heißt es für dich, absolute Gelassenheit und Geduld zu haben, bis er wieder ansteigt und dich als Partnerin erobern will.

Achte grundsätzlich darauf, dass du dich bei ihm wertvoll und gut fühlst. Sich ihm hinzugeben, das macht was mit dir. Dein Körper ist wertvoll, deine Hingabe ein Geschenk und ein Schatz. Ja, manchmal geht´s einfach ums „F.....". Auch ok. Mache es aber bewusst und schätze es realistisch ein. Gönne es Dir, wenn du damit umgehen kannst.

Wenn es dir um eine Beziehung geht, dann sollte der Sex mit dem Mann von Beginn an etwas Besonderes sein und du deinen Körper ganz bewusst als etwas sehr Wertvolles, Kostbares und Verletzliches betrachten.

Je näher und besser man sich kennt, desto intensiver und verbindender kann es sein.

Was danach kommt, ist eine ganz andere Geschichte.

Typisch ist zum Beispiel, wenn sich ein Mann nach dem ersten Sex auf einmal zurückzieht, vielleicht mal ein bis zwei Tage Zeit verstreichen lässt, bis er dich wieder sehen will. **Ein Mann muss sich erholen!**

Wir Frauen erhalten Kraft durch den Sex und wollen gleich mehr.

Ein Mann ist erst einmal erschöpft und muss sich wieder aufladen, emotional und hormonell.

Es ist wichtig, dass du das weißt, cool bleibst und es nicht auf dich beziehst!

RUF ihn danach niemals an oder schreibe ihm – er meldet sich zuerst!

Vielleicht hast Du das Gefühl, du bist ihm ausgeliefert. Das bist Du aber nie, es fühlt sich nur so an, entspann dich.

Verhaltensmuster von Frauen - Verhaltenstypen

Nicht alle Hindernisse für eine Beziehung stammen aus der Kindheit oder tiefliegenden Blockaden.

Sehr oft sind es auch aktuelle Gründe, die den Traumpartner von uns fernhalten.

ICH MUSS ERST...

Das können ganz banale Annahmen sein, wie zum Beispiel, ich muss erst abnehmen, ich muss erst meine Wohnung ausmalen, ich muss erst Selbsterfahrungskurs Nr. 120 absolvieren, damit ich bereit für einen Mann bin.

SCHAM..

Viele schämen sich einfach für ihre Lebenssituation oder für die Umstände und Verpflichtungen in denen sie gefangen sind und glauben, dies würde eine Beziehung unmöglich machen.

Der Glaube, etwas könne dann nicht funktionieren, reicht aus, um es von sich fern zu halten!

ES geht ja nicht, weil..

Kinder werden oft als Grund genannt, dass kein Partner kommen kann. Dabei sind Kinder nie schuld daran, dass kein neuer Partner ins Leben kommt. Nur die Ängste und Annahmen, niemand würde dazu passen oder könne richtig für das Kind sein, sind die Ursache.

Ich sage es gerne noch einmal und immer wieder:

Du brauchst nicht perfekt zu sein, dein Leben muss keinem Schema F entsprechen und du musst nicht erst noch XY können, lernen, machen oder sein, um deinen Partner in deinem Leben empfangen zu können.

Es sind deine Entscheidung, dein Wille und dein Glaube, die eine Beziehung in dein Leben einladen!

Neben sehr einfachen, aber massiv hindernden Annahmen, die einfach nur in unserem Kopf hocken, gibt es noch bestimmte Angewohnheiten und Verhaltensmuster, die dafür verantwortlich sind, dass sich der Traummann nicht blicken lässt.

Aus den Beobachtungen der letzten Jahrzehnte haben sich für mich bestimmte Grundtypen an Frauen herauskristallisiert, die entsprechende spezifische Verhaltensmuster zeigen. Diese Muster können in ihrer extremen Ausprägung absolut behindernd für eine Beziehung sein.

TYP 1 – die Superstarke

Ihr kann es kein Mann recht machen, von vorneherein werden Männer als zu schwach und Weicheier abgestempelt, die es mit ihr nicht aufnehmen können. Sie denkt, Männer mögen keine starken Frauen. Diese Männer-Verächterin kastriert ihn schon, bevor er noch HIER rufen kann.

Spannenderweise begegnet sie nur sehr weichen, femininen Männern, die ihr Klischee genau erfüllen und ihr als Softie keinen Gegenwind bieten können.

Das passende Alphamännchen, das sie sich tief drin ersehnt, taucht irgendwie nicht auf.

Sie würde den starken Mann auch nicht an sich heranlassen, denn das Alphatier ist schließlich sie. Der starke Mann wittert die Anstrengung dieses Machtkampfes, den er nicht gewinnen kann. Denn das würde er nur, wenn er SIE entmachtet. Dazu hat er aber kein Interesse.

Besonderes Merkmal: Sie ist stark und unabhängig, erfolgreich und sehr selbstreflektiv. Sie kann alles alleine. Sie trifft mit Vorliebe auf Weicheier und Versager.

! Woran erkennen wir uns in diesem Typ?

- Wir nörgeln an jedem Mann herum
- Wir zeigen ein verhärmtes, enttäuschtes oder sehr forderndes Verhalten
- Wir sind hart geworden
- Wir wollen gleich stark sein wie erfolgreiche Männer
- Wir lassen ihn nichts mehr machen, wir können das selber besser, in den Mantel helfen oder ihn zahlen lassen, das ist Old-School
- Wir verunsichern ihn
- Er kann uns nichts recht machen
- Wir testen ihn bis aufs Blut und er muss hellsehen
- Wir sind uns sicher „Er kann mir nicht das Wasser reichen"
- Wir denken, wir brauchen gar keinen Mann

Die Lösung: Sie kann erst dann einen Mann auf Augenhöhe finden, wenn sie Beziehung nicht mehr als Machtkampf, sondern als Begegnung zwischen Mann und Frau in einer wechselseitigen Balance begreift, ihn auch Mann sein lässt, anstatt ihm alles aus der Hand zu reißen und den besseren Ritter zu spielen. Sich an ihre weibliche Rolle zu erinnern, auch einmal IHN machen zu lassen und in ihrer Weiblichkeit die Stärke zu entdecken, kann schrittweise die Heilung einleiten.

Ebenso könnte sie dem weicheren Mann eine Chance geben, ihn nicht mehr aus der Verachtung betrachten, sondern sein Potential sehen und fördern und seine Manneskraft herausholen, indem sie ganz sein Weibchen ist.

Ihren Erfolg, ihre Stärke und Durchsetzungskraft kann sie im Business männlich durchsetzen, aber danach diese Rolle auch ablegen und sich in ihrer Femininität entspannen und sich fallen lassen – bei einem Mann, der vielleicht nicht zu hundert Prozent ihrer Definitions-Liste entspricht, aber der sie wirklich auf Händen tragen will.

Im Weich-Sein auch Stärke zu entdecken und Lust und Freude an der Entspannung zu finden, heilt sie. Besonders geht es aber darum, sich hinzugeben und ihm auch einmal zu vertrauen, auch wenn er nicht alles perfekt kann und macht.

Typ 2 – Die Bedürftige

Sie braucht den Mann zum Glücklich sein, findet sich im Partner wieder und ist in der Beziehung zu Männern immer irgendwie unsicher und ausgeliefert.

Sie kippt ab einem bestimmten Punkt hinein, ins Verliebt-Sein, ins Sich-Verlieren, in den Mann, in die Abhängigkeit. Ihre Fantasie ufert aus. Nach dem zweiten Date sieht sie Reihenhaus und Familien-Idyll. Sie läuft ihm nach, entweder reell oder emotional und in Gedanken. Der Fokus ist bei ihm. Sie meldet sich bei ihm, anstatt ER bei Ihr. Sie ist die Aktive. Sie zeigt, dass sie ihn braucht, für Erfüllung, Selbstwert und Bestätigung. Sie gibt nur dem einen Einzigen zu viel Raum, fixiert sich völlig auf ihn.

Besonderes Merkmal: Sie läuft immer einer Illusion hinterher, hat ständig eine Sehnsucht und trifft mit Vorliebe auf nicht verfügbare Männer. Sie hängt an seinen Lippen oder am Handy, ob er sich meldet. Es wird mit Freundinnen „dauer-analysiert“, wie er sich verhält und was das zu bedeuten hat.

! Woran erkennen wir uns in diesem Typ?

- ✪ Unsere Gedanken kreisen nur um ihn
- ✪ Wir müssen uns anstrengen, wir machen mehr als Er
- ✪ Wir starren ständig auf unser Handy
- ✪ Wir reden nur noch über ihn
- ✪ Wir fühlen uns klein und schwach und wollen, dass er uns liebt
- ✪ Wir rennen herum mit dem Gefühl, Alles wäre gut, würde er doch nur…
- ✪ Wir sind in einer ständigen Warteposition
- ✪ Wir analysieren sein Verhalten
- ✪ Seine Verhaltensweisen beziehen wir alle auf uns und interpretieren sie dahingehend, wie sehr er uns will
- ✪ Keiner ist so toll wie er
- ✪ Unsere Laune und unsere Verfassung hängen davon ab, ob er sich meldet und uns zeigt, dass er uns will
- ✪ Wir leiden und er nicht

- ✪ Wir kaufen neue Unterwäsche, Kleider, Parfum, um ihm um jeden Preis zu gefallen

Die Lösung: Hier geht es darum, zu erkennen, wo die frühen Wunden liegen, ob der Vater keine Liebe und Anerkennung gab und wir gelernt haben, um Liebe zu kämpfen oder ob Frauen in der Familie sich nie leben durften. Wichtig ist, herauszufinden, ob das eigene Leben, die eigene Erfüllung am Abstellgleis steht und wo Potential nicht gelebt wird.

Die Muster der Eltern und die übernommenen Glaubenssätze gehören aufgelöst durch Bewusstheit und energetische Arbeit.

Ganz essentiell ist das Spüren des eigenen Wertes, der eigenen Maßstäbe und der eigenen Selbstwirksamkeit.

Das Erarbeiten der Erfüllung im Leben durch möglichst viele andere Quellen als durch einen Mann ändert die Bedürftigkeit sofort.

Aber das Entscheidende ist, zu erkennen, dass das Gefühl der Abhängigkeit aus alten Gewohnheiten entsteht und der Mann immer nur eine Lupe ist, die uns auf innere Wunden, Schwächen und Unsicherheiten hinweist, die wir uns ansehen und transformieren können.

Zu lernen, sich mit sich selbst gut und vollständig zu fühlen, führt zur Heilung.

Zu erkennen, was man wirklich will und sich dafür einzusetzen, seine Grenze zu ziehen, wo man nicht wertgeschätzt wird und **den Kampf um Liebe und Anerkennung aufzugeben, führt zur Freiheit.**

Geliebt zu werden braucht keine Leistung und keine Anstrengung.

Man darf Bewunderung und Anerkennung nicht mit Liebe verwechseln.

Wenn sich die bedürftige Frau auf anderen Ebenen Anerkennung holen und selbst geben kann, macht sie sich unabhängig und wird frei.

Typ 3 – Die Benützerin

Der Mann wird bei ihr zum Erfüllungsgehilfen. Er wird als Erzeuger, Vater, Versorger oder Gesellschafter benützt, immer, um irgendeine aktuelle Notwendigkeit zu erfüllen und irgendwo hinzugelangen.

Für´s Kind, für´s Ego, gegen Langweile, gegen Selbstwertprobleme, für die soziale Aufwertung, als Medizin, gegen Einsamkeit, für was auch immer.

Es geht hier nicht mehr um den Mann, sondern nur um das, was er als Ergebnis liefert und welchen Zweck er erfüllt.

Das Ziel heiligt für die Frau die Mittel.

Besonderes Merkmal: Sie kriegt das, was sie will und unterdrückt hervorragend ihre tiefen Sehnsüchte und Gefühle. Alles wirkt ein wenig kühl um sie. Sie trifft mit Vorliebe auf Männer, die alles für sie tun wollen, aber die sie nicht wirklich will.

! Woran erkennen wir uns in diesem Typ?

- ✪ Eigentlich geht er uns auf die Nerven, aber wir brauchen ihn, um zu..
- ✪ Würde er uns nicht zu XY verhelfen, würden wir ihn nie zum Partner nehmen
- ✪ Wir haben ihn gewählt, weil er XY kann oder für uns macht
- ✪ Ohne ihn wären unsere Lebensziele nicht erreichbar
- ✪ Wir dulden ihn, weil er uns etwas ermöglicht, aber die wahre Liebe spüren wir nicht
- ✪ Wir ahnen, dass wir ihn nicht wirklich lieben, aber es passt halt so gut
- ✪ Die Umstände zwingen uns quasi, wir haben keine Wahl
- ✪ Wir sehnen uns tief drinnen nach etwas anderem

Die Lösung: Das ehrliche Hinsehen, wo unsere wahren Wünsche liegen und was unser Herz sagt. Erkennen, wo wir Menschen nur gebrauchen und sofort damit aufhören. Da, wo es möglich ist, mit diesem Mann doch noch eine wahre Verbindung aufbauen. Nach Wegen suchen, die Ergebnisse zu erreichen, ohne jemanden dafür zu „gebrauchen“, eine Kooperation wo es geht, bewusst eingehen, sich eingestehen, wofür man etwas tut und Wege finden, die für alle erkennbar sind und bewusst gewählt werden.

Zuwendung und Beziehung nicht wie eine Ware oder einen Tauschhandel betrachten. Lernen, auch alleine diese Dinge umzusetzen oder zu meistern. Sich Hilfe dafür auf anderem Weg suchen. Eine Beziehung zu einem Mann nicht mehr mit einem Zweck verbinden.

Typ 4 - die zickige Verhärmte

Sie wurde oft verletzt und verarscht und jetzt hat sie mit den Männern abgeschlossen. Die sind alle Schweine und sie das Opfer. Sie ist die Männerhasserin.

An sie kommt keiner heran, außer er hält es aus, ständig kritisiert, provoziert, verachtet oder geschnitten zu werden. Sie ist unberechenbar, denn sie will sich nie wieder einem Mann ausliefern. Sie kann flirten und spielen, wenn sie will, aber letztlich will sie ihn von sich fern halten oder es ihm heimzahlen. Die Rache am Mann ist ihr Grundprogramm sie das immerwährende Opfer, das jetzt Wiedergutmachung verdient hat.

Er muss ihr ständig beweisen, dass er doch kein Arschloch ist. Sie ist in permanenter Forderung von irgendwas, schließlich hat sie das verdient. Und er die stetige Strafe.

Besonderes Merkmal: Sie ist mit sich allein vollständig und braucht keinen Mann, behauptet sie öfters. Mit Männern gerät sie oft in leicht aggressive Situationen. Sie hat verhärtete Züge im Gesicht, Fältchen um Lippen und Nase oder oft trockene Haut. Sie trifft mit Vorliebe auf extreme Männer, entweder totale Machos oder solche, die in ihren Augen ein Loser sind.

! Woran erkennen wir uns in diesem Typ?

- ✪ Wir fordern dauernd von ihm
- ✪ Er kann nie genug tun
- ✪ Wir wittern immer Betrug und niedere Motive
- ✪ Wir sind garstig und zickig

- ✪ Wir fühlen uns im Recht
- ✪ Er geht uns auf die Nerven oder wir sind wütend
- ✪ Wir hoffen ganz tief drin, er beweist sich noch als der edle Ritter
- ✪ Wir warten aber tief drin auch ständig, dass er sich verrät
- ✪ Wir lassen kein gutes Haar am Mann
- ✪ Er muss erst beweisen, ob wir ihm vertrauen können, und das immer wieder und ständig
- ✪ Wir glauben, wir können sehr gut ohne Mann
- ✪ Allein finden wir es besser
- ✪ Sowas wie einst, bevor wir verletzt wurden, kann es nie wieder geben
- ✪ Wenn wir uns fallen lassen, werden wir wieder enttäuscht

Lösung: Ihre Schutzmechanismen erkennen und die alten Schmerzen, die ihre unterschwellige Aggression bewirken, aufarbeiten. Weichheit als Stärke betrachten, in ihre Sicherheit kommen, indem sie sich selbst lieben und vertrauen lernt. Schlechte Erfahrungen analysieren und auflösen. Vertrauen ins Leben und die Männer neu entwickeln. Rache und Bestrafung als ungesunde Dynamik begreifen, die nur ihr selbst schadet. Intensive Selbstwert-Arbeit. Klärung der Identität und der Lebenserfüllung in allen Lebensbereichen.

Typ 5 - Das unschuldige Reh, das gerettet werden muss

Sie ist das hilfesuchende, unschuldige Reh, das gerettet werden muss. Mit großen Augen und Schmollmund jagt sie eine Katastrophe nach der anderen, das Pech verfolgt sie oder sie ist selbst einfach schwach und nicht lebensfähig und der Mann muss sie retten, beschützen und vor dem Untergang bewahren.

Besonderes Merkmal: Der arme Mann gibt sein letztes Hemd, seinen letzten Nerv und alle Kraft, aber sie hält ihn hin und lullt ihn immer wieder ein mit ihrer unschuldigen Hilfsbedürftigkeit. Sogar, wenn sie als durchtriebenes Biest auftritt, schafft sie es doch immer wieder, sich letztlich als armes Opfer des Schicksals hinzustellen und in ihrer Verzweiflung den Beschützerinstinkt in ihm zu wecken.

Sie will ihn nicht nahe kommen lassen. Ihre Macht und Befriedigung erlebt sie, indem alle für sie machen und tun. In sich kämpft sie mit dem Gefühl, nicht zu genügen und in dieser Welt nie das zu bekommen, was sie sich tief drin ersehnt. Kein Mann kann das erfüllen. Das Spiel, das sie spielt, erschöpft alle, auch sie selbst und endet immer wieder in Dramen.

! Woran erkennen wir uns in diesem Typ?

- ✪ Wir trauen uns selbst nichts zu und wollen immer von einem Mann gestützt, beschützt oder gerettet werden
- ✪ Wir fühlen uns schwach und klein und hoffen mit einem kindlichen Gefühl auf Rettung
- ✪ Wir wollen den starken Mann, aber immer kommen nur die Weicheier, die alles für uns tun und uns nerven
- ✪ Wenn uns jemand gut behandelt, fühlen wir Einengung
- ✪ Wir lassen uns schlecht behandeln oder misshandeln
- ✪ Wir bleiben in Beziehungen, die uns nicht gut tun oder schaden
- ✪ Wir stecken in schwierigen Lebenssituationen fest, in die wir Männer mit hineinziehen
- ✪ Wir stecken immer in einem Dilemma oder Drama
- ✪ Wir können alleine nicht raus aus etwas
- ✪ Wir warten auf den Ritter

Lösung: therapeutische Bearbeitung tiefer Verwundungen und der unerfüllten Bedürfnisse der Kindheit. Anerkennen, dass das Gefühl, nie das zu bekommen, was wir wollen, tief in unserer Vergangenheit liegt und wir aus dem Muster ausbrechen können. Selbstwirksamkeit und Selbstwert lernen, trainieren und fördern. Alte Überzeugungen über uns transformieren. Durch TUN – im Sinne – neue Verhaltensweisen im Leben ausprobieren, eine Veränderung einleiten.

Typ 6 - Die Mutti

Sie sorgt sich so gerne um andere, kocht, umhegt und kümmert sich. Sie blüht auf, wenn sie andere „betutteln“ kann. Da spürt sie sich. An ihrer Seite sind verschiedene Männertypen, aber vor allem jene, die sich von ihr umsorgen lassen. Die gerne gut essen, es wohlig warm haben und der Sex auch mal Nebensache sein kann.

Besonderes Merkmal: Sie ist oft (wissend oder unwissend) die Frau neben einer Geliebten. Sie nimmt es hin oder merkt es nicht. Mit Essen, Haushalt, Kinderpflege und Sorge um andere wird alles gut zugedeckt.

Sie hat meistens irgendetwas Mütterliches an sich: große Oberweite, weiche, dicke Schenkel oder Oberarme, die Kleidung oder die Rolle der braven Sorgenvollen.

! Woran erkennen wir uns in diesem Typ?

- Wir möchten ihn mit unserer Sorge einlullen und im wahrsten Sinne weich-kochen
- Wir sind brav, lieb, umsorgend, angepasst und verdrängen, dass da was fehlt oder nicht stimmt
- Wir baden uns im Gefühl unserer Mütterlichkeit und verleugnen unsere sexy Seite, die ganz was Anderes leben will
- Unser Fokus liegt auf den anderen
- Wir tun alles für Ihn, ihm zu dienen, das befriedigt uns (scheinbar)
- Sex, so wie wir ihn gerne hätten oder mal gehabt hätten, den haben wir für uns abgehakt
- Wir blühen auf, wenn die anderen dankbar sind

Die Lösung: Den Fokus auf sich und das Frau Sein wieder entdecken und zulassen, Bedürfnisse wieder spüren, die Komfortzone verlassen und sich in anderen Rollen fordern, Erfüllung in anderen Dingen finden, als im Sorgen und Dienen. Einfordern lernen. Nehmen und Empfangen wieder üben.

Sport, Sex, Ausgehen, sich bedienen lassen als Gegenprogramm. Ein wenig Testosteron statt Östrogen ins Leben bringen!

Typ 7 - Der Kumpel

Sie ist immer die gute Freundin, mit ihr kann man Pferde stehlen, sie hat Verständnis für alles und lässt sich aufs Nebengleis stellen oder ist die Nr.1 – aber ohne Sex und Begierde. Um sie wird nicht gebuhlt. Sie gibt sich einfach so lässig, verständnisvoll und hat viele männliche Attribute. Mit ihr kann man Fußball schauen und Bier trinken. Über alles reden und sie mal so richtig herzhaft drücken. Man fühlt sich sauwohl mit ihr.

Die Männer mögen sie. Immer. Aber sie wird nicht verehrt oder begehrt.

Besonderes Merkmal: Sie muss sich immer den Liebeskummer anhören, ist aber nie der Grund dazu.

! Woran erkennen wir uns in diesem Typ?

- ✪ Wir bringen immer Verständnis auf
- ✪ Wir sind so eine gute Zuhörerin
- ✪ Wir gehen an Männer heran mit dem Gefühl, er wird sich schon in mich verlieben, wenn ich nur genug für ihn da bin
- ✪ Wir schmachten, hoffen, sind verfügbar, aber nicht gewollt
- ✪ Wir sind kumpelhaft und männlich, um mit ihm zusammen zu sein
- ✪ Wir tun so, als ob wir drüber stehen und nichts wollen

Die Lösung: Lernen, in das Gefühl der Nr.1 und Königin zu gehen – Weiblichkeitstraining (siehe die Wege zum unwiderstehlichen Frausein). Weg von alten Mustern, die im Hoffen stecken bleiben. Rein in die Weiblichkeit und ins Umworben werden. Raus aus dem kumpelhaften Verhalten. Kein asexueller Look mehr. Grenzen setzen bei Männern, die den Kumpel in ihr fördern. Die Frau in sich verstärken, Weibchen sein lernen, sich von Männern wollen lassen und nicht in das freundschaftliche, aktive Tun gehen. Freundschaften nur mit jenen, die sie wirklich nicht will.

***

Natürlich gibt es hier viele Mischformen und abgeschwächte Versionen und in der einen oder anderen wirst du dich wieder finden.

Es gibt noch andere Typen. Hier habe ich jene aufgezählt, die sich mit Beziehungen extrem schwer tun.

Jeder Typ entsteht aus Erlebnissen in der Vergangenheit und dem nicht geglückten Versuch, verletzende Erfahrungen zu lösen oder dem Mangel an funktionierenden Lebensmodellen.

Der wichtigste Schritt ist immer die Erkenntnis und die Entscheidung aus diesem alten Verhalten und Muster auszusteigen!

Wenn du die Übungen in diesem Buch durcharbeitest, dich erkennst und in dein Frausein gehst, dann kannst du diese alten Verhaltensmuster sehr gut erkennen und auflösen. Weil du es willst, weil du es jetzt besser weißt und weil du die Erklärung hast, warum du dich bisher so verhalten hast.

Steig aus und werde zu der Frau, die du sein willst!

Werde zu seiner Nr. 1 und zu einer Königin!

Du kannst es!

Fang sofort damit an.

♥

Die Lady

Seine Nr. 1 zu sein, ist für mich Voraussetzung. Ich bin eine Königin, wer das nicht sieht, ist der Falsche!

Männer sind....

Vervollständige mal spontan diesen Satz!

Und dann sieh genauer hin.

Gehe ehrlich in dich, was es tief drinnen in Dir über Männer denkt.

Was es denkt?

Ja. Es. Denn Du bist nicht das, was Du denkst. Du hast deine Gedanken. Du bestimmst sie.

Oder denken sie dich?

Ich wollte dich mit Absicht kurz verwirren. Denn deine Sichtweisen und eingefahrenen Denkweisen über dich, das Leben und die Männer zu verwirren und damit aufzurütteln, das ist unter anderem Ziel dieses Buches.

Männer sind.....

Was dachtest Du?

Dieser Filter beschert dir nämlich genau das, was du im Außen wahrnimmst!

Es ist wie der tote Winkel beim Autofahren: Das Auto, das dich überholt, ist da, aber in einem bestimmten Bereich kannst du es nicht sehen.

Du nimmst es nicht wahr, obwohl es da ist.

So ist das mit den liebevollen, beziehungstauglichen, starken, unterstützenden, wundervollen Männern....wenn dein Filter sagt, Männer sind Schweine, dann bleibt der gute Mann im toten Winkel und du siehst ihn nicht.

Er kann einen Meter neben dir stehen – du wirst ihn nicht sehen.

Unsere alten Verletzungen und Erfahrungen sind eine Projektion. Wir werfen den alten Film auf den Mann und sehen das Kinoprogramm, das wir in unserem Gehirn eingeschalten haben. Der Mann vor uns hat gar keine Chance, sich uns anders zu zeigen.

Damit provozieren wir dann aber auch ein gewisses Verhalten.

Als Erstes musst du also dieses Bild aufweichen und verändern, damit du etwas anderes wahrnehmen kannst!

Danach dürfen deine alten Verhärtungen und Verletzungen aufweichen.

Sie sind da, aber sie dürfen weich und flexibel werden, statt hart und schmerzvoll. Lass diese neue Sichtweise, dieses neue Gefühl einfach einmal zu.

TIPP:

- ♥ Achte einmal auf Männer und Typen, die du bisher nicht gesehen hast
- ♥ Gib jedem Mann eine Chance, sich dir neu zu zeigen, frei von deinen Projektionen und Erwartungen. Gehe offen auf ihn zu und staune, was kommt. Erwarte einmal nur Positives!

Das Bild eines gebrochenen Herzens ist leider sehr ungünstig. Das suggeriert uns nämlich unheilbare Narben und Brüche.

Ein Herz kann wehtun, jedoch ist dieser Schmerz immer eine Interpretation.

Eine Sichtweise.

Wir können uns hineinsteigern oder aussteigen.

Es ist Gedankendisziplin.

Wenn wir mit unseren alten Glaubensmustern und damit unserer alten Brille umherlaufen, dann lassen wir uns manchmal zu schnell auf falsche Partner ein.

Wir lassen Vieles zu, das uns eigentlich missfällt und **übersehen die Warnzeichen**, die wir von Beginn an erhalten haben.

Wir suchen das Glück an der falschen Stelle, bei jenen Partnern und auf jene Weise, die uns immer wieder zu den gleichen Problemen führen. **Wir haben unseren Instinkt verloren und folgen einem Autopiloten** in uns, weil wir wie kleine Kinder mit offenen Wunden nach Heilung und Wiedergutmachung suchen.

Wenn wir uns unserer Muster nicht im Klaren sind, nicht wissen, was uns im tiefsten Inneren antreibt, dann lassen wir uns davon führen und scheinen dem Leben und den Umständen einfach ausgeliefert zu sein. Dann denken wir, Glück, Pech oder Zufall wären die Kontrollinstanzen in unserem Leben.

Wir geben uns mit Beziehungen zufrieden, die nicht zu uns passen. Wir verlieben uns in Männer, die uns schlecht behandeln oder die uns nicht gut tun. Wir werden abhängig und glauben, etwas leisten zu müssen, um geliebt zu werden. **Wir hören die Alarmglocken, aber ignorieren sie.**

Wir sind nicht schwach, liebe Damen. Wenn du dich darin wieder erkennst, entspanne dich. Mit dir ist alles in Ordnung, dir hat nur keiner gesagt, warum du so handelst und was in dir abläuft. Unsere alten Glaubenssätze der Kindheit, alles was man uns an Identität übergestülpt hat, das hast du bisher geglaubt und dachtest, das wärst du und dein Leben.

Aber das bist nicht DU! Du hast die Chance, auszusteigen, in dem Du eine Wahl triffst! Jetzt!

> ***Ich habe eine Nachricht für dich. Du bestimmst, wer du bist und wie dein Liebesleben aussieht.***

Du darfst jetzt das Steuer wieder in die Hand nehmen, du musst dich kennen lernen und wissen, was du wirklich im Leben willst und wer du sein willst. Du kannst dich überall hin entwickeln und du kannst dich verändern. Zu der Person, die du sein willst.

Glaube nicht die Lügen, dass man sich nicht ändern kann.

Ja, wir haben bestimmte Charakterzüge, die tief in uns angelegt sind. Aber wir können an ihnen arbeiten, sie zu Stärken transformieren und unsere Schwächen nützen, wenn wir sie anders einsetzen. Vor allem können wir kontrollieren, wie wir mit alldem umgehen und uns nicht davon blind kontrollieren lassen.

Dein Geist ist ein unglaubliches Machtinstrument. Verwende es ab jetzt für dich statt gegen dich.

Du hast den wunderbarsten, liebevollsten Partner verdient. Eine erfüllte, sich entwickelnde, tragfähige Beziehung darfst auch du haben. Indem du deine alten Muster aufdeckst, hinterfragst und stattdessen neue entwickelst, die dir nützen.

Bisher haben deine alten Muster deine Männer ausgesucht.

Ab sofort dürfen andere Muster diese Wahl treffen. Dein neues Ich sucht jetzt anders aus und dein Instinkt wird ernst genommen, wenn dein Bauch mit einem Ziehen längst schreit „Das ist der Falsche“.

Dein Instinkt ist ein untrügliches Navigations- und Kontrollsystem. Hör´auf das Ziehen im Bauch, die innere Stimme und nimm es ernst. Beobachte es, nimm DICH ernst. Sei ganz Frau. Nütze diese Gabe. Vertrau dir selbst!

Ignoriere nie wieder dein inneres Nein, das sagt „Da stimmt was nicht“!

Der nächste kommt bestimmt. Vertrau darauf. Und der passende kommt. Umso schneller, je mehr du von den Falschen ablässt!

Falsche Lösungsstrategien

Wir Menschen verhalten uns oft sehr unlogisch. Das kommt meistens daher, dass uns Vieles, das unser Verhalten bestimmt, nicht richtig bewusst ist. Problematisch wird es dann, wenn wir irgendwann eine Strategie entwickelt haben, um aus unangenehmen Situationen herauszukommen oder um das Gewünschte zu erreichen, die für eine Beziehung völlig ungeeignet sind.

Peter, 35, ein Klient, hatte Beziehungen bisher durch Streit und Konflikte geprägt erlebt. Weder er noch seine Partnerinnen waren zu einem konstruktiven Streit fähig. Es war eher ein Machtkampf, in dem jeder seine Bedürfnisse und Regeln durchsetzen wollte, in der Meinung, nur wer sich auf eine bestimmte Art und Weise verhielt, beweise damit seine Liebe.

Dies endete jedes Mal in schmerzhaften Trennungen.

Peters neue Strategie sah daher so aus, dass er nur noch Partnerinnen wollte, die nicht streiten. Er hatte die fixe Vorstellung, dass eine Beziehung nur dann Aussicht auf Erfolg hat, wenn von Anfang an alles problemlos, glatt und harmonisch verläuft.

Bisher fühlt er sich mit dieser Strategie zwar wohler und scheint für sich die beste Lösung gefunden zu haben, nur hält jede seiner Bekanntschaften maximal ein paar Wochen. Dann kommt es zwingend zu einem Konflikt, den er aber verabscheut. So ist er seit drei Jahren vergeblich auf der Suche nach der Richtigen mit der eine endlose, perfekte Harmonie möglich ist.

Leider ist Peters Lösungsstrategie absolut beziehungsfeindlich. Es ist natürlich zu verstehen, dass er nicht mehr streiten möchte. Der richtige Weg wäre aber, zu verstehen, welche Glaubenssätze, Schutzmechanismen und Filter er mit sich herumträgt, die dazu führen, dass er keine Streitkultur aufbauen kann.

Er kann dadurch auch herausfinden, warum er letztlich vor einer gelingenden, andauernden Beziehung davonläuft.

Jede seiner Verhaltensweisen führte zum vorzeitigen Ende einer Beziehung und ist damit nur das Symptom oder besser, das Mittel zum Zweck.

Das Streitthema dient nur dazu, eine Beziehung vorzeitig zu torpedieren. Peter läuft vor wahrer Nähe und Bindung davon. Es lohnt sich hierhin zu schauen, was diese Angst in ihm auslöst, um sie zu transformieren.

Wir neigen alle dazu, bei bestimmten Ergebnissen nach den Ursachen dafür zu suchen. Wenn wir meinen, einen Grund für etwas gefunden zu haben, halten wir daran fest, obwohl wir sehr oft ganz falsch liegen.

Wir suchen nach den Gründen, warum etwas funktioniert oder nicht. Dann koppeln wir jene Ursachen, die wir für die Auslöser halten, an das Ergebnis. Damit können wir aber total falsch liegen und wenden etwas an, das uns eigentlich gar nicht das gewünschte Ergebnis gebracht hat.

Ich kann dir versichern, Vieles, was du bisher erlebt hast, wurde von dir falsch interpretiert. Die Schlüsse, die du daraus gezogen hast, könnten ein großer Irrtum sein.

Nehmen wir **Petra, eine Klientin**, die zwanzig Kilo abgenommen und dann einen Partner gefunden hatte. Sie dachte, ihre Gewichtsabnahme und ihr körperlicher Zustand hätten das bewirkt.

Wahrscheinlich war es aber etwas völlig anderes. Nämlich die Tatsache, dass sie, um weniger zu essen, sich mit ihren Interessen beschäftigt hatte und damit viel erfüllter geworden ist. Damit kam sie sich selbst wieder näher und strahlte jetzt mehr aus, wer sie wirklich ist.

Um endlich abzunehmen, hatte sie ein Seminar besucht, das ihr klar machte, wo ihre Werte und ihre Bedürfnisse liegen, die sie jetzt endlich klar und frei nach außen kommunizieren kann.

Ihr neuer Freund legt keinen Wert auf eine besonders schlanke Figur. Er hätte sie auch mit mehr Kilos toll gefunden.

Jetzt gibt es nur ein Problem: Wenn Sie bei der Annahme bleibt, ihre Figur wäre der Grund, dann setzt sie sich sehr unter Druck, weil sie ihre Beziehung an ihre Körpermaße bindet. Sollte sie jemals wieder zunehmen, würde sie große Ängste entwickeln, den Partner wieder zu verlieren. Missverständnisse sind vorprogrammiert.

Wenn ihr neuer Partner einmal etwas Falsches über ihre Figur sagt, das er gar nicht negativ meint, fühlt sie sich bedroht.

Eine andere Klientin, **Anna,** kam mit dem Wunsch nach einer Beziehung zu mir. Sie erzählte mir, sie würde zwar immer wieder jemanden kennen lernen, aber nach einigen Wochen sehr enttäuscht werden. Sie wisse nicht, woran es lag, dass ihr keine Beziehung gelang und sie immer verlassen wurde.

Etwa drei Wochen später erzählte sie mir freudestrahlend, sie habe scheinbar endlich den richtigen Mann kennen gelernt und sei verliebt wie noch nie. Alles sei nur himmlisch und harmonisch. Sie glaube, erklärte sie mir, es habe diesmal nur deshalb geklappt, weil sie so mit sich selbst zufrieden gewesen wäre, sie habe in letzter Zeit so viel am Thema Selbstliebe gearbeitet. Weil sie sich jetzt so sehr selbst liebe, würde dieser Mann auch endlich bleiben.

Beim genaueren Hinsehen entpuppt sich diese Erklärung, die sie sich zurechtlegte, aber als ein Irrtum. Warum?

Natürlich sollst du mit dir zufrieden sein und gut mit dir alleine sein konnen, das ist aber meiner Meinung nicht, wie von so vielen behauptet, die Voraussetzung für eine Beziehung. Es gibt unzählige Beispiele von Menschen, die jemanden kennen lernten, als sie mit sich gerade gar nicht zufrieden waren. Außerdem wirst du auch innerhalb einer Beziehung immer wieder an den Punkt kommen, wo du mit dir selbst haderst, dich entwickeln musst und dich unrund fühlst.

Ich möchte dir an dieser Stelle eines gleich vorweg mitgeben. Entspann dich! Du musst nicht perfekt sein, um einen Partner zu finden. Du musst auch nicht zufrieden mit dir sein. Alles, was du solltest, ist, dich zu kennen. Zumindest besser als bisher. Das wirst du, wenn du dieses Buch durchgearbeitet hast, versprochen.

Zurück zu Anna. Aus meinen weiteren Gesprächen mit ihr konnte ich einen anderen Grund entdecken, warum sie diesmal jemanden kennen gelernt hatte, mit dem es scheinbar eine Zukunft geben könnte.

Sie hatte ihre bisherigen, sturen Regeln, was ein Mann zu sein und zu bieten hatte, über Bord geworfen. Ihre extrem strengen Begrenzungen wurden aufgelockert und dadurch bekam dieser Mann, der zu Beginn nicht ihren Vorstellungen entsprach, eine Chance. Sie ging an ihn diesmal ohne jenen überzogenen Erwartungen heran, wie sie es sonst getan hatte.

Ihre Erklärung für sich selbst, sie wäre jetzt so zufrieden mit sich, deshalb habe sie ihn kennen gelernt, birgt eine Gefahr: Spätestens, wenn sie einmal nicht mehr zufrieden mit sich ist in dieser Beziehung, könnte sie Probleme bekommen. Denn Anna ist jemand, der sich gegenüber viel zu hart agiert und eigene Schwächen nicht akzeptieren kann.

Sie denkt, nur wenn sie zufrieden mit sich ist, dann hat sie eine Chance auf Beziehung. Sie wird aber früher oder später einmal nicht zufrieden sein, was dann? Dann wird sie es mit aller Gewalt abzustellen versuchen und das wird ihre Beziehung belasten. Eine Beziehung muss auch Schwäche zulassen können und Raum für alle Phasen geben, die man als Mensch ganz natürlich durchmacht.

Für einen Moment glaubt sie, das im Griff zu haben und sich total kontrollieren zu können, aber das kann sie nicht ewig durchhalten, wenn sie Nähe in dieser Beziehung aufbaut.

Ich begann sofort, mit ihr an diesen Überzeugungen zu arbeiten und sich ihrer selbst mehr bewusst zu werden. **Die Härte sich selbst gegenüber überträgt sie sonst später auch auf den Partner, der unter dem strengen Leistungsdruck, den sie jedes Mal erhebt, irgendwann erschöpft zusammenbricht und das Weite sucht. Durch ihre Fixierung, die Beste zu sein, verhungert ein Partner emotional neben ihr. Es ist einfach zu anstrengend und man fühlt sich mit ihr nicht wohl.**

Der Anspruch, Alles richtig zu machen, perfekt zu sein, keine Schwächen zeigen zu dürfen, treibt uns alle in eine große Falle: Wir landen in Kurzzeitbeziehungen. Denn wir können die perfekte Fassade nur eine Zeitlang aufrechterhalten. Dann muss der nächste neue Partner her, um von neuem ein perfektes Schauspiel abziehen zu können.

Tipps und Tricks, wie wir perfekt in Beziehungen funktionieren sollen, sind daher mit Vorsicht zu genießen. Sie machen keinen Sinn, wenn wir uns selbst nicht kennen und nicht authentisch in eine langfristige Partnerschaft gehen können. Sie werden uns um die Ohren fliegen, wenn wir uns verstellen und etwas manipulieren wollen.

Anna konnte schließlich erkennen, dass ihre neue, offenere Einstellung zur Perfektion der Grund dafür war, dass es diesmal zu klappen schien.

Wenn es länger mit dem Thema Beziehung nicht funktioniert, git es noch eine weitere Strategie, die viele Frauen gerne anwenden, um sich besser zu fühlen.

Resignation.

Als Schutz vor weiterer Enttäuschung wird einfach zugemacht und aufgegeben.

Kennst du das? Vielleicht aus einer Phase? Dass du dir eingeredet hast, du würdest keine Beziehung mehr brauchen, keine wollen oder du würdest dich gut damit fühlen, für immer alleine zu bleiben?

Glaube mir, es ist keine gute Lösung. Es ist Selbstbetrug. Deine tiefsten Herzenswünsche kannst du nur schwer unterdrücken und sie werden immer wieder wie Unkraut aus dem Boden wachsen.

Stehe also zu deinen Wünschen und mache keine Strategie zur letztgültigen Wahrheit. Wir entwickeln uns ständig weiter. Allzu dogmatische Glaubenssätze sollten wir immer hinterfragen.

Lass dein Herz Liebe wollen. Das ist ganz normal.

Und weisst Du was?

Du darfst es haben.

Liebe, einen Mann und alles, was dazu gehört!

Woher weiß ich, dass Er der Richtige ist?

Wir Frauen neigen dazu, uns Männer schönzureden, wenn wir unbedingt eine Beziehung wollen oder er extrem gut aussieht.

Wir verklären vieles, um endlich am Ziel zu sein und weil es sich so gut anfühlt, sich zu verlieben. Da sitzt dieser Typ vor uns und wir fühlen ganz genau dieses ungute Ziehen im Bauch, aber wir ignorieren es eisern. Er sieht so gut aus und eigentlich stimmt ja alles und er überschlägt sich an Begeisterung für uns. Das tut so gut, das kann nicht falsch sein.

Dass es mit ihm immer etwas schwierig ist und er sich nie meldet, wenn er es sagt, falls er überhaupt etwas dazu sagt, das nehmen wir still in Kauf. Wir starren ständig auf unser Handy, weil wir auf eine Nachricht warten und wir spüren wieder diese Anspannung, ob er uns denn wirklich will. Wie gut kennen wir das von den anderen Malen. Es wird beiseitegeschoben, weil wir uns ausgehungert fühlen oder denken, so ein toller Hecht kommt nie wieder.

Man darf ja nicht so schwierig sein und muss das locker nehmen. Frau hat ja jetzt an sich gearbeitet und weiß, wer sie ist, dann kann sie mit so einem Mann umgehen. Er wird es schon lernen und schließlich wird man mit ihm seine Bedürfnisse ja noch klären. Dann wird er sicher öfter anrufen.

Liebe Damen, rennt so schnell ihr könnt und hört auf, euch Mist einzureden.

Eines ist klar:

Wenn es schwierig läuft wie ein zäher Kuchenteig, wenn er bockt, sich ziert, distanziert ist oder sich nicht um dich bemüht und wenn dein Bauch Alarm schlägt, dann hat das einen Grund. Selbst wenn Mr. Universum vor dir sitzt, aber dein Gefühl dir sagt, dass da was nicht stimmt, dann musst du, auch wenn es noch so schwer fällt, diesem Gefühl und dir selbst endlich vertrauen und die Konsequenzen ziehen!

Es wird ein anderer kommen. Einer der dich glücklich macht! Das ist es, was du willst. Du willst frei, leicht und klar sein mit ihm, du willst Kribbeln und Aufregung, aber keine Dauerspannung und Magenschmerzen. Du willst Erfüllung und keine emotionale Abhängigkeit.

Also – höre auf die Signale und widme dich dem, was leicht geht, was sich gut und richtig anfühlt, das flutscht und dich gut fühlen lässt. Achte auf den Mann, der DA ist und hechle nicht dem hinterher, der wegrennt und eigentlich NIE richtig DA ist.

Aber auch das wird sich ändern, wenn du anhand der Übungen und Erkenntnisse aus dem Buch deine emotionale Ausgangslage völlig verändert hast. Dann wirst du nicht mehr anfällig für die Beziehungsflüchter. Du ziehst automatisch andere Männer an.

Ein Mann, der dich wirklich will, das ist vielleicht noch ungewohnt für dich. Das kennst du nicht. Öffne dich dem ungewohnten Gefühl, halte es aus und gib dir Zeit. Nähe, wenn du sie nicht kennst, kann dich im ersten Moment ein wenig erschrecken, bis sie sich dann zu einem unerschöpflichen Quell von Liebe und Entwicklung entpuppt. Trau dich!

Der Mann, der wirklich zu Dir passt, der ist vielleicht nicht Der, den du bisher gesehen hast, nicht DER TYP, auf den du immer reingekippt bist. Gib jenem eine Chance, der auf den ersten Blick nicht deine „ganze Liste" erfüllt.

Achte ab jetzt einmal auf Männer, die deine Werte und Bedürfnisse erfüllen und nicht den Katalog falscher Eitelkeiten oder alte Muster!

Ich weiß, das alles ist nicht so einfach und du veränderst dich gerade. Folgende Fragen und die magischen Punkte helfen dir,

IHN zu erkennen:

- ♥ Wie fühlst du dich mit ihm? Achte darauf, wie es dir mit ihm geht. Mit dem Richtigen fühlst du dich grundsätzlich gut. Bist du angespannt oder aufgeregt, fühlst du dich schön und selbstbewusst oder zweifelnd und unsicher? Was er in dir auslöst, sagt mehr über IHN aus als seine Worte.
- ♥ Wer wirst du an seiner Seite? Eine Königin oder ein Nervenbündel?
- ♥ Wie behandelt er dich?
- ♥ Umwirbt er dich?
- ♥ Schiebt er dich in die Warteposition oder blühst du auf?
- ♥ Fühlst du Magenspannen, Unruhe, bist verkrampft und willst gefallen?
- ♥ Oder bist du bei ihm entspannt, fühlst dich als Frau und genießt es?
- ♥ Tut er etwas für dich? Bemüht er sich um dich?
- ♥ Investiert er Zeit oder Geld?
- ♥ Benimmt er sich gut und angenehm?
- ♥ Akzeptiert er keinen Sex?
- ♥ Hilft er dir?
- ♥ Stimmen sein Grundwerte und Einstellungen?

- Wie geht er mit Personal und anderen Menschen um?
- Was hält er von Bindung und Treue?
- Was hat er bisher gemacht im Leben?
- Ist er zwischen 40 und 50 Jahre alt und Junggeselle? War er bisher Nie gebunden? Wie begründet er das?
- Ist er in einer passenden Lebenssituation?
- Hat er Zeit und Kapazität, finanziell wie energetisch, eine erfüllte Beziehung zu leben?
- Ist er zeitweise unfreundlich, oder zeigt er komische Anzeichen?
- WAS SAGT DEIN INSTINKT?????
- Deine Innere Stimme?
- Ziehen im Bauch? Oder weit, weich und frei?
- Was verrät er über sich durch seine Erzählungen, seine Körpersprache und seine Aura? Was erzählt er Dir? Höre genau hin, was er dir von Beginn an erzählt. Was Männer sagen und von sich erzählen, überhören wir oft oder nehmen es nicht so ernst. Wir denken: bei mir wird er das nicht mehr machen, da wird sich das ändern. Nein, das wird es nicht. Männer haben interessanterweise den unerklärlichen Drang, schon beim ersten und zweiten Date sehr viel von sich preiszugeben. Achte darauf, du erhältst wichtige Hinweise. Wenn er dich zum Beispiel fragt, ob man auf einer Dating-Plattform bleibt, weil man immer noch was Besseres zu finden hofft, dann erkenne darin etwas, das er über sich selbst verrät!
- Die magischen Punkte
  - Es muss „flutschen“ und du nicht total angespannt sein
  - Er schaut dir in die Augen, er ist interessiert, er erzählt am Anfang vielleicht mehr von sich und ist sehr nervös, weil er dir gefallen will.
  - Der Richtige kümmert sich um ein Wiedersehen
  - Er schätzt dich, er behandelt dich wie eine Königin (Lässt er dich zum Beispiel in der Nacht an der Bushaltestelle stehen? Sowas darfst du nicht verzeihen und musst ihn ziehen lassen). Der Richtige beschützt dich. Und bringt dich sicher nach Hause oder

zum nächsten Taxi und sorgt dafür, dass du dort gut sitzt und wirft vielleicht sogar einen Blick auf den Fahrer.

- ♥ Er bringt dich zum Leuchten. Er lässt etwas in dir drin Strahlen und du möchtest mehr mit ihm erleben. Es tut sich eine Weite auf, ein Feld voller Möglichkeiten.
- ♥ Deine Intuition ist ruhig. Vielleicht gähnt sie sogar. Gut. Dein Bauch muss entspannt bleiben, ich rede nicht von der natürlichen Aufregung und dem angenehmen Kribbeln! Das darf sein. Höre auf deine Intuition und vertraue dir. Wenn du ganz ehrlich zu dir bist, dann spürst du dieses ungute Ziehen im Bauch, wenn er nicht der Mann für dich sein kann. Auch wenn es noch so schade ist, den heißen Typen in den Wind zu schießen. Hake es ab. Wenn dein Bauch angenehm aufgeregt oder einfach nur entspannt ist, dann gib ihm eine Chance.
- ♥ Seine Körpersprache ist dir zugewandt, er sucht leichte Berührungen, er will es dir recht machen
- ♥ Der passende, dich erfüllende Mann ist möglicherweise der, der auf den ersten Blick nicht die Bombe in dir platzen lässt und nicht deinem bisherigen Schema entspricht. Wenn viele der eben genannten Punkte stimmen und er nicht ganz schrecklich hässlich, unsympathisch und doof ist, bitte, gib ihm noch zwei Chancen. Nach dem dritten Treffen darfst du dann Nein sagen. Aber öffne dich auch einem Mann, der bisher keine Chancen bekommen hat.
- ♥ ER lässt sich nicht abwimmeln, er ist hartnäckig, er lässt dich auch mal in Ruhe, aber er kommt wieder, sanft, interessiert, kreativ, liebevoll….
- ♥ Du bist ruhig, weil du dich auf ihn verlassen kannst und er dir Sicherheit gibt
- ♥ Er merkt sich Kleinigkeiten…was du magst, was du erzählt hast
- ♥ Er sorgt dafür, dass er dich sieht

Wann ist eine Frau unwiderstehlich? Wenn sie blüht und glücklich ist.

Es gibt ein paar Zutaten, die eine Frau zu einem Magnet machen.

Sie ist dann automatisch anziehend für Männer und wird umworben, was ihr unglaublich gut tut, denn das liegt in unserem Erbe – das Empfangen unterstützender Energien.

Dein größtes und wichtigstes Ziel ist, glücklich zu sein und dich mit einem Mann so richtig gut zu fühlen.

Ein Mann, der dich nicht blühen und aufblühen lässt, das ist kein guter Mann für dich.

Damit Du überhaupt blühen kannst, musst Du zuerst die Bedingungen für dich schaffen, die das ermöglichen und den Mann, der dich glücklich machen kann, auch in dein Leben lassen.

Das bedeutet aber auch, dass alle Männer, die zu den schlechten Kerlen gehören, ab jetzt aussortiert werden!

Du wirst sehen, du wirst immer besser erkennen, wer es wert ist, deine Gunst zu erhalten, und woran du erkennst, wer dich blühen lässt.

Selbstliebe und Selbstwert

Was ist Selbstliebe? Und wie kannst Du deinen Selbstwert stärken?

Die Antworten werden dich überraschen. Weil sie im Grund genommen einfach sind. Aber keine Sorge, ich mache es mir hier als Autorin nicht zu einfach und werde dir alles an Tipps an die Hand geben, damit du dich in deiner Haut und mit dir selbst wieder so gut wie nur möglich fühlst.

Eines ist sehr wahrscheinlich: wenn du ungewollt schon länger Single bist, dann hat es da was mit deinem – nennen wir es – SELBST-GEFÜHL.

Eine Frau, die sich mit sich selbst rundum wohl fühlt, die hat eine magische Anziehungskraft auf Männer. Und zwar auf die guten Männer, die sich selbst mögen. Auf die anderen vielleicht auch, aber die werden nie mehr so stark in ihre Sphäre kommen, weil sie als Frau, wenn sie mit sich happy bist, einen unsichtbaren Schutzwall hast, der Idioten eher fern hält.

Wenn du mit Dir klar bist und ich gut fühlst, kannst du dich zudem viel besser abgrenzen, falls ungeeignete Exemplare deine Nähe suchen. Und du riechst die Unpassenden schon meterweit.

Also, lass uns beginnen!

Zuallererst sollst du eines verstehen:

Du bist vollkommen auf die Welt gekommen. Dein Grundwert als Person ist unantastbar gegeben. Egal wie danach deine Prägungen, Formungen und Erfahrungen ausgesehen haben, die dich zu dem Menschen gemacht haben, der du heute bist. Nichts davon konnte jemals diesen Grundwert ändern oder antasten.

DEIN WERT besteht seit deiner Geburt und ist unberührbar und unveränderbar.

Das lasse bitte einmal sickern.

Du musst nichts dafür tun, er kam mit dir zur Welt.

Du kannst an deinem Verhalten zweifeln, an deinen Überzeugungen, an deinen Erfahrungen, aber dein WERT hat damit nichts zu tun und bleibt immer bestehen.

Du darfst dich also ab sofort wertvoll fühlen, einfach so. Weil du da bist. Weil du ein Mensch bist. Weil du auf dieser Welt bist.

Leider wurde uns durch unsere Erziehung und unsere Erfahrungen oft ein Gefühl vermittelt, dass wir nicht wertvoll seien. Weil wir zu wenig Zuwendung, Wärme, Bestätigung oder Aufmerksamkeit bekommen haben oder weil wir kritisiert, misshandelt, eingeengt, begrenzt oder entwertet wurden.

Wir glauben dann, dass mit uns etwas nicht richtig sei, dass wir nicht genügen und dann entwickeln wir ein Gefühl der Unvollständigkeit, des Nicht Genügens, des „An mir fehlt etwas“.

Um das auszugleichen und doch die Liebe zu bekommen, die wir uns so sehr wünschen, strengen wir uns an. Wir tun alles, um doch noch gut genug zu sein. Meistens gelingt das nicht oder wir lernen, dass dann durch Anstrengung doch noch Liebe zu uns kommt, in Form von Anerkennung, Bestätigung und Zuwendung.

Aber da läuft etwas ganz arg falsch.

Denn das, was wir durch unsere Anstrengung und Anpassung „erkaufen“ wollen, das bringt uns keine echte Liebe. Es ist mehr wie ein Tauschhandel.

Denn echte Liebe, wie wir sie uns wünschen, die bekommen wir einfach so, weil wir da sind, weil wir WIR sind, wir müssen NICHTS dafür TUN.

Und so bleibt irgendwo tief drin ein Mangel und wir strengen uns weiter irgendwie an, ein Leben lang.

Es ist Zeit, dass du dieses Spiel und diesen Mechanismus durchschaust und ihn jetzt ablegst.

Du darfst einfach geliebt werden. Nur so. Ohne etwas zu tun.

Lehne dich zurück. Entspanne dich, lass dich lieben.

Sobald du die Anstrengung aufgibst und es zulässt, kann diese Art der Liebe auch zu dir kommen. Sie kann nicht zu Dir kommen, solange du dich anstrengst. Denn sie ist kein Tauschartikel.

Also. Ab jetzt lernst du, dass du wertvoll bist, einfach so, und Liebe bekommen darfst, einfach so.

Leider waren deine Eltern auch einmal ungeliebte Kinder und wussten es nicht besser.

Wir alle haben diese Mängel erfahren und es wird immer wieder passieren, weil wir Menschen nun mal nicht perfekt sind und Fehler machen. Das ist auch ok, solange wir nicht ewig mit falschen Interpretationen herumlaufen und diese Spirale weiter treiben.

Jetzt sage ich Dir eine bittere Wahrheit. Wie ein bitteres Kraut, das eine Magenkrankheit heilt. Es schmeckt scheußlich, aber danach wirst Du gesund.

Bereit?

- ! **Du musst es auch mal aushalten,**
- ! **..dass Du dich nicht geliebt fühlst**
- ! **..dass Dich jemand nicht will**
- ! **..dass Du keine weitere Sekunde darauf verschwendest, darum zu buhlen, nur um der Anerkennung willen, weil es deine Spannung lindert**

Die bittere Medizin geschluckt? Gut! Das wirkt jetzt.

Was dein Selbstwertgefühl sofort erhöht:

1. Deine Entscheidung, deinen Wert zu erkennen.
2. Das Gefühl einüben, dich als genügend zu fühlen. Dich immer wieder daran zu erinnern, dass du genug bist.
3. Deinen Wert zu schützen und dich nicht schlecht behandeln zu lassen
4. Das, was dich wertvoll fühlen lässt, vermehrt zu tun, zu denken, zu fühlen und das, was dich in deinem Wertgefühl schwächt, weniger zu tun, also herabsetzende Gedanken, Vergleiche, Kritik, Abwertung innen und außen sofort zu stoppen.
5. Bedingungen zu schaffen, die deinen Wert für dich verstärken: wie eine wertvolle Umgebung schaffen, dich selbst wie etwas Wertvolles behandeln.
6. Überlege dir, wie du dich wertvoller fühlen kannst. Wirf deinem Gehirn das richtige Stöckchen hin! Wie wertvoll kannst du für jemanden sein? Was bringst du ein als

Person, Mensch, Partner? Kannst du etwas davon weiter entwickeln?

7. Meditationen und tiefgehende, geführte Affimationen, die dich stärken und dir gut tun.

Damit kommen wir zum Punkt zwei. Deiner Selbstliebe.

Da ist viel verbreitet worden zu dem Thema, das ich hier etwas gerade richten möchte. Selbstliebe ist wichtig. Aber sind wir uns eigentlich einig, was das sein soll?

Ich gebe dir hier meine Definition davon. Du kannst sie beliebig ergänzen oder es anders sehen:

Selbstliebe ist:

Für sich zu sorgen, auf sich achten, sich pflegen und hegen, liebevoll mit sich umgehen, sich fordern, wenn es nötig ist, aber nicht überfordern, für seine Entwicklung sorgen, an sich arbeiten, aber gleichzeitig Unveränderbares liebevoll annehmen, seine Schatten kennen, sich selbst kennen, möglichst gut mit sich zurechtkommen, sich selbst da, wo es klappt, toll finden, da, wo es nicht klappt, einfach sein lassen, die Komfortzone verlassen, wenn es Zeit dafür ist, an sich arbeiten, wenn es uns nützt

Was Selbstliebe nicht ist:

Völlige Unabhängigkeit von anderen, nur sich selbst Erfüllung sein, niemanden mehr brauchen, nur sich selbst genügen, im Zustand des „Ich bin vollkommen ok" schwelgen und gar nicht mehr selbstkritisch sein, keine Entwicklung mehr zulassen, sich nur noch auf sich selbst konzentrieren, sich selbst alles durchgehen lassen, alles toll finden (Selbstbetrug), sich in einer seltsamen Egomanie nur um sich selbst drehen und andere und anderes ausblenden, sich einreden, man wäre völlig alleine glücklich und selig.

Wir sind Beziehungsmenschen. Dafür sind wir gemacht. Biologisch und soziologisch steht fest, dass wir ohne Bindungen, Beziehungen und Berührungen eingehen oder krank werden.

Unser Persönlichkeitswachstum läuft über andere Menschen.

Wir sind am gesündesten in Gemeinschaften und funktionierenden Beziehungen.

Lass und die Dinge beim Namen nennen.

Fürs Alleinsein sind wir nicht gemacht. Alleine können wir durchaus erfüllt und zufrieden sein, aber das gesamte umfassende Glück finden wir in der Beziehung zu anderen oder einem anderen Menschen.

Das wahre Frau-Sein gelingt nur mit einem Mann und umgekehrt. Für gleichgeschlechtliche Beziehungen gilt ein ähnliches Prinzip. Auch hier wechseln sich weibliche und männliche Prinzipien im Austausch ab. Homosexuelle Beziehungen folgen hier zwar eigenen Regeln, aber auch da lässt sich letztlich eine Mann- und Frau Rolle als grundlegende Dynamik herausfiltern.

Die Energie der Frau kommt durch die Energie des Mannes zur vollen Entfaltung und umgekehrt.

Die Frau erfährt ihr volles Empfangen in ihrer Hingabe. Die Frau kann nur empfangen, wenn der Mann sich ihr geben kann und sie von ihm nimmt.

Also. Lass den Gedanken zu. Wir brauchen einander. Richtig umfassend glücklich sind wir in einer gelingenden Partnerschaft.

Ausnahmen bestätigen die Regel und kommen eher bei Menschen mit einer instabilen Persönlichkeit oder einem sehr extremen Lebensentwurf vor.

Selbstliebe bedeutet einfach, dass du gut mit dir zurechtkommst, dich gut um dich kümmerst und das Beste aus dir und mit dir machst.

Du liebst dich, wenn...

Du achtest auf dich, pflegst dich und tust alles Nötige, was es dazu braucht, dass du dich wohl fühlst.

Du forderst dich auch im richtigen Maß.

Du setzt dich mit dir auseinander, aber nicht herabsetzend, sondern liebevoll.

Es gibt Dinge, die du an dir nicht magst und die du nicht ändern kannst – diese siehst du als Teil von dir und nimmst sie an. Du lässt sie da sein, ohne dich davon kontrollieren zu lassen oder das, was du magst, davon vergiften zu lassen.

Du stehst für dich ein, setzt Grenzen und entfernst dich von Menschen, die dir nicht gut tun, die dich schlecht behandeln, die deine Werte oder Grenzen verletzen.

Du entwickelst ein Gespür dafür, was du brauchst, willst, magst und wer du bist.

Du gehst mit Neugierde auf dich selbst zu, entdeckst neue Seiten an dir, sorgst dafür, dass dein inneres Kind gehegt wird und du siehst auch hin, wo deine Schatten sind, weil das für deine gesunde Persönlichkeitsstruktur nötig ist.

Und – wenn du es brauchst, holst du dir Hilfe, du lässt dir dann auch wirklich helfen.

Du bist nicht der Meinung, alles alleine schaffen zu müssen, du lässt Abhängigkeiten in einem gewissen Maß zu, weil sie zu Beziehungen gehören.

Du hältst es aus, wenn jemand dich ablehnt, auch wenn es weh tut, aber du brichst dann nicht zusammen oder stellst dich grundsätzlich nicht mehr in Frage.

Du willst deinen Wert erkennen, weil du dich liebst.

Du tust auch unangenehme Dinge, wenn sie nötig sind für deine Selbstpflege oder Entwicklung, weil du dich liebst.

Wenn es dir nicht gelingt, dich an manchen Tagen selbst zu lieben, dann verzeihst du dir das und lässt es auch einfach mal so sein.

Du sorgst dafür, dass du dein Leben da, wo du es alleine kannst, erfüllst und dir das holst, was du brauchst, während du für die Bedingungen sorgst, um dich wohl zu fühlen.

Du wirst aktiv und übernimmst Verantwortung. Du kümmerst dich um und sorgst für ein entsprechendes Leben, weil du es dir wert bist.

Du sorgst dafür, dass du dir Fähigkeiten aneignest, wenn sie dir zu einem wichtigen Entwicklungsschritt fehlen.

Du erkennst deine Selbstwirksamkeit und wendest sie an, weil du weißt, dass du wichtig bist.

Falls dir etwas fehlt, lernst du es, so gut du es kannst.

Das alles ist für mich Selbstliebe.

Es heißt überhaupt nicht, dass ich mich als Frau ohne Mann nicht alleine und einsam fühlen darf und mir einen Mann an meiner Seite wünsche.

Dass du dieses Buch liest und die Übungen machst – das ist auch Selbstliebe!

Jetzt verstehst du es besser und kannst Tag für Tag diese Liebe weiter entwickeln.

Für dich.

Weil es sich einfach saugut anfühlt, wenn man in einem wertschätzenden, liebevollen, annehmenden, kraftvollen Gefühl zu sich selbst ist. Deshalb.

Und nicht, weil es die Voraussetzung für Beziehung ist. Aber die Beziehung wird damit schöner und satter und der Mann dazu ist auch ein ausbalancierter, liebevoller Mann.

Ganz konkret spiegelt sich Selbstliebe in folgenden Handlungen:

- ♥ Ernähre dich gut
- ♥ Sorge für Bewegung

- Gehe zum Arzt, wenn es nötig ist
- Sorge für spirituelle Klarheit und Entwicklung
- Schau, wo du dein Leben verändern oder verbessern möchtest und gehe es an
- Lege dir nötige Fortbildungen zu, frage im Fall nach Unterstützungen von Staat oder Gemeinde
- Lass dir helfen, gehe zu Coaches oder Therapeuten
- Gehe zur Kosmetikerin
- Zieh dich schön an
- Pflege dich
- Zelebriere Erfolge
- Pflege Freundschaften
- Beachte deine Auflade Zeit
- Bilde dich immer weiter
- Lies jeden Tag etwas Aufbauendes
- Tu jeden Tag etwas Aufbauendes
- Zwinge dich, deine Komfortzone immer wieder mal zu verlassen
- Gönne dir etwas
- Schließe Frieden mit alten Geschichten, deinen Eltern und alten Verletzungen
- Lasse deine ungeliebten Teile und Schatten da sein
- Mache Rituale und Übungen, die dich stärken
- Sorge für ein schönes zu Hause
- Erledige das, was erledigt werden muss
- Sorge für Klarheit in deinem Leben und deinen Beziehungen
- Verabschiede, was nicht will
- Mache Pläne, wie du deine Ziele erreichst
- Lebe deine Visionen und Missionen täglich
- Zeige dich
- Liebe aktiv und körperlich
- Lass dich verwöhnen
- Genieße Luxus, wann und wie es geht
- Sei authentisch, steh zu dir
- Äußere deine Bedürfnisse
- Setze Grenzen

- ♥ ...das kannst du beliebig fortsetzen...

Finde deine eigenen Punkte!

Selbstliebe soll kein Pflichtakt werden, schon gar nicht, um zu, sondern es darf richtig Spaß machen und sich geil anfühlen!!!!!! WARUM?

- ♥ **WEIL DU DICH LIEBST!**

Schreibe jetzt gleich auf, was du noch heute und in den nächsten Tagen tun wirst, weil du dich liebst.

WEIL ICH MICH LIEBE, WERDE ICH

____

____

____

Du bist genug

Eine Klientin sagte kürzlich zu mir „Carolin, immer, wenn ich mich verliebe, habe ich das Gefühl, mich zu verlieren"

Kennst du das auch? Dieses Gefühl der Schwäche und Unsicherheit, sobald du dich auf einen Mann einlässt?

Dazu zwei Dinge:

1. **Dein Gefühl ist nur ein Gefühl, eine Bewertung, eine Sichtweise.** Du verlierst dich nicht wirklich, du bist nicht schwach, du fühlst dich nur so, weil du dich klein machst und dich ungenügend fühlst. Weil du dich falsch bewertest, macht dich das klein, bedürftig und abhängig und das erzeugt das Gefühl des Sich-Verlierens.
2. **Der Gedanke, nicht zu genügen,** erzeugt dieses unschöne Gefühl der Schwäche und des Ausgeliefert seins.

Wenn uns ein Mann näher kommt, wir uns ihm öffnen und uns damit verletzlich machen, ist das wie eine **LUPE,** die auf unsere Schwächen gerichtet wird, mit dem Brennpunkt auf unserem innersten Gefühl „Ich genüge nicht“. Es spielt sich in uns der ewig gleiche Film ab.

Wir machen das selbst mit uns. Oder lassen uns „ungenügend“ behandeln.

Entweder wir tolerieren so behandelt zu werden, wie es eigentlich nicht passend und schon gar nicht genügend ist ODER wir lassen uns von bestimmten Verhaltensweisen und Situationen triggern und sehen schon wieder die Beweise für unsere innere Annahme unserer Wertlosigkeit.

Genau, wusste ich es doch, ich genüge nicht!

Ich kann dir nur knallhart die Wahrheit sagen:

Steige aus und hör auf damit, das mit dir selbst zu machen, das ist deine einzige Chance.

Weder wird dir jemand von außen deinen Wert bestätigen können, wenn du ihn ständig hinterfragst, noch wirst du dann jemanden anziehen, der dich anständig und als „genügend“ behandelt.

Ziehe die Reißleine und mache eine Gehirn- und Gefühlswäsche mit dir selbst.

Führe Selbstgespräche, mache Meditationen, tue alles, um dich selbst davon zu überzeugen, dass du genügst! Es ist eine Entscheidung in deinem Kopf!

Wenn dich jemand liebt, dann weil du DU bist. Du genügst so oder so. Egal, was der andere macht. Egal, ob der andere dich liebt. Du genügst. Punkt.

Ebenfalls musst du sofort aufhören, dir Dinge gefallen zu lassen, die man nicht mit machen lässt, wenn man sich als genug und wertvoll betrachtet.

DU BIST GENUG!

Lass dich lieben, wie du bist und schieß jene in den Wind, die dich nicht entsprechend wertschätzen oder sich daneben benehmen.

Lass jene ziehen, die dir das nicht geben können oder wollen, was du zur Vollständigkeit in einer Partnerschaft möchtest.

Die Lady:

Das Leben ist zu kurz für den falschen Mann an meiner Seite.

Ich bin wie kostbare Seide, so will ich auch behandelt werden.

Dein sozialer Wert

Wir besprechen hier die Wahrheit. Schließlich willst du deinen passenden Mann an der Seite haben und nicht etwas Schönreden und genau da bleiben, wo du jetzt bist. Stimmt's?

Natürlich gibt es so etwas wie Attraktivitäts-Niveaus und einen sozialen Wert.

Es ist ein Unterschied, ob du wunderschön bist, ein aufregendes Leben führst und höchst interessante Unterhaltung bieten kannst und für einen Mann ein wahrer Aufputz bist, wenn er sich mit dir präsentiert oder du als übergewichtige Hausfrau ohne Interessen dahin vegetierst und dich nicht mehr um deine Optik und dein Leben kümmerst.

So hart, so wahr.

Aber jetzt kommt die spannende zweite Wahrheit.

Für jedes Attraktivitätsniveau und für jeden sozialen Wert, den jemand bietet, gibt es passende Partner.

Es ist also grundsätzlich kein Hinderungsgrund, wenn du weniger schön, weniger spannend, weniger aufregend bist und der Mann sich mit dir nicht schmücken kann.

Wenn du dem passenden Partner genau das bietest, was er sich sehnlich wünscht, dann werdet ihr zusammen finden können.

Viele Männer sehnen sich nach einer rundlichen, häuslichen Frau, wo sie sich geborgen und angekommen fühlen dürfen.

Viele Männer finden gerade etwas mehr Kilos sogar sehr attraktiv.

Ich spreche über den sozialen Wert aus einem anderen Grund.

Wenn er nämlich für dich zur Ausrede wird oder zum Glaubenssatz. Wenn du dir selber einredest, ich bin ja nicht schön genug, ich bin ja zu langweilig, wer soll mich schon wollen. Dann versteckst du dich und wirst bequem.

In jeder Lebenssituation kann man etwas für sich tun, das Beste aus sich machen, sich weiter entwickeln und eben seine ganz eigenen Interessen haben und wenn es die Kunst des richtigen Rasenmähens ist oder die Technik des richtigen Sockenstrickens. Völlig egal.

Es geht immer nur darum, dass du in deiner kleinen Welt, egal, wie diese aussieht, aus dir das Beste herausholst und deinen Wert erkennst, den du in dir trägst.

Wenn du dich gehen lässt, weil du dich aufgibst, wenn du bequem wirst, weil du keine Ziele hast, dann wirst du uninteressant.

Wer will mit jemandem zusammen sein, der sich ablehnt, der sich aufgegeben hat, der gerettet werden muss, der sein Leben auf Sparflamme lebt?

Du etwa?

Eben.

Ja, es gibt Dinge, auf die die oberflächliche Welt zuerst einmal anspringt.

Aber!...

Jetzt kommt die dritte Wahrheit!...

Auf lange Sicht zählt nur die Energie und ob sie zusammen passt.

Sehr viele Dinge wirken viel stärker als scheinbare Mängel in oberflächlichen Bereichen.

Selbstsicherheit, Herzenswärme, Kreativität, Lebensverständnis, Sinnlichkeit, Genuss, Humor und eine innere Balance wirken magisch und wiegen weit mehr als nur Schönheit oder Erfolg.

Du bestimmst, was möglich ist.

Du kannst außerdem jederzeit deinen sozialen Wert erhöhen!

Wie?

Lege dir interessante Hobbies zu, bilde dich - werde als Gesprächspartner oder als Begleitung interessant.

Erweitere all das, was in die Tiefe geht, was dich menschlich ausmacht, lerne, was Du mit anderen teilen kannst!

Darüber hinaus kannst du aber ruhig auch die Oberflächlichkeit ein wenig bedienen:

Tu etwas für deinen Körper und dein Äußeres – du siehst auch lieber etwas Gepflegtes als etwas Vernachlässigtes!

Kleide dich so gut du kannst und umgebe dich mit schönen Dingen.

Mach dich als Frau attraktiv durch Absätze, betone deine Figur, geh zu einer Stylistin, damit dein Mann dich gerne und stolz herzeigt – du musst keine perfekte Figur haben, es geht um deine Ausstrahlung.

Tu was für dein Selbstbewusstsein: mache Sport, lerne etwas Neues, fordere dich heraus, lies Bücher, besuche Workshops, trau dich etwas, gehe tanzen, übe dich in Kommunikation, mache Fernkurse, erweitere deine Fähigkeiten. Egal wo und wie du lebst

– heutzutage ist online alles möglich. Selbst wenn du einen W-Lan durchs ganze Dorf in deinen Hühnerstall legen lassen musst.

Wenn du etwas wirklich willst, weil du den Wert für dich kapiert hast, dann wirst du es organisieren.

Lerne generell dazu, wie man mit Menschen umgeht – dazu gibt es unzählige Bücher und Kurse am Markt.

Geh zur Kosmetikerin, zur Massage, zum Friseur, entspanne dich, sorge für Balance, ernähre dich gut, damit du gesund bist und gesund aussiehst.

Deine Lebens-Sattheit und deine Weiblichkeit

Mit Sattheit meine ich, dass du in jenen Bereichen, die nur du für dich in deinem Leben erfüllen kannst, auch genug Befriedigung ziehst. Es gibt Lebensbereiche, die der Partner nicht erfüllen kann.

Weißt du, wann du bedürftig und zu hungrig wirkst?

Wenn in deinem Leben Befriedigung in verschiedenen Lebensbereichen fehlt und du den Mann dafür missbrauchst. Er soll etwas ausfüllen, das dir in deinem Leben fehlt. Da gibt es ein Problem. Er könnte zwar den Bereich Partnerschaft ausfüllen, aber er kann dir nicht erfüllte Freundschaften, befriedigende körperliche Fitness, Erfüllung durch das Ausleben von Interessen, deine Teilnahme an der Gesellschaft und deine Anerkennung im Beruf ersetzen. Dafür musst du selber sorgen.

Ich gebe dir ein Modell, damit du besser verstehen kannst, wovon ich hier rede und glaube mir, wenn du das einmal begriffen hast, dann wird dir ein Licht aufgehen. Du kannst sofort darangehen, dein Leben so zu gestalten, dass ein Mann unbedingt daran teilhaben will!

Wenn du dich um deine Bereiche kümmerst und für Erfüllung dort sorgst, dann strahlst du etwas aus, an dem der Mann teilhaben möchte.

Stell dir dein Leben als eine Säule vor. Diese Säule ist aus unterschiedlichen Ziegeln aufgebaut. Ein Ziegel ist zum Beispiel deine Familie, ein anderer Ziegel deine Freunde, ein weiterer Ziegel deine Interessen, die dir Spaß machen, ein weiterer Ziegel das, was du für die Gesellschaft beiträgst, also vor allem dein Job oder deine Mission.

Deine Partnerschaft wäre auch so ein Ziegel, ein besonders wichtiger Stein in deiner Lebenserfüllung.

Jeder Stein hat seine Position und Größe.

Den Stein der Partnerschaft kann dir nur ein Mann geben, es ist sein Stein den er in eure Partnerschaft und in deine Säule einbringt und dafür gibst du ihm deinen Partnerschaftsstein und so erfüllt ihr euch gegenseitig diesen Bereich Partnerschaft.

Was jetzt aber oft passiert ist, dass in deiner Säule ein oder mehr andere Steine fehlen.

Zum Beispiel, weil du kein befriedigendes Hobby hast, zu wenig Spaß im Leben, keine Aufgabe, die dir das Gefühl von Wichtigkeit gibt. Wenn ein Mann dir begegnet, dann sieht oder fühlt er das und nimmt instinktiv wahr, dass dir viele Steine fehlen und du deshalb sehr unerfüllt bist.

Er weiß, er kann dir von sich aus nur den Partnerstein geben, einen anderen hat er nicht. Damit würde er dir aber zu wenig geben können und du würdest trotz seines Geschenkes unerfüllt bleiben, würdest mehr Steine von ihm wollen, die er dir aber nicht geben kann.

Außerdem wäre das für ihn auch unbefriedigend, denn nur, wenn beide eine relativ gleich hohe Säule haben und ähnlich erfüllt sind, kann eine ausgeglichene, erfreuliche Partnerschaft auf Augenhöhe entstehen.

Natürlich gibt es viele Beziehungen, die nicht ausgeglichen sind, wo totale Abhängigkeiten bestehen und einer dem anderen viel mehr gibt. Aber willst du das? Willst du dich unwohl, bedürftig, abhängig und ausgeliefert fühlen? Willst du dich klein fühlen und deinem Partner niemals ebenbürtig? Willst du Erfüllung an der falschen Stelle? Eine halbe Lösung? Nein.

Du willst Erfüllung, Glück, Befriedigung in einer Partnerschaft in einer guten Balance, mit Geben und Nehmen, das zusammen passt, das aus Freiwilligkeit, Liebe, Zuneigung und Freude entsteht.

Du wirkst auf Männer dann bedürftig und schlägst sie in die Flucht, wenn du in deinem Leben zu wenig satt bist und wie ausgehungert auf sie zukommst.

Der Mann will kein Weißbrot sein!

Kennst du das, wenn du völlig ausgehungert in ein tolles Restaurant gehst? Du kannst das tolle vier Gänge Menü vor lauter Heißhunger nicht abwarten und stopfst dich gleich zu Beginn mit ein paar Scheiben Weißbrot voll, weil dein Blutzucker so unten ist?

Es wäre egal, was da jetzt steht, Hauptsache du kriegst Zucker für deinen ausgebrannten Körper!

Stelle dir vor, der Sternekoch des Restaurants, der sich stundenlang Mühe für dein Menü gemacht hat, würde dich jetzt beobachten, wie du dir mit leeren Kalorien gierig den Hunger nimmst und sein Essen gar nicht mehr richtig schätzen kannst?

Dein Mann will für dich das Sternemenü sein, ein exzellentes Essen, das du gut ausgewählt hast, auf das du dich gefreut und auf das du auch gewartet hast. Um es dann richtig zu genießen!

Er will nicht der sein, den du so schnell wie möglich brauchst, um schnell mal deinen Hunger zu stillen.

Verstehst du es jetzt?

Du würdest das auch nicht für einen Mann sein wollen. Egal welche, Hauptsache eine Frau nimmt mich, ich hab's nötig. Oder, bitte nimm ich, ich fühle mich nicht wertvoll, aber du kannst mir einen Wert und ein Leben geben, indem du mich liebst - gefällt dir das?

Fühlt sich nicht gut an, oder?

Wenn dein Leben sehr erfüllt und satt ist, ohne ihn, dann kannst du ihn auswählen, mit Bedacht und Ruhe und dann fühlt er sich auserwählt!

Du brauchst nicht alleine total glücklich sein, total erfüllt und niemanden brauchen, das meine ich nicht.

Aber du sollst in jenen Lebensbereichen, die nicht zu einer Partnerschaft gehören, für größtmögliche Befriedigung sorgen und dich darum kümmern, dass deine wichtigsten Bedürfnisse erfüllt sind.

Übung – Meine Lebens-Sattheit

Fülle die folgende Liste aller Lebensbereiche in der Tabelle aus und erweitere sie, falls Dir noch andere Bereiche einfallen.

Schreibe zu jeder Position hinein, was du in dem Bereich zu deiner Erfüllung tust, was sich bei dir gerade so abspielt und wo dringend Handlungsbedarf besteht!

Bewerte unter BW von 1 (gar nicht bis kaum erfüllt) bis 10 (super erfüllt) wie sehr es erfüllt ist

Unter HB wie Handlungsbedarf benote, wie dringend du hier etwas unternehmen und wirklich handeln solltest (1 nicht so wichtig bis 10 sehr dringend). Dabei geht es vorerst nicht darum, WIE du das genau machen sollst.

Mit deiner Absicht werden auch die Ideen und Möglichkeiten auf dich zukommen!

Meine Lebenssattheit – Stand der Dinge:

Lebensbereich	**BW**	**HB**
Beruf/Anerkennung/Lebensunterhalt		
Beitrag zur Gemeinschaft/Welt/Gesellschaft		

Wachstum/Entwicklung		
Sport/Fitness		
Freunde/Bekannte		
Familie		
Fähigkeiten/Fertigkeiten		
Hobbies/Interessen/Kreativität		
Abwechslung		
Entspannung/Aufladen/Luxus		
Urlaub		
Sexualität		
Anderes		

Du siehst jetzt sehr gut, wo du noch viel Entwicklung anschieben kannst. Wenn du es möchtest, findest du Lösungen! Die Ideen kommen, wenn du vertraust und es willst!

Wie kannst du jetzt diese Sattheit erreichen?

Eine Frau ist wie eine Knospe, die sich entfaltet, sich entblättert, die aufblüht unter der sanften Wärme der Sonne und bei genügend Feuchtigkeit aus dem Fluss des Lebens.

Eine Frau will blühen und dafür bewundert werden.

Um so richtig Frau zu sein, braucht eine Frau folgende Aspekte:

Sich verbinden, dazugehören, sich austauschen, sich zentrieren, sich laden, befriedigt sein, sich pflegen, ihren Wert fühlen, erhalten, empfangen, Spüren und sich ausdehnen, sich entspannen, Luxus.

Dies alles kann sie in den unterschiedlichen Lebensbereichen erfahren.

Der Partner kann seinen Teil erfüllen und alles auch aus den anderen Bereichen beitragen, aber er kann nicht ersatzweise ausgleichen, wenn ein Bereich völlig fehlt!

Folgende Bereiche sind besonders wichtig für eine Frau.

1. **Beziehungen** zu anderen, zu Familie, Freunden und Gruppen, vor allem anderen Frauen – *für ein Gefühl der Zugehörigkeit und Verbindung*
2. **Körperliche Aufladung**, Sammel- und Entspannungszeiten – *für ein Gefühl der Ladung und Zentrierung* (um Pläne zu schmieden und kreativ zu sein, um den Mann zu inspirieren, um zu kreieren, um anderen wieder zu geben)
3. **Verwöhn Programme** – für ein *Gefühl von Pflege, Wertigkeit und Luxus*
4. **Anerkennung** – für ein *Gefühl des Beitrages*
5. **Körperliche Fitness** – für ein *Gefühl des Spürens*
6. **Körperliche Zuwendung** – für ein *Gefühl des Empfangens*
7. **Aufgehen in einem Interesse** – für das *Gefühl der Ausbreitung*
8. **Partnerschaft** – für ein *Gefühl, voll Frau zu sein*, den Mann zu empfangen, sich ihm hinzugeben und mit ihm zu erblühen

Du musst als Frau in die Entspannung kommen!

Wenn du als Frau zu abgehetzt bist, verlierst du an Kraft und deine Weiblichkeit vertrocknet.

Wir Frauen müssen uns selbst wie ein Stück Seide behandeln, mit Samthandschuhen anfassen und verhätscheln.

Wie du das genau machst, verrate ich dir jetzt.

1. **Das Gefühl der Zugehörigkeit und Verbindung**

Für Frauen sind andere Frauen sehr wichtig, mit denen sie sich austauschen kann, ebenso alle Arten von Beziehungen, wo sie sich aussprechen, Probleme lösen oder fallen lassen kann. Das tut ihr gut.

Sorge also dafür, dass du genügend freundschaftliche Beziehungen hast. Falls dir das bisher nicht gelungen ist, wirst du anhand aller Ratschläge in dem Buch es sicher schaffen, auch neue Freunde in dein Leben zu ziehen. Suche Gleichgesinnte. Fange mit einem Verein an, melde dich zu Kursen an, die dich interessieren, schalte eine Anzeige für eine Gruppe, die ein gemeinsames Interesse teilen will. Gehe in einen Workshop, wo du jemanden kennen lernen kannst. Kontaktiere, wenn möglich, alte Bekannte und pflege diese Beziehungen wieder. Lade Leute ein, gib Partys oder einen Brunch. Wenn du dich dem Thema öffnest und verstehst, wie wichtig das für dich als Frau ist und es deinem Wunsch nach einem Partner helfen wird, dann ergibt es sich ganz von selbst. Mach den ersten Schritt. Du musst kein perfekter Gastgeber sein. Viele Menschen freuen sich sehr über Einladungen und Gesellschaft. Und wenn es nur bei einer Tasse Tee und Keksen ist. Fange mit irgendetwas an. Den Nachbarn, den Verwandten oder Kollegen. Betrachte es als Fülle für deine Säule. Je mehr Steine in ihr sind, desto näher rückt dein Partnerstein.

Mein TOP TIPP: Gründe eine Frauen Runde oder ein Stammtisch, mit fixen Zeiten!

2. **Das Gefühl der Ladung und Zentrierung**

Du musst Zeiten des Allein-Seins haben, wo du dich sammeln und aufladen kannst. Wir Frauen müssen immer wieder in uns gehen, um Dinge zu verarbeiten, um Energie hochzuladen, um uns wieder zu erden und zu spüren. Wir finden zwar Lösungen und Entlastung in Gesprächen, aber unsere intuitive Klarheit und neue Energie erhalten wir im Allein Sein und wenn wir in Ruhe in uns gehen können.

Meditation oder einfach Zeiten der Ruhe, Spaziergänge in der Natur, der Aufenthalt neben Gewässern oder im Grünen, Hören von Entspannungsmusik und Stille sind hervorragende Möglichkeiten, die du regelmäßig einplanen solltest.

Überforderung macht dich hart, ausgelaugt, ja, du vertrocknest richtiggehend. Das hat mit deinem Hormonhaushalt zu tun, der unter Dauerstress verrücktspielt.

Du kommst so nicht in deine weibliche Kraft. Wenn du nicht mehr zurande kommst, musst du Wege finden, dir Hilfe zu holen, zu delegieren, Aufgaben abzugeben oder dein Leben in gewissen Bereichen etwas runter zu fahren, um es leichter zu haben. Wo immer du kannst, spanne ruhig auch andere ein, die dich unterstützen können. Du musst nicht alles alleine schaffen und können! Erkundige dich im Fall nach finanzieller Hilfe von Staat, Stadt, Gemeinde oder Vereinigungen.

TOP TIP: Such dir einen Auflade Ort, mache ein Ritual daraus, plane es fix, regelmäßig ein. Gehe viel hinaus. Besorge dir frische Blumen, oder ein schönes Bild, Räucherstäbchen, Kerzen, Blüten, Klangschalen, Duft Öle, Alles, was Dir hilft, dich zu beruhigen und für dich zu sein und Antworten zu finden.

Das kann auch etwas ganz anderes sein. Wichtig ist, dass dich der Anblick oder die Energie zur Ruhe kommen lässt und dir gut tut. Dein Auflade Ort ist optimaler Weise immer der gleiche, dann kannst du das gut konditionieren. Du entspannst dann dort immer schneller. Es kann auch einfach eine Ecke zu Hause sein, wo du in Ruhe ohne Ablenkung mit dir selbst sein kannst!

3. Das Gefühl der Pflege und Wertigkeit

Du brauchst es, verwöhnt zu werden! Nimm Einladungen und Geschenke gerne an! Lass dich von Männern umwerben und auf Händen tragen. Sobald du es zulässt und dich dafür öffnest, werden sie kommen, glaube mir. Du sollst niemanden ausnützen, aber du darfst dich umhegen und umwerben lasen und es einfach annehmen und genießen. Falls noch keine werbenden Männer da sind, sorge du selbst dafür, dich zu verwöhnen. Gönne dir etwas, das dir Freude macht oder dir gut tut. Ein teures Essen, ein Kleidungsstück, ein Duft.

> Pflege deinen Körper mit ausgewählten Produkten, sei dir es Wert. Verwende Produkte, die du liebst, die dich in eine luxuriöse Stimmung versetzen und dir vermitteln, dass du dich gerade verwöhnst und wertschätzt.

Spare nicht an der falschen Stelle. Übertreibe es nicht mit einem Kaufrausch, aber gönne dir regelmäßig und bewusst ausgesuchten Luxus, der dich erfreut. Nur um der Freude und des Genusses willen.

TOP TIPP: Belohne dich für Ergebnisse und Leistungen mit kleinen Geschenken an dich selbst.

4. Das Gefühl des Beitrages

Anerkennung kannst du entweder aus beruflichen Tätigkeiten ziehen oder aber auch durch freiwillige Tätigkeiten, Interessen und Hobbies finden, wo du Ziele erreichst oder Ergebnisse schaffst.

Die Anerkennung kannst du dir auch selber geben, wenn du auf etwas stolz bist, was du erreichst oder tust.

Indem du etwas Neues lernst, dich fortbildest, deine Komfortzone verlässt und etwas Ungewohntes ausprobierst, kannst du dir selbst Anerkennung geben. Durch ehrenamtliche Tätigkeiten oder durch Wettbewerbe in Vereinen, Gruppen oder mit Freunden schafft man dafür Raum.

Fordere auch Anerkennung von deiner Umgebung ein für deine Leistungen. Lass die Menschen und Kollegen um dich wissen, dass du hören willst, wenn du etwas gut gemacht hast oder dass du deinen Stolz auf etwas teilen willst.

Nimm nichts für Selbstverständlich. Sag nicht: „Das ist ja nichts, das ist ja normal".

Nein. Das ist es nie! Alles ist Leistung oder Liebe und darf wertgeschätzt werden!

TOP TIPP: Tue etwas, was dir in regelmäßigen Abständen das Gefühl bringt, etwas geleistet zu haben, auf das du echt stolz bist. Feiere das! Lade jemanden zum Essen ein, um es zu zelebrieren.

5. Das Gefühl des Spürens

Tu etwas für deine Fitness. Mir geht es nicht um Optik. Die wird überbewertet. Es geht nur um dein Körpergefühl und den Fakt, dass du deinen Körper spüren musst. Das geht nicht ohne Bewegung. Du willst vital und attraktiv sein – dazu braucht dein Körper Bewegung, sonst geht er buchstäblich ein. Und das macht richtig unattraktiv, müde und lustlos. Wenn du dich spürst und deine Muskeln aufweckst, dann bekommst du ein sehr geiles Lebensgefühl.

Gesunde Ernährung ist sehr wichtig. Klar, denkst du. Überlege mal, warum. Du brauchst genügend Nährstoffe, damit dein Körper blühen kann. Ich rede nicht von einer Diät, sondern davon, dass du frisch, bunt, vitaminreich, mineralstoffreich und abwechslungsreich isst, um deinem Körper alles zuzuführen, was er braucht. Essen soll dich richtig SATT machen, nicht vollstopfen.

Wenn du dich schlecht ernährst, dann bleibt immer ein Gefühl der Unzufriedenheit. Deine Haut wird fahl, du fühlst dich schlapp, dein Strahlen fehlt!

Wenn du bunt, frisch, gut gewürzt und nährstoffreich isst, es mit vielen Kräutern und wertvollen Zutaten ergänzt, dann ist Essen so richtig befriedigend, stärkend und wohltuend.

Mikronährstoffe sind eine Geheimwaffe für deine Schönheit. Lass dich fachlich beraten. Wähle reine, hochwertige, natürliche oder naturnahe Produkte.

Wenn du zu wenig isst, wirst du aus deiner Balance kommen.

Wenn du viel zu viel isst, dann ebenso.

Die Balance schaffst du durch hochwertiges, nährstoffreiches Essen kombiniert mit Bewegung und Entspannung.

TOP TIPP:

Mache aus dem Essen kein Zwangsprojekt, sondern gehe es mit Freude und Lust am Essen an. Du wirst sehen, je vitaler du dich ernährst, desto weniger wirst du dich übermäßig vollstopfen. Beachte eine kurze Umgewöhnungsphase, wenn du dich von toter, zucker- und fettgetränkter Ernährung auf frische Zutaten umstellst.

Hol dir einen Personal Trainer, einen Ernährungsberater oder eine Freundin, mit denen du das Projekt Fitness startest. Du brauchst das ja nicht immer mit einem Trainer zu machen, aber der Start fällt zu zweit oft leichter.

Dein Essen sollte immer bunt sein, mehrere Farben aufweisen und immer auch etwas Frisches, Knackiges und Abwechslung enthalten!

Danach solltest du dich erfüllt, gestärkt und wohl fühlen. Wenn du danach das Gefühl hast, ich brauch noch was, war es zu leer – zu nährstoffarm. Da dein Körper nicht genug Nährtsoffe bekam, verlangt er nach mehr!

6. Das Gefühl des Empfangens

Sex und Streicheleinheiten durch einen Partner sind etwas, das die meisten von uns vermissen, solange keiner da ist. Wenn ein Partner die einzige Quelle für Zuwendung ist, hungern wir als Single oft völlig danach aus. Damit machen wir uns aber ebenso sehr bedürftig und gehen dann vielleicht zu schnell mit dem neuen, optionalen Kandidaten ins Bett. Mit deinem Körper solltest du nie leichtfertig umgehen. Streicheleinheiten und Berührungen sind für dich als satte Frau aber essentiell.

Es ist daher wichtig, dass du auch andere Quellen für Berührung findest. Mit oder ohne Mann, mit festen Partner oder nur mit einem Liebhaber in deinem Leben, du solltest trotzdem auch selbst für das Gefühl des „Berührt werdens" sorgen können, das macht dich unabhängiger und freier.

Du erhältst es am allerbesten durch Massagen oder Körperbearbeitungen, die sanft und streichelnd sind. Wenn eine Massage von außen nicht möglich ist, dann öle dich selbst ein, massiere dich, nimm ein heißes Bad, sei zärtlich zu dir selbst. Ein SPA Tag lädt dich dahingehend wieder auf. Wärme ist wichtig, um dich gut zu fühlen. Ebenso wirst du bemerken, dass körperliche Aktivität, wo du wirklich deine Muskeln spürst, dich biegst, streckst und deine ganzen Systeme aufweckst, sehr gut tut und dein Körpergefühl um vieles verbessert.

Selbstbefriedigung sollte kein Tabu sein. Ich spreche es hier offen an. Gönne dir den körperlichen Genuss der Lust, der Erregung und eines Höhepunktes selbst, wenn kein Partner da ist und auch später, mit einem Partner, darfst du dich selbst befriedigen, wenn du das Bedürfnis dazu hast.

Gehe in einen Spezialshop, schau dich um, kaufe ein und probiere aus. Wirf deine Scham über Bord, entdecke mit Freude und Leichtigkeit deinen Körper und lebe deine Lust.

Berta, 50, hatte keinen Sex mehr in ihrer Ehe, sie hatte Lust, aber ihr Partner irgendwie nicht auf sie. Berta hatte damit irgendwann ihre Lust verdrängt und aus ihrem Leben verbannt. Aber manchmal brach es aus ihr heraus und sie sehnte sich nach Sex. Wir begannen, ihre Lust wieder freizulegen und gingen in einen Erotikladen, wo sie einen Vibrator und Liebeskugeln aussuchte. Zusätzlich las sie ein Buch, das ihr einige Kunstgriffe beibringen sollte, wie sie ihrem Mann wieder Genuss bereiten könnte.

Berta gewann eine neues Selbstbewusstsein, aber vor allem eine neues Körpergefühl. Sie gestand sich ihre Lust ein und entdeckte ihren Körper neu. Das machte ihr einfach Spaß. Es ging ihr viel besser, wenn sie ihre wahren Bedürfnisse nicht unterdrückte.

Jetzt zu einem weiteren Tabuthema. Dem „käuflichen“ Orgasmus. Manche Frauen gönnen sich auch mal eine erotische Massage oder Tantra Behandlungen, die sowohl Männer als auch Frauen anbieten. Manche kommen zu dir nach Hause. Da geht es nicht um Geschlechtsverkehr, sondern um die erotische Massage bis zum Höhepunkt, denn im Tantra wird dies und der Orgasmus als eine ganz normale Form des körperlichen Spürens angesehen und die Berührung als wichtiger, essentieller Teil unseres gesunden Daseins.

Ob Du so etwas für dich ausprobieren willst, musst du selbst entscheiden. Manche öffnen sich dafür, für manche wäre das ein Tabu, eine Grenze, die sie nicht überschreiten wollen würden. Du wirst für dich eine geeignete Form finden, damit umzugehen.

Es gibt viele Formen und Stufen, deine Sexualität zu leben. Finde für dich das, was stimmig ist, womit du dich gut fühlst und das dir entspricht.

Gehe zu einem Kurs oder Verein für Paartanz. Beim Tango oder der etwas ausgefalleneren Variante Kizomba, hast du viel Körperkontakt. Aber auch alle anderen Tanzarten bieten gewisse körperliche Nähe.

Öffne dich dem Gedanken, hier gut für dich zu sorgen und dir das zu holen, was du brauchst.

Im Übrigen darfst du dich in der Single-Zeit ruhig von mehreren Männern umwerben lassen, mit denen du aber nicht zu schnell und gleichzeitig ins Bett gehen solltest, aber wo durchaus Küssen und der Austausch von Zärtlichkeiten möglich ist.

Wenn es für dich passt, habe einen Liebhaber, genieße Sex auch ohne Beziehung. Warum nicht? Achte dabei auf Sicherheit und auf deine Gefühle. Setze sofort eine Grenze, wenn es sich für dich nicht (mehr) stimmig anfühlt.

Bedenke, dass Du durch Sex schnell in einen hormonellen Gefühlstaumel kommen kannst. Das zu wissen, bewahrt dich vor völlig naiven und überstürzten Gefühlswallungen. **Du hast Dich ab jetzt im Griff, weil du die Gefahren und Regeln kennst.**

Sex solltest du nur haben, wenn du dich wohl dabei fühlst. Punkt. Gehe das nie leichtfertig ein.

Wenn du es willst und kannst, dann genieße es.

Bleibe aber grundsätzlich damit zurückhaltend, bedacht und behandle es wie eine kostbare, besondere Sache.

Der Mann soll spüren, dass er dich jetzt als besonderes Geschenk bekommt und du dich ihm bewusst und weil du es so willst, hingibst.

Danach bleibe selbstbewusst und entspannt. Kippe nicht in Anhänglichkeit und steigere dich nicht in Gefühle hinein, die nur durch Hormone entstehen.

Du wirst das ab jetzt klug und besonnen machen.

Da bin ich mir sicher.

Im Grunde genommen geht es jedoch darum, dass du den passenden Partner triffst, mit dem du diese aufregende Welt des Körpers und der Sexualität in Vertrautheit, Liebe und Freude erkunden und ausleben kannst!

7. Gefühl der Ausbreitung

Wichtig ist, dass du irgendein Interesse hast, etwas wofür du bernnst, das dich begeistert und das dir Inhalt und Sinn gibt. Das gibt dir den GLOW. Das Strahlen. Das erfüllt dich zu einem Teil und macht dich frei. Egal was es ist. Vertiefe dich in etwas in deinem Leben, das dich interessiert. Langeweile und Desinteresse bringen dich in einen Zustand der Bedürftigkeit, der sich gar nicht gut anfühlt. Dann färbt es dein Leben grau.

Es ist wichtig und nötig, dass du etwas in deinem Leben hast, spürst und tust, was du besonders magst und das nur dir gehört.

Gehe aus deiner Komfortzone!

Oft müssen wir, um etwas zu tun, das wir wirklich aus tiefstem Herzen möchten, aus unserer Komfortzone gehen und uns überwinden.

Vielleicht, weil du etwas lernen musst, dich einer Sache stellen, etwas ausprobieren oder dich beweisen.

In jedem Fall heißt es wohl: Überwindung.

Pack den Stier bei den Hörnern!

Und wenn du dabei Windelhosen anziehst!

Gehe es an.

Du wirst dich danach so gut und stark wie lange nicht fühlen.

Das macht sexy! Dich und dein Leben.

Mache das, wonach dein Herz schon lange ruft! Scheue keinen Weg, es endlich zu leben, zu lernen und anzugehen! Was kannst du sofort tun, um dem einen Schritt näher zu kommen?

Es geht nicht um Geld, Gewinn oder Leistung – es geht um Leidenschaft und Befriedigung. Finde etwas Ehrenamtliches oder gründe einen Verein. Du wirst Wege finden. Du bist frei. Folge deiner FREUDE!

8. Das Gefühl, voll Frau zu sein, den Mann zu empfangen, sich ihm hinzugeben und mit ihm zu erblühen

Wenn du Single bist und du jemanden kennen lernst, dann brauchst du viel Geduld, weil Männer, wie ich dir vorher erklärt habe, sich dann, wenn wir so richtig warm gelaufen sind, erst einmal wieder etwas zurückziehen.

Sie treiben uns mit diesem Rückzug und manchen langen Pausen, wo sie uns nicht zu sehen brauchen oder nicht zu wollen scheinen, oft in den Wahnsinn.

Um genug Geduld zu haben, in deiner Blüte zu bleiben und dich nicht von einem einzelnen Mann zu Beginn zu abhängig zu machen, kannst du in der Phase des Single-Seins und des Kennenlernens auch andere Männer daten.

Das tut dir gut. Das entspannt dich, das hilft dir, Geduld zu haben, ohne dass es dich zu sehr anstrengt.

TOP TIPP:

Mit einem gewissen Abstand und Würde rate ich Dir, dich ständig von Männern umwerben zu lassen, solange, bis du deinen Ring am Finger trägst.

- ♥ Mit diesen Tipps kommst du und bleibst du in deiner Weiblichkeit.

Weiblichkeit ist ein natürlicher Magnet.

Als Frau sind wir die Empfangende: Lass die Männer machen, dich umwerben, lass dir helfen, dich unterstützen, ziehe die Männer an, statt zu tun!

Verwechsle Gleichberechtigung nicht mit Härte. Auch Stärke kann in einer weichen Art umgesetzt werden.

Zur Unterstützung dieser ganzen Prozesse hin zur Weiblichkeit, kannst Du auch Energiearbeit machen.

TOP TIPP:

- ♥ Höre dir Meditationen zum Thema Weiblichkeit an. Es gibt davon sehr viele kostenfrei im Netz.
- ♥ Übernimm Selbstverantwortung, kümmere dich um dich selbst und sorge für dich.
- ♥ Bei tiefgreifenden, traumatischen Erfahrungen suche dir bitte therapeutische, fachliche Begleitung und Hilfe. Das entlastet dich.
- ♥ Hole dir meine Meditationen, meinen Videokurs oder ein Coaching mit mir, da kann ich mit dir individuell und in der Tiefe arbeiten.

- ♥ Komm in einen unserer Workshops, wo wir hier noch mehr gemeinsam für dich und mit dir tun können.
- ♥ Gönne dir meinen Podacst oder den von vielen hervorragenden Kollegen.

Du erfährst alles zu Workshops, Coachings und Produkten auf meiner Seite www.carolingruber.at.

Achte darauf, dass es sich gut anfühlt und positiv bearbeitet wird. Höre auf dein Bauchgefühl. Lasse die Finger von manipulativen Techniken, die jemanden zu etwas bringen wollen. Du kannst nur für dich und in dir arbeiten.

Strahlende Schönheit – unabhängig von perfekter Optik

Wenn du voll aufgeladen und entspannt bist, wenn du in dir ruhst und deine Stärke als Frau fühlst, deine ganz eigene, weibliche Energie, dann wirkst du wunderschön und anziehend. Und es fühlt sich für dich selbst richtig geil an, Du zu sein.

Im Kapitel Sattheit habe ich dir die Basics erklärt, wie eine Frau blüht.

Viele Männer mögen eine Frau am liebsten sehr natürlich. Und wenn du von innen strahlst, finden sie dich auch schön. Egal, was du anhast oder wie deine Frisur sitzt.

Hier möchte ich Dir noch ein paar Facts mit auf den Weg geben, wie du dich optimal präsentieren kannst.

Ich sage dir aber gleich: Von mir wirst du nicht vorrangig hören, was Männern gefällt, denn das ist einerseits sehr unterschiedlich, andererseits strahlst du immer dann, wenn du dich mit dir wohl fühlst. Etwas erfüllen zu wollen, das nicht du bist, das führt in eine Sackgasse.

Ich gebe dir jetzt ein paar einfache Beauty-Tipps, die du nur dann anwenden sollst, wenn sie sich für dich gut anfühlen und es dir gefällt.

Es gibt ja Paare, da sind beide ungepflegt, stinken, haben ungepflegte Haare und Zähne und beide stört es am anderen nicht. Ich sehe sogar sehr oft solche Paare. Sie passen hervorragend zusammen, weil sie offenbar gleich ticken, was Körperhygiene anbelangt.

Das eine Paar findet sich mit Tattoos, ein anderes mit Prada Tasche und Porsche, das nächste mit Birkenstocksandalen und das nächste mit Sportschuhen und in Trainingshosen.

Du musst deinen Stil und deine Überzeugung leben, dann wirst du für den genau dazu passenden Mann attraktiv!

Darüber hinaus hier ein paar Dinge, die deine Schönheit unterstreichen, egal welchen Stil du magst:

1. Gepflegte, gesunde Haare, egal ob lang oder kurz, sind ein Zeichen von Schönheit. Achte also darauf sie zu pflegen und kaputte Spitzen zu schneiden. Gesundes Haar ist ein archaisches Zeichen, auf das Männer instinktiv reagieren. Es macht nichts, wenn sie dünn, kurz oder aschfarben sind. Der Glanz und die Pflege sind wichtig. Bei zu dünnen Haaren solltest du es mit einem Arzt abklären lassen. Oft steckt einfach nur ein Mangel dahinter. Manchmal sind es die Hormone. Lasse deinen Schilddrüsen-Status abklären und prüfe deine Mikronährstoffe und Ernährung. Hast du das schon hundertmal gehört? Aha? Und? Hast du es gemacht? Los – mache sofort einen Termin aus. Jetzt!
2. Im Zweifelsfall trage eher figurbetonte Kleidung. Viel zu eng wirkt leider eher wie eine Knackwurst oder zu offensichtlich, das sieht nicht schön aus. Aber eine zu weite, zeltartige Verhüllung ist niemals sexy oder anziehend. Wenn du dich nur darin wohlfühlst – dann bleib dabei, wenn du aber Lust auf mehr Sexiness hast, dann zeig deine Formen! Vor allem deine Taille und dein Gesäß. Männer lieben es die Kurven einer Frau zu sehen. Egal in welcher Gewichtsklasse! Wenn du zu viele Kilos hast, steh dazu! Selbstbewusstsein ist der beste Hingucker! Auch einen dicken Bauch darfst du herzeigen.

3. Kauf dir schöne Unterwäsche. JA! NUR FÜR DICH! Du fühlst dich damit sofort anders und das merkt Man(n)!!! Es ist ausserdem ein Zeichen deiner Wertschätzung dir selbst gegenüber, deiner Pflege und trägt zum Gefühl des Luxus bei. Du erinnerst dich? Was für ein volles Frausein nötg ist? Luxus! Du musst nicht Seidenunterwäsche oder Spitze kaufen, wenn du der Naturtyp im Waldviertel bist. Auch dort kannst du Spitze tragen, aber wenn du es anders magst, gut – ABER, achte auch hier auf Qualität und dass es sich für dich „saugeil" anfühlt. Ausgeleierte, verblasste, zu kleine, zu grosse, verwaschene, unbequeme und billige Wäsche, die macht was mit deinem Selbst-Gefühl. Hör auf damit! Verwöhne dich täglich mit dem Geschenk teurer, qualitativer Unterwäsche. Und wenn nur Du es weißt, dann ist es wie ein süßes Geheimnis, dass du unter deiner Alltagskleidung trägst – mit einem geheimnisvollen, wissenden Lächeln im Gesicht. Die Männer werden es sofort spüren, glaub mir!
4. Gepflegtheit und gut zu riechen, ist immer wichtig. Achte vor allem auf gepflegte Zähne, auch wegen deiner Gesundheit. Achte generell darauf, dass du gut riechst, tägliche Körperhygiene, Deo und Duft sind Pflicht, egal ob aus dem Drogeriemarkt, der Marken Parfümerie oder aus dem Naturladen!
5. Trage, wenn du es magst und kannst, Absätze. Sie betonen deinen Po. Aber mir geht es vor allem darum, dass man sich viel weiblicher fühlt, wenn man Absätze trägt.

   Da Männer keine tragen, lieben sie es. Es ist so weiblich, so anders, macht die Beine länger und wirkt so fragil. Wenn du sehr übergewichtig bist oder andere Gründe sehr hohe Absätze verhindern, dann kannst du auch auf kleinere, dickere Absätze umsteigen. Wie gesagt, tue nur das, was dir entspricht. Es gibt Frauen, die nur in flachen Schuhen durchs Leben gehen und dabei genauso attraktiv auf Männer wirken.

6. Schminken ist Geschmackssache. Die Faustregel lautet: eher nicht zu viel. Männer glotzen stark geschminkte zwar Frauen oft an, aber schön finden sie meistens eher Natürlicheres. Gloss, Wimperntusche, Rouge wegen der Frische und den Wangenknochen ist ein guter Basis-Mix. Auch hier gilt: Das, mit dem Du DICH Superwohl fühlst, soll deine Wahl sein.
7. Sei weiblich. Denkst du in Outdoor Jacken, Cargohosen und Boots bist du weiblich? Der Mann will ja nicht sich selber daten? Sei kein besserer Mann und entdecke auch in deiner Kleidung deine Weiblichkeit. Wenn es unbedingt immer die Hose statt dem Kleid sein muss, nimm auch mal eine eng anliegende Hose und eine nette Bluse dazu. Wann immer du kannst, betone die Taille!
8. Zeig immer ein wenig Haut. An einer Stelle, nicht zu viel, das lieben Männer.
9. Never too much. Zu billig, zu viel Schmuck, Schminke, Parfum, zu tiefer Ausschnitt – das schreckt eher ab. Hab Stil und bleibe etwas zurückhaltend.
10. Probiere aus, lass dich beraten, manchmal muss man seinen Stil erst finden. Alleine gelingt das oft nicht.
11. Bei ein paar oder mehr Kilos zu viel, musst du dich nicht verstecken, Männern gefällt Selbstbewusstsein!!! Es tut dir gut, dich zu zeigen – du willst blühen, auch in Übergröße, du willst angesehen werden, das ist unser Erbe als Frau!
12. Bitte achte auf deine Füße. Geh zur Pediküre und Maniküre. Rissige Fersen sind ein No Go!
13. Leiste dir regelmäßig eine Kosmetikerin
14. Investiere in eine schöne Handtasche. Sie ist neben Haaren, Zähnen, Händen und Füssen ein weiteres Symbol dessen, wie Du mit Dir selbst umgehst!
15. Und noch einmal und wieder: Bewege Dich! Gehe viel an die frische Luft! Durchblutete Haut sieht rosiger, straffer und schöner aus, ein trainierter Körper ist fester und schöner. SPORT gibt dir den GLOW. Aber es dient vor allem auch deiner Gesundheit und deinem Wohlgefühl mit

dir selbst! Keine Ausreden mehr: Beweg dich für dein Strahlen!

LEVEL IV – DIE UMSETZUNG

DIE WICHTIGE VORBEREITUNG – ERSCHAFFEN DURCH GEDANKEN

Dein Mindset und die universellen Gesetze

Du hast mit großer Wahrscheinlichkeit schon vom Gesetz der Anziehung gehört. Die Energie, die du ausstrahlst, ziehst du auch an. Wir alle sind letztlich Energie, die in bestimmten Frequenzen schwingt.

Bei der Partnerwahl geht es auch darum, wie eure Energien zusammenfinden.

Für dich ist es wichtig zu wissen, dass du immer nur einen sehr begrenzten Ausschnitt aller Möglichkeiten in dem unendlichen, schwingenden Energiefeld wahrnimmst. Den Weg zu deiner Wunscherfüllung kannst du daher im Normalfall nicht annähernd überblicken.

Das Universum orchestriert in komplexen Zusammenspielen Rendez Vous mit dem, was du dir wünschst. Ob du es wahrnimmst, hängt immer davon ab, ob du in der richtigen Frequenz schwingst.

Spirituelle Techniken zum Erschaffen einer Beziehung

Im Quantenfeld sind alle Möglichkeiten an Wirklichkeiten parallel vorhanden. Da, wo wir unsere Aufmerksamkeit hinrichten, dort erschaffen wir Materie.

Ich habe erfolgreiches Erschaffen ausführlich in meinem Buch „Stop Selbstsabotage“ oder „You create Life“ beschrieben, dort kannst du noch mehr zu diesem Thema nachlesen. Dich weiter dazu beschäftigen kannst Du auch mit Literatur und anderen Quellen zur Quantenphysik und Quantenphilosophie.

Hier möchte ich dir in Kürze erklären, was du für die Erschaffung einer Beziehung als Basis wissen musst:

1. Du darfst vertrauen, wissen und daran glauben, dass im energetischen Feld deine Beziehung bereits existiert. Glaube zu hundert Prozent daran, dass dem so ist und alles für dich zur Verfügung steht.
2. Du ziehst diese Beziehung in deine materielle Welt, indem du deine Aufmerksamkeit dorthin richtest und dich in die entsprechende Schwingung oder Frequenz dieser Beziehung einstimmst.
3. Das Einstimmen in diese Frequenz und deine Lenkung der Aufmerksamkeit erfolgt durch:
   - **Hineinfühlen:** Du musst dir so gut du kannst vorstellen, wie du dich fühlst, wenn die perfekte Beziehung schon da ist und du sie schon lebst. Versuche immer wieder die Gefühle, die du dann hättest, bereits jetzt zu fühlen. Du kannst das immer wieder üben. Du würdest dich wahrscheinlich schwebend, leicht, kribbelnd, erfüllt, geborgen, angekommen, kraftvoll, gebend, fähig, berührt und so weiter, fühlen. Du kannst diese Liste beliebig ergänzen mit allem, was sich gut und leicht anfühlt. Freue dich darauf vor. So als würdest du dir schon ausmalen, wie schön der nächste Urlaub wird. Du kannst schon im Vorfeld die Wärme der Sonne spüren, das Meer rauschen hören, dir vorstellen, wie du dich am Liegestuhl streckst und entspannst, wie du einen kühlen Cocktail in der Hand hältst, wie es nach Sonnenmilch riecht. Dabei fühlst du dich entspannt, freudig, locker, wohl, gut gelaunt, genussvoll, erfüllt, lebendig. So machst du das auch mit deiner Beziehung. Du brauchst dir keine Details ausdenken, welcher Partner an deiner Seite sein wird und wie die Einzelheiten aussehen, aber du kannst dich hineinfühlen in die Geborgenheit der Umarmung, die Gewissheit der Zweisamkeit und vieles mehr. Stelle dir vor, wie du

freudestrahlend deinen Freundinnen von deinem tollen Partner erzählst. Freue dich auf ihn oder auf sie, als hätte er oder sie den Besuch schon angekündigt.

- **Richte deine Sprache und dein Denken darauf aus**. Rede darüber so, als ob es schon da wäre. Suche nach Beweisen für gute Beziehungen und deine Beziehungsfähigkeit. Freue dich an anderen Paaren! Dass sie in deine Wahrnehmung kommen, ist für dich ein gutes Zeichen. Damit hast du bereits etwas manifestiert. Die Energie der Liebe und Paarenergie kommt schon in deine Zone.
- **Achte auf Zeichen und Impulse, die sich gut anfühlen** und folge ihnen. Freue dich über erste Zeichen, dass das Thema glückliche Beziehung in deine Wahrnehmung kommt. Wenn ein Pärchen vor dir knutscht, du einen tollen Film mit einem glücklichen Paar siehst, jemand über erfüllte Liebe redet – das sind alles Zeichen, dass du am richtigen Weg bist! Feiere sie und denke „ich auch"!
- **Impulsen zu folgen heißt, du erhältst auf einmal Ideen und setzt sie gleich um.** Plötzlich kommt dir zum Beispiel jemand in den Sinn, den du anrufen solltest. Oder es flattert ein Folder zu einem Tanzkurs ins Haus und es kribbelt bei Dir. Vielleicht willst du auf einmal deine Tante besuchen. Hier ist es wichtig, den Impulsen immer dann zu folgen, wenn sie stark sind und sich sehr gut anfühlen, auch, wenn sie scheinbar unsinnig sind oder mit deinen Zielen nichts direkt zu tun haben. Die Erfüllung deiner Wünsche geht manchmal sehr komplexe und indirekte Wege.
- **Vertraue! Gib nach oben ab. Du weißt nicht im Entferntesten, wie die Liebe zu dir kommt.** Öffne dich und stelle deinen Sender auf Empfangen, den Rest musst du dem Himmel überlassen und einfach vertrauen, dass es kommt. Das heißt nicht, du sollst

nur dasitzen und warten. Sondern das bedeutet, du sollst dir um das WIE keine Gedanken machen. Du wirst dann von oben geleitet, eben durch Impulse, Ideen und Zeichen. Daraufhin sollst du schon Aktionen setzen. Wenn sie sich gut anfühlen, bist du damit am Weg. Negative Emotionen zeigen dir an, dass du dich von deiner Spur entfernst oder etwas erkennen sollst.

- **Niemals, ich betone niemals, lass Zweifel einschleichen oder fange innerlich zu jammern an, warum die Partnerschaft noch nicht da ist,** wann der Partner endlich kommt, warum gerade du noch immer alleine bist. Denn dann sendest du Mangelenergie aus und diese wird auch prompt vom Universum beantwortet, mit Mangel. Das Universum hört, was du denkst und fühlst, es empfängt dann von dir übersetzt in Universum Sprache „Ja, nein….Ja, Nein…" Denn einmal hört es deine Energie in der Frequenz schwingen „Ja, bring mir einen Partner, ich vertraue, ich erschaffe einen Partner" und dann hört es aber auch gleichzeitig „Nein, ich zweifel, ich bin allein, ich habe keinen Partner, ich schwinge in der Frequenz kein Partner, ich schwinge im Alleinmodus". Das Universum sagt immer JA. Entscheide weise, was du aussenden willst!
- **Ignoriere deinen Ist - Zustand und freue dich auf das, was du erschaffst.**
- **Versuche, dich im Hier und Jetzt so gut wie möglich zu fühlen**. Probiere, aus deiner jetzigen Situation das Gute zu ziehen und es für dich zu nützen. Lerne, sei neugierig, schaue hin und finde Wege, dich unabhängig von den Umständen gut zu fühlen.

Die größte Herausforderung ist, die Realität, die wir als Mangel empfinden, auszublenden, quasi zu ignorieren und

uns auf die Zukunft der Erfüllung einzuschwingen, zu konzentrieren und richtig vorzufreuen.

Das erfordert Gedankendisziplin.

Sorge dafür, dass es dir jetzt so gut wie möglich geht. Nütze jede Sekunde deines Daseins, egal wie es aussieht, um dich so gut wie möglich zu fühlen. Finde die guten Seiten oder die Lernaufgabe und danke dafür.

Meide Nörgler, Jammerer und Menschen, die negativ sind oder dich runterziehen.

Meide Frauen, die ihr Singledasein beweinen.

Mein Tipp ist, dein Single-Dasein als Basiscamp zu etikettieren und so gut du kannst, zu nützen, als vorübergehende Trainingsphase. Das gibt deinem Alleinsein sofort eine andere Qualität und du wirst viel positiver damit umgehen.

Sieh es als einmalige Chance, die du unbedingt noch nützen willst. Frage dich, was jetzt gerade gut daran ist, sei dankbar dafür und lenke deine Gedanken nur auf das, was gerade Vorteile bringt. Damit schwingst du in der Energie der Fülle.

Ganz wichtig ist es, dem Weg der Erfüllung zu vertrauen.

Solange sich etwas gut anfühlt, lohnt es sich, dem zu folgen.

Entscheidend ist auch, dich zu öffnen für Möglichkeiten. Vielleicht ist genau der Mann, der dich so richtig glücklich machen kann, ganz anders als du es dir jetzt vorstellen kannst.

Vielleicht sieht er anders aus oder hat eine Art, die dir bisher unbekannt war. Lege dich nicht schon vorher fest, sondern lass das Universum oder das Leben machen.

Eine gesunde Aufregung, wenn du deine Komfortzone verlässt, ist ein gutes Zeichen. Also eine Aufregung wie vor einem Ausflug oder einem Abenteuer, auch Lampenfieber zählt dazu.

Davon zu unterscheiden ist Angst oder dieses ungute Ziehen im Bauch, dass etwas nicht stimmt oder sich einfach Irgendwas komisch und nicht richtig anfühlt.

Ebenso alles, was sehr schwer geht, mit vielen Widerständen oder Schwierigkeiten verbunden ist und von Beginn an einfach nicht so richtig will, davon solltest du eher Abstand nehmen. Gehe noch einmal genauer in dich, ob du nicht am falschen Weg bist.

Deine negativen Gefühle sind immer ein Warnzeichen, dass du auf der falschen Spur bist und du lieber abbiegen solltest! Sie sind ebenso ein Zeichen dafür, dass du falsch denkst und dich gedanklich wahrscheinlich auf den alten, negativen Trampelpfaden der Selbstabwertung, der Zweifel oder deiner alten Realität bewegst.

Steige sofort aus und programmiere dich neu! Verwende alle in den Lösungen erklärten Techniken, um deinen emotionalen Zustand zu ändern. Denke andere Gedanken, stelle dir produktive Fragen wie:

Was kann ich aus dieser Situation machen? Was will mir diese Situation sagen? Was kann ich stattdessen tun, um zu meinem Ziel zu gelangen? Was würde ich tun, wenn ich bereits am Ziel wäre? Was würde eine glückliche, erfolgreiche Person jetzt denken und tun? Wie sehe ich diese Situation aus der Entfernung oder aus der Zukunft meiner erfüllten Beziehung? Was kann ich anders machen, was meinem neuen Ich und meiner Zukunftsvision dient und entspricht? Und so weiter.

Rede dir gut zu und baue dich selbst auf.

Du hast die Entscheidung getroffen, eine neue Identität zu leben. Erinnere dich daran. Lies deine neuen Glaubenssätze durch, deine neuen Werte und erinnere dich auch an die Eigenschaften die jene Person hat, die du sein willst. Erinnere dich an deine Power und lade dich sofort wieder auf! Du wirst die andere Energie dann gleich durch deinen Körper fließen spüren.

Hier hilft dir auch, Meditationen und Podcasts deiner Wahl zu hören, die deine Energie sofort in eine andere Schwingung bringen können.

Es ist eine Entscheidung! Du entscheidest! Niemand sonst! Du hast immer die Wahl, alte Autobahn oder neue – wo willst du letztlich herauskommen?

Mit diesen Techniken kannst du sehr weit kommen.

Wenn du wieder an die Wand knallst, hast du vorher entsprechend gedacht.

Säubere deine Gedanken und mach's nochmal. Es erfordert Übung. Es geht aber immer leichter und die Manifestationen gelingen immer schneller.

Fehler sind keine Fehler. Fehler sind Wegweiser und sehr oft wichtige Erkenntnisquellen, die wir für unser Ziel dringend brauchen. Verurteile dich niemals dafür, sondern sehe sie als wichtige Lehrer am Weg, die deine Entwicklung wie ein Turbo vorantreiben.

Der emotionale Schmerz ist dann zwar manchmal trotzdem da, aber er wird schwächer und er bekommt eine andere Qualität, die sich viel leichter ertragen lässt.

Denke immer daran, wo du hinwillst!

Der Mann, der sich verabschiedet, zurückzieht oder aus irgendeinem Grund nicht will, der soll es nicht sein. Er entzieht sich deiner Wahrnehmung, wenn er mit deinem Ziel einer erfüllten Partnerschaft nicht übereinstimmt. Er mag noch so toll sein und du noch so süchtig nach ihm. Wenn er es wäre, dann wäre er jetzt an deiner Seite.

Hat IHN dein ALTES MUSTER ausgesucht?

Dann kann er nicht bleiben. Du hast Dich für ERFÜLLUNG entschieden! Richtig?

Natürlich kann es sein, dass der Traummann deshalb weggeht, weil du in einer negativen Frequenz hängst. Das ist aber der sehr seltene Fall. Dann hättest Du vorher schon total richtig unterwegs gewesen sein müssen.

Eher ist der Fall – ER ist deshalb noch nicht da, weil Du noch IMMER zu negativ bist.

Das zeigt dir, dass du noch Arbeit in dir zu erledigen hast.

Ändere deine Geisteshaltung und deine Gedanken über dich, die Welt, Beziehungen und die Männer.

Schau dir deine Glaubenssätze, Werte und Regeln an. Musst du noch etwas feilen oder verändern?

Hast du in letzter Zeit negativ und abwertend über dich oder andere Menschen gedacht?

Hast du dich zu Selbstmitleid und Mangelgedanken hinreißen lassen?

Hier noch ein sehr wichtiger Punkt:

Natürlich können wir nicht einfach ignorieren, dass wir alleine sind. Natürlich kommt Schmerz hoch, wenn wir uns alleine fühlen, wir eine Abfuhr erhalten oder niemanden kennen lernen. Wir sind oft enttäuscht in der Phase der Suche. Ich meine nicht, dass du das schönreden oder einfach „wegdenken" sollst, das funktioniert nicht!

Das absolute Geheimnis ist, das Gute in dieser Situation zu sehen oder erkennen zu wollen und das Beste, was du kannst, daraus zu machen und dich dabei eben so gut wie möglich zu fühlen. Damit veränderst du sofort die Energie der Situation, auch wenn sie nicht ideal oder schmerzvoll ist. Du hebst deine Energie und dein Mangel wird sofort in eine Art der Fülle verändert. Darauf kann das Universum mit Fülle reagieren. Kleine Schritte reichen, sie setzen eine Spirale in Gang. Du entscheidest, in welche Richtung sie sich dreht!

Ich gebe dir ein Beispiel.

Eva ist schon länger Single. Sie hat jetzt alles hier durchgearbeitet und freut sich auf ihren Partner. Sie glaubt, er würde morgen vor der Türe stehen und freut sich riesig.

Es vergehen vier Wochen und kein Traummann hat sich blicken lassen. Sie lernte nur Jochen und Gabriel kennen, zwei Männer, die so gar nicht ihren Vorstellungen entsprechen. Sie hält sie für unmännlich und verschroben.

Ich zeige dir jetzt, was Mangeldenken in dieser Situation bedeutet und wie Fülle Denken aussieht.

Mangeldenken:

Eva fragt sich, warum das so lange dauert und was sie falsch macht, weil sie offenbar noch nicht in der richtigen Energie für den Traummann ist. Sie hat alle Übungen gemacht und schon wieder funktioniert das nicht. Jetzt kommen die alten Glaubenssätze hoch:

Na klar, bei mir funktioniert das nie, ich bin eben immer alleine. Alle bekommen es, nur ich nicht. Ich bin unfähig. Ich fühle mich so allein. Alleinsein ist so eine Belastung. Ich hätte es so gerne anders. Wie lange das dauert. Die zwei Männer, nur komische Typen, die nicht gut aussehen, mehr bekomme ich wohl nicht hin. Ob das jemals etwas wird? Mich nervt meine Situation. Abends liege ich alleine im Bett. Wozu gehe ich ins Fitnesscenter und mache diese Diät, wenn mich sowieso nie jemand nackt sieht? Ich habe das Alleinsein so satt, ich will das nicht mehr. Ich vermisse einen Mann.

Sieht sie ein Paar, gibt es ihr einen Stich, sie sieht traurige Liebesfilme an, weint und bemitleidet sich. Sie denkt immer öfter an den Ex, mit dem sie alles hatte, was jetzt verloren ist.

Mit ihren Freundinnen redet sie unentwegt darüber, warum sie keinen Mann findet. Die Frauen jammern sich gegenseitig die Ohren voll.

Fülle Denken:

Eva denkt und sagt sich: Die Situation zeigt mir, dass ich mit einer Energie noch was tun sollte. Es gefällt mir gerade nicht, aber ich schau mir das jetzt an und überlege, wie ich das Allerbeste daraus machen kann. Welche Fragen könnte ich mir jetzt stellen, die mir gut tun und die mich an mein Ziel bringen?

Wie toll ist es, dass ich durch meine Situation und meine Gefühle diese Hinweise erhalte, woran ich noch arbeiten kann. Ich fühle mich dabei immer sicherer und stärker. Ich habe alle Techniken zur Verfügung, meine Gedanken und meine Emotionen zu verändern, es macht richtig Spaß. Ich vertraue darauf, dass sich Alles zu meinem Besten entwickeln wird.

Ich bin jetzt alleine. Ok. Das finde ich gerade nicht gut, aber ich werde es für mich nützen. Ich werde aus der jetzigen Situation etwas Nützliches für mich herausholen und es als wichtigen Wegweiser annehmen. Ich vertraue, dass ich am Weg zu meinem Ziel bin, auch wenn ich es noch nicht greifen kann.

Der Mann für mich existiert schon, er ist bald da, auch wenn ich ihn noch nicht sehe. Ich lenke meine Aufmerksamkeit jetzt um. Wo will ich hin? In eine erfüllte Partnerschaft. Wie kann ich meine Situation jetzt und hier optimal nützen, um mich bis zu meiner Partnerschaft so gut wie möglich zu fühlen? Was kann ich heute denken und tun, um mich gut zu fühlen? Ich werde heute mein Gehirn auf Suche schicken und das wird richtig spannend und lustig. Es soll mir zeigen, was an meiner Situation jetzt gerade gut ist und wofür ich dankbar sein kann.

Es ist bereits ein sehr gutes Zeichen, dass ich die beiden Männer kennen gelernt habe. Erstens habe ich jemanden kennen gelernt und zweitens waren das sehr intelligente Männer. Sie haben mich mit Komplimenten überhäuft und meine Ausstrahlung toll gefunden. Da habe ich wohl schon viel erreicht und ich bin stolz darauf, was ich schon geschafft habe. Dass ich die Energie von Intelligenz anziehe, ist hervorragend, denn Intelligenz steht ganz oben auf meiner Partnerliste. Ich komme also meinem Wunsch und Ziel immer näher, ach ist das aufregend.

Wie könnte ich mein Basiscamp jetzt so richtig optimal nützen? Was will ich heute trainieren? Fällt mir eine lustige Übung ein? Ich achte auf Zeichen und Impulse. Jetzt kriege ich den starken Drang, meine Freundin anzurufen, ich habe total Lust, Mittagessen zu gehen. Das Singlesein ist so aufregend und ich bin frei und darf mich auf meine Traumbeziehung vorfreuen.....und so weiter...

Beim Essen redet sie voll positiver Energie vom kommenden Mann, wie sehr sie sich auf ihn freut und steckt ihre Freundin mit ihrem Mindset an. Beide spinnen sich aus, wie sie bald zu viert ein Date haben...

Wenn sie ein Paar sieht, freut sie sich, dass diese Paarenergie in ihre Wahrnehmung kommt und sie freut sich vor auf ihren Partner.

Spürst du den Unterschied in der Energie? Im ersten Fall zementierst du deine alten Gewohnheiten weiter ein und damit deinen Jetzt-Zustand. Du drehst dich in der Negativspirale nach unten und bekommst genau das serviert.

Im zweiten Fall, obwohl das Alleinsein nicht ignoriert wird, wird von einer Sichtweise der Fülle aus agiert und gedacht. In der jetzigen Situation wird das gesucht, was daran gut ist und was schon da ist. Damit bist du in einer Energie der Fülle und du drehst dich in einer positiven Aufwärtsspirale. Du durchbrichst deine alten Denk- und Verhaltensmuster und damit erzielst du neue Ergebnisse.

Wie auch bei den Konditionierungen erklärt, gilt auch hier: feiere deine Erfolge, wenn du einen Durchbruch hattest und ein altes Muster in die Wüste schicken konntest. Belohne dich für kleine Schritte. Freue dich über jede noch so kleine Manifestation.

Schreib bitte auf, was Du zuletzt manifestiert hast (jede Kleinigkeit, die in Richtung deiner Ziele geht, zählt!)

Anerkenne Dich dafür!

Belohne Dich dafür!

Tante Carolin´s Tipp:

Bringe Dich täglich in die Energie und das Gefühl, als wäre deine erfüllte Beziehung schon Realität.

Das machst Du, indem du dir es schon vorstellst, so gut du kannst. Wie fühlt es sich an, schon die Frau an SEINER Seite zu sein? Bade dich in dem schönen Gefühl und glaube daran, dass es real wird.

RAUS AUS DEM SINGLELAND – DEIN FAHRPLAN & ACTION

Aktionen setzen? Als empfangende Frau?

Aber ja, es müssen nur die richtigen sein!

Falscher Aktionismus, verkrampfte Versuche, sture Pläne, das führt meistens nur in die Enttäuschung.

Die richtige Aktion fußt auf zwei Säulen.

1. Sie hat **als Fokus das schöne Endziel** und deine **Suchmaschine ist im produktiven Modus**. So sucht sie den optimalen Weg zu deinem Ziel
2. **Sie fühlt sich sehr gut an**, sie bereitet dir weder Bauchschmerzen, noch Stress, noch einen flauen Magen oder schlaflose Nächte. Aktionen, die dich aus deiner Komfortzone zwingen und dir damit eine positive Aufregung bescheren, sind aber erwünscht! Sie holen dich zwar aus deiner Komfortzone, aber geben dir dabei ein klares, zufriedenes, aufgeregtes, kribbelndes Gefühl.

Es ist ein großer Unterschied, ob du

1. Abends in einer Bar hilfesuchend nach einem Mann Ausschau hältst, weil du nicht mehr alleine sein willst = Fokus ist negativ. Das Ziel ist, etwas nicht mehr zu wollen, du hängst im alten Muster, du spürst den Mangel. Dein Hirn ist im Suchmodus „Warum bin ich alleine", ist hier ein Mann, der mich aus meinem Unglück holt, sieht mich denn keiner? Nichts Gescheites hier?"

So wirst du entweder Niemanden anziehen oder nur Jemanden, der dir dein altes Unglück wieder einmal bestätigt.

oder

2. In der Bar mit einem guten Fokus und einem produktiven Suchmodus, hört sich das dann so an: „Ich bin gespannt, welche netten Begegnungen ich heute erlebe, ich bin bereit für eine Beziehung, ich möchte mich einfach fantastisch fühlen, ich bin eine Person, mit der man eine Beziehung möchte, was beschert mir ein gutes Gefühl? Wer hier bereitet mir ein gutes Gefühl? Was könnte ich jetzt signalisieren, um jemand richtig netten kennen zu lernen? Wer hier drinnen ist der netteste Mann, welcher der charmanteste, wer der lustigste? Ich lächle und strahle und blühe, weil ich so gerne Frau bin und ich ziehe wie ein Honigtopf die Bienen jetzt die Männer automatisch an, ich liebe dieses Gefühl, strahlend und attraktiv zu sein! Grade kein Passender hier? Auch ok, ich werde sicher was Nettes erleben, wer sieht hier sympathisch aus? Mit wem könnte ich mich unterhalten? ....und so weiter.

Spürst du den Unterschied?

Und nochmal zur Klarheit!

Du weißt nicht, wie dein Traumpartner zu dir kommt!

Vielleicht ist die einzige Frau in deiner Nähe, die mit dir eine Unterhaltung über ihren letzten Urlaub beginnt, seine Schwester?

Bleibe offen!

Wenn es sich gut anfühlt, mit ihr zu reden, dann dient es dir. Vielleicht ist sie nicht seine Schwester, aber sie sagt dir an diesem Abend etwas, das dich unglaublich weiter bringt!

Genieße dich, die Situation und dein Leben!

Wenn du deine Übungen gemacht hast, deine Glaubenssätze verändert hast und deine alten Fallen kennst, wenn du an deiner Identität und deinen Schatten gearbeitet hast, dann stehst du mit beiden Beinen selbstsicher da und strahlst das auch aus! Vertraue auf dich!

Wie lerne ich jemanden kennen

Wenn Du das Buch durchgearbeitet hast, dich jetzt gut kennst, weißt, worauf es dir in Beziehungen ankommt, und du für deine weibliche Sattheit sorgst – dann wird der Mann automatisch auf dich zukommen und du brauchst theoretisch gar nichts machen.

Deine neue Klarheit und weibliche Magie wird die richtigen Männer anziehen wie ein Magnet.

Aber ich kenne die Situationen, wo in einem Umfeld scheinbar gar nichts geht – zum Beispiel am Land, wo jeder jeden kennt, es nur den Fußballplatz und den Pfarrplatz gibt. Wie auch in Lebenssituationen, wo man nicht rausgehen kann.

Da bieten sich Internet-Plattformen und virtuelle wie reelle Partnervermittlungen sehr gut an.

Sie haben zu Unrecht einen schlechten Ruf.

Wenn es dir gut tut, dann kannst du es ruhig auch aktiv angehen.

Aber bitte nicht mit dem Gefühl „ich suche jemanden“ sondern mit der Absicht „Ich zeige mich, damit er mich leichter finden kann“

Tue nur, ich betone, NUR, was sich gut anfühlt!

Überwinde aber auch deine Komfortzone, wenn es dir nützt! Und das Ergebnis dein Herz hüpfen lässt.

Dich zu zeigen, macht die Sache einfacher.

Du darfst die Welt wissen lassen, dass du dir einen Partner wünschst und offen dafür bist.

Den Mann, der zu dir passt, triffst du wie und wo?

1. Wenn du kannst, solltest du anderen davon erzählen, dass du dir einen Partner wünschst. Du kannst dich ruhig verkuppeln lassen. Nütze
   Partys und Einladungen, zu denen man dich einlädt, um dich mit jemandem zusammen zu bringen. Nimm es entspannt und mit Humor. Auch wenn der Mann ungeeignet ist, verwende den Abend als Übung und strahle mit den Tischkerzen um die Wette.
2. Gehe zu Veranstaltungen oder Vorträgen, die deinen Interessen entsprechen, gehe ins Theater. Du kannst, wenn es dein Umfeld zulässt, auch einmal alleine wohin gehen.
3. Tanzkurse, Workshops, Konzerte, Kochkurse, überall da, wo Männer und Frauen gemeinsam etwas lernen oder wo man ungezwungen zusammen ist, bieten sich an – Popkonzerte, Jazzkonzerte oder Vorträge - in der Pause kann man ins Gespräch kommen!
   Du kannst jemanden um eine Info oder die Meinung zur Darbietung bitten und so ins Gespräch kommen. Sei offen für Kommunikation. Mit wem auch immer. Folge deinem Gefühl. Vielleicht sind das nette, alte Ehepaar, die mit dir so nett plaudern, deine zukünftigen Schwiegereltern? Bleibe offen und folge der Freude und dem guten Gefühl. Du musst IHN nicht gleich direkt dort kennen lernen, vielleicht aber lernst du Menschen kennen, die dich zu IHM bringen!

Wo halten sich gute Männer gerne auf?

1. An Orten, wo du deinen wichtigsten und liebsten Interessen folgst – dann habt ihr das bereits gemeinsam: Sport, Hobbytheater, Fußballverein, Hundetrainingsklub,

Laufgruppe, Tanz, alle Vereine und Interessensgruppen im Netz oder real, du kannst selbst eine Gruppe oder einen Verein gründen, gehe zu Veranstaltungen zu Inhalten, die dich interessieren: Messen, Ausstellungen, Feste, Wettbewerbe, alles von Gartenbau, über Züchtungen bis zum Porscheclub. Egal, was es ist, finde heraus, was dich interessiert und dann erkundige dich, wo in deiner Nähe es etwas dazu gibt. Werde interessiert, erfinderisch und mutig!

2. Da, wo sich Männer mit einem gewissen Niveau und Lebensstil geballt aufhalten: Alles ums Thema Essen & Wein, Technikmessen, Autos, Museen, Kunstausstellungen, Sportveranstaltungen, Vorträge und Workshops, Politisches, Golfclub, Resorts und Spa-Hotels.
3. Dating Plattformen, hier gibt es auch sehr unterschiedliche Angebote. Du musst einfach ausprobieren und hineinspüren, wo du dich wohl fühlst. Wie das mit dem Online Daten geht, erfährst du jetzt genauer!

Online Plattformen – spezielle Regeln

Online Dating ist eine sehr gute Möglichkeit, schnell und unkompliziert Männer kennen zu lernen.

Dabei gilt es, ein paar Regeln zu beachten.

Ich habe für dieses Buch einige Männer interviewt, um herauszufinden, wie sie Frauen im Netz wahrnehmen, was ihnen gefällt und was sie eher abschreckt.

Die Regeln:

1. **Wie du dich präsentierst**: Achte bei deinen Bildern darauf, dich nicht zu sexy und offenherzig zu zeigen. Ziehe dich so an, wie du auch im Alltag oder zum ersten Date erscheinen würdest. Ballkleider, übertriebene Kostüme oder Verkleidungen (wie auch Comic Verzerrungen über Snap Chat) zeigen nicht die Frau, die du sonst bist. Hier geht es darum, dich möglichst authentisch zu zeigen. Der

Mann soll dich so sehen können, wie du jetzt bist. Verwende nur aktuelle Bilder. Der größte Fehler ist, sich dünner oder jünger zu präsentieren als Du bist. Das verzeiht Dir kein Mann. Die Annahme, wenn er mich dann nur einmal persönlich kennenlernt, dann werde ich ihn schon überzeugen, funktioniert nicht! Der Schuss geht immer nach hinten los. Letztlich ist es eine Lüge. Steh zu dir so, wie du jetzt bist! Der Mann, der zu dir passt, dem gefällst du genau so! Wähle ein oder zwei Ganzkörperfotos und zwei Portraits. Auf einem solltest du unbedingt lachen. Unterschiedliche Situationen bei Dingen, die du gerne machst, passen sehr gut für den ersten Eindruck. Bitte mach keine komischen, gestellten Posen wie ein Möchtegernmodel aus Wuppertal. Bleib normal und so, wie es wirklich ist. Ein Geräkel an einer Mauer in S-Form, das ist total gekünstelt und belustigt die Männer höchstens. Natürlichkeit trumpft! Stelle dich nicht so dar, wie du nicht bist! Keine Fotos beim Sport, wenn du lieber auf deiner Couch abhängst.

2. **Der erste Kontakt und Chat:** Meiner Meinung nach sollte der Mann den ersten Schritt machen und dich anschreiben. Das musst du entscheiden, ob das für dich stimmig ist oder du auf ihn zugehen willst. Letztlich ist sein Verhalten, dass er von Beginn an online zeigt eine Kostprobe, wie er auch sonst im Leben agiert.

   Wenn er so bequem ist, dass die Frau auf ihn zukommen muss, dann ist er nicht unbedingt dein idealer Partner, der im Leben aktiv um dich wirbt und dich unterstützt. Außerdem sind heutzutage die Männer leider verwöhnt von Frauen, die alle den ersten Schritt machen und hinter ihnen herjagen.
   Du kannst hier ein deutliches Zeichen setzen. Du bist eine Frau, die erobert wird. Punkt.
   Wenn er dich angeschrieben hat, antworte ihm freundlich. Grundsätzlich sollte der Ton immer nett und humorvoll sein. Schreibe nicht zu viel. Er muss sich um deine

Aufmerksamkeit schon etwas bemühen. Wenn er nur ein Smiley schickt, schreib du keine Romane zurück.
Grundsätzlich solltest du nicht zu lange hin und her schreiben. Es bringt nichts. Das persönliche Gespräch oder Treffen ist der einzige Weg, herauszufinden, ob das was werden kann. Verschwende keine Zeit mit ewigem Chatten.
Es gibt Männer, die wollen nur chatten. Das gibt ihnen ein gutes Gefühl. Du wirst das daran merken, dass er nur schreibt und nie um weitere Schritte fragt.
Es gibt Männer, die suchen im Netz nur einen Ego Aufputz oder eine Ablenkung. Du wirst mit deiner neuen Klarheit und deiner Intuition schnell spüren, wer hier nur Bestätigung sucht oder wer jemanden kennen lernen will.
Entweder fragt er um ein Telefonat oder Treffen – das wäre der ideale Fall, oder, wenn nichts von ihm kommt, kannst du ruhig sagen, dass das Schreiben hier nicht deins ist und du zumindest mal telefonieren möchtest.
Ein Telefonat kann schon viel klären.
Sexuelle Anzüglichkeiten sind zu Beginn ein No Go, der Kandidat fliegt sofort raus!
Merke: So, wie er sich von Beginn an gibt und verhält – das zeigt schon sehr viel über ihn und das, wie er sich weiter verhalten wird!
Viele Männer fragen: Was machst du hier? Dann antworte ehrlich – dass Du hier jemanden kennen lernen willst. Lasse ihn ruhig wissen, dass dein Ziel eine Partnerschaft ist. Ein Mann, der nur Sex will, wird sich dann schnell verabschieden. Entweder er löscht dich einfach (nimms nicht persönlich) oder verabschiedet sich mit einer Ausrede, manche versuchen es dann doch noch mit platter Anmache, ob noch was geht. Bleibe ruhig und gelassen und verabschiede dich. Ein Mann, der eine Beziehung sucht, wird sich freuen, wenn du auch was Ernsthaftes willst.
Schreibe ihm nett oder witzig, du kannst sagen, was du willst und hier tust, aber halte dich zurück mit intimen oder

persönlichen Dingen und Geheimnissen. Es soll ein netter Smalltalk bleiben. Mehr erfährt er von Dir erst in einem Telefonat oder bei einem Treffen und auch nur dann, wenn du dich mit ihm wohl fühlst. Fragt er zu viel, dann weise es mit einem Zwinkersmiley zurück, dass das jetzt für einen so netten Chat doch zu weit geht, Du ihm aber im Fall gerne mehr erzählst, würde man sich weiter kennen lernen. gehe in die Haltung: ich bin eine begehrte, tolle Frau, ich suche mir aus, mit wem ich rede und schreibe und ich sehe jetzt mal, OB du MIR gefällst.

3. **Wann und wie treffen**: Treffen kannst du dich schon recht bald, sofern du das Gefühl hast, er interessiert dich und scheint, in Ordnung zu sein. Wähle einen Ort, an dem du dich sicher und wohl fühlst. Er sollte dir auch da entgegen kommen und anbieten, in deine Nähe zu kommen. Lässt er dich weit zu sich fahren, würde ich ihn rauskicken. Der Mann muss für dich TUN, erinnerst DU Dich? Das gilt auch hier. Lasse ihn kommen, lasse ihn führen und machen. Du lehnst dich zurück und beobachtest, wie er sich für dich ins Zeug legt.
4. **Tipps** – was Deppen machen, was nette Männer machen
   Deppen: Anzüglichkeiten, nur Chatten, nur Smileys, nur alle drei Tage mal kurz andocken, nie um ein Treffen fragen, nach aktuellen Ganzkörperfotos fragen, unfreundlich, aggressiv oder beleidigt agieren oder schreiben, fordernd auftreten. Du merkst es einfach daran, dass du dich nicht wohl fühlst. Es liegt entweder was Forderndes oder Angestrengtes in der Luft, er reagiert mal beleidigt oder gibt sich einfach keine Mühe. Er taucht ab und dann wieder auf, als wäre keine Zeit dazwischen vergangen. Wenn du nichts tust, meldet er sich, wenn du was von dir hergibst, dann zieht er sich wieder zurück oder rührt sich nicht mehr. Das sind Spieler und ambivalente Kerle, die nichts taugen. Bye Bye und Next!

   Nette Männer: sind bemüht, höflich und freundlich und wollen keinen Fehler machen. Vielleicht sind sie sogar etwas unsicher oder schüchtern. Sie melden sich häufig und zeitnah, sie wollen dich hören oder sehen, sie sind interessiert an dir oder erzählen schnell einmal von sich. Sie versuchen, es dir recht zu machen, sie beschweren sich, wenn von dir nichts kommt (aber ohne aggressiv dabei zu sein), du fühlst dich grundsätzlich wohl und entspannt. Vielleicht bist du sogar ein wenig desinteressiert oder gelangweilt – da solltest du genauer hinsehen und dranbleiben!

Kennenlernen offline – was Du wissen solltest

Im realen Leben eröffnen sich immer wieder Gelegenheiten, jemanden kennen zu lernen. Hier einige Tipps, wie du die Gunst der Stunde für dich nützen kannst und ein Verhalten zeigst, dass es leichter macht für den Mann:

- ♥ Sei offen, zeige ein Lächeln, sei freundlich
- ♥ Wenn dich jemand anspricht und es ist vielleicht etwas ungeschickt oder du nicht interessiert, dann bleibe trotzdem nett und charmant, der arme Teufel hat sich überwunden, mache ihn nicht fertig. Ausnahme: ein Gigolo, der dich nur als leichte Beute sieht, sich seines Sieges sicher ist und dich blöd anmacht, den darfst du in seine Schranken verweisen mit einem netten „Danke, ich bin nicht interessiert" bleib aber auch bei ihm nett und freundlich, aber distanziert. Zickigkeit mag niemand und es bringt dir einfach NICHTS.
- ♥ Wenn dir ein Mann gefällt, zeig eine offene Körperhaltung, bleib immer weich und freundlich und humorvoll. Abweisend oder Arrogant zu sein, das bringt nichts. Seinen Jagdtrieb schürst du nicht durch Abwehr, sondern durch deine Selbstsicherheit und dass du ihm das Gefühl gibst, dass du ihn nett findest, aber ihn nicht brauchst und mit dir selbst grad sehr happy bist. Deine Haltung „ich wähle den Mann aus und vorher schaue ich genau, was er für mich tut" bringt dich in die richtige, anziehende Energie. Allein,

dass du für dich selbst weißt, du bist nicht leicht zu haben, reicht aus, um ihn das spüren zu lassen. Trotz deiner Freundlichkeit. Die Bestimmtheit ist in Dir!

- Zeige aber deutlich Grenzen auf, wo sie überschritten werden. Wenn dich jemand zu früh oder zu sehr körperlich berührt und du das unangenehm findest, er dir zu wenig Platz lässt, er unhöflich wird oder komische Fragen stellt, einfach dann, wenn du spürst, irgendwas geht mir hier zu weit, dann sage das auch! Sage ihm ruhig: Du kommst mir jetzt zu Nahe, das möchte ich nicht, bitte stell dich weiter weg oder dein Ton ist für mich jetzt nicht mehr passend oder Ich fühle mich gerade mit dem hier nicht mehr wohl.....du darfst sagen, wenn es dir nicht passt und Grenzen ziehen. Bleib dabei bestimmt und ruhig.
- Erzähle ihm nicht gleich deine Lebensgeschichte, beim ersten Smalltalk bleibe oberflächlich und humorvoll und nett, aber erzähle keine persönlichen oder intimen Details über dich! Stell ihm Fragen und lasse ihn reden, er will dir zeigen, wie toll er ist. Stelle dir ein Pfauenrad vor, das er für dich schlägt! Je mehr sich ein Mann vor dir aufplustert, desto mehr will er dir imponieren! Fühle dich geschmeichelt und lächle.
- ER muss dich um deine Telefonnummer oder ein Date fragen! Du machst in dieser Richtung gar nichts! Wenn er dir gefällt, kriegt er deine Nummer oder du bejahst ein Treffen, aber er muss führen!
- Bleib offen dafür, überall IHM begegnen zu können. Auch in der Bank oder im Supermarkt. Ein Lächeln schadet nie.
- Gut ist, wenn man mit dir leicht ins Gespräch kommen kann, sei hier nicht zu verschlossen.
- Du musst dem Mann signalisieren, dass er dich ansprechen darf! Lächeln, immer wieder kurze Blickkontakte (nicht zu oft). Wenn er will, dann kommt er auf dich zu. Wenn er dich immer nur anstarrt, aber nichts tut, dann lasse ihn links liegen!
- Du kannst auch mal alleine an ihm vorbeigehen (aufs Klo) und ihm Gelegenheit geben, dich anzusprechen.

- ♥ Lege dir grundsätzlich ein paar Themen zurecht, über die du immer sprechen kannst, die nicht verfänglich sind.
- ♥ Smalltalk kann jeder lernen. Nimm einfach Bezug auf etwas im Raum, auf die Leute dort, oder allgemeine Themen wie Urlaub, Wetter, Fußball oder das Essen. Vermeide Politik und schwere Themen. Bleibe positiv.
- ♥ Wenn er ein Jammerlappen ist, sage ihm, dass du heute Abend lieber über fröhliche Themen sprechen und dich entspannen willst. Entweder er geht darauf ein oder du entschuldigst dich bei ihm mit „ich muss da mal eben was erledigen" und verabschiedest dich (er braucht keine weitere Erklärung)
- ♥ Du darfst einem Mann durchaus zeigen, dass er dir gefällt! Aber du bleibst in der abwartenden, empfangenden, weiblichen Haltung und in deiner Sicherheit in dir selbst, dass du genau hinsiehst und ihn erstmal testest und beobachtest.

Du wirst dann angesprochen, wenn:

- ♥ Du signalisierst, dass du Interesse hast (Blickkontakt, Lächeln, Haare zurückwerfen, Nacken zeigen)
- ♥ Du nicht mit einem Mann oder deinen Freundinnen total vertieft im Gespräch bist und zeigst, dass man dich ruhig ansprechen darf, indem du immer wieder um dich schaust und auch mal die Gruppe verlässt und dich frei spielst
- ♥ Du Gelegenheit gibst, wenn du einige Momente auch einmal alleine wo stehst oder gehst
- ♥ Du freundlich und offen mit anderen Menschen sprichst, dann merkt er, dass du freundlich und zugänglich bist
- ♥ Du Dich selbst genießt und man(n) das spürt

Das erste Date

Ob online oder offline: Er hat dich gefragt. Das erste Date steht an.

Hier meine wichtigsten Tipps:

Gehe nie gleich mit einem Mann Essen, außer ihr hattet beim ersten Kennenlernen offline schon genug Gelegenheit, euch zu beschnuppern und die Chemie hat voll gestimmt.

Beim ersten Treffen über Online-Kontakt bitte niemals gleich einen Abendtermin vereinbaren. Du weißt einfach nicht, wer wirklich hinter diesem Profil steckt und ob ihr euch überhaupt riechen könnt!

Zuerst reicht daher nur ein Kaffee oder ein Drink. Dann kann man schneller auseinandergehen, wenn es gar nicht passt. Du solltest, auch wenn er dir beim Treffen sehr gut gefällt, trotzdem nicht zu lange da bleiben und nicht zu schnell verfügbar sein. Verabschiede dich nach zwei Gläsern oder Tassen, auch wenn es schwer fällt!

Die Grundregeln:

1. Lehne dich innerlich zurück und beobachte IHN. Du findest heraus, ob ER DIR gefällt und nicht umgekehrt!!
2. Männer erzählen bereits beim ersten Date sehr viele Wahrheiten über sich. Höre genau hin! Und spüre hinein, ob dich daran etwas stört
3. Männer erzählen in den ersten Dates meistens mal nur von sich. Das ist kein Desinteresse an dir, sie wollen dir gefallen und schlagen ihr Pfauenrad vor dir. Das ist ein gutes Zeichen! Aber Achtung: Erzählt er nur von seiner Ex, seiner miesen Scheidung, seinen Problemen? Renne. Spätestens nach dem zweiten Glas. Erzählt er von seinen Hobbies, seinen Interessen, seinen Erfolgen, seinem Geschäft, seinem Hund? Gut. Bleib da. Bei Geschichten über die Mutter oder die Kinder gilt: ein wenig davon spricht für einen Mann, der Familiensinn hat und Verantwortung übernimmt, zu viel davon ist ein Alarmzeichen, dass er nur an Mutti hängt oder seine Kinder seine Nr.1 sind und du immer nur das dritte Rad am Wagen sein wirst. Spür rein und höre gut zu. Du wirst es unterscheiden können, wenn du aufmerksam dafür bist.

4. Nehme genau wahr, wie du dich mit ihm fühlst. Was löst er in dir aus? Anspannung, Magenschmerzen? Unsicherheit? Oder kannst du dich auch mal ein wenig entspannen, mit ihm lachen?
5. Geht die Unterhaltung zäh wie Kuchenteig? Bemüht er sich nicht, dich zu unterhalten? Auch beim ersten Date zählt: Er muss sich bemühen, dass du dich wohl fühlst und sich anstrengen, die Unterhaltung in Gang zu halten, auch wenn er das sehr ungeschickt macht. Das ist egal. Sein Bemühen zählt. Wenn er bequem wartet, bis was passiert, dann ist er kein zweites Treffen wert.
6. Er blickt dauernd um sich und dich nicht an, wirkt fahrig und unkonzentriert? Verabschiede dich bald. Er darf unsicher und nervös sein, denn das ist ein Mann, wenn du ihm gefällst. Der feine Unterschied ist, ob er nur unsicher und aufgeregt ist oder ob er eigentlich in Gedanken oder mit dem Herz woanders ist und das mit dir nur eine eingeschobene Zwischenstation, während er innerlich schon wieder woanders ist.
7. Sei Weibchen, lass dich erobern. Sei weich und freundlich. Genieße dich. Und sein Balzen. Lächle. Für Komplimente bedankst du dich einfach.
8. Wenn er nicht balzt oder nicht dein Typ ist, nimm es als hervorragende Übung mehr über Männer und ihre Geschichten und Einstellungen zu erfahren. Frag ihn ruhig etwas aus und nütze die Chance, Einblicke zu kriegen. Übe dich auch darin, ein Gespür zu entwickeln, warum du dich mit einem Mann unwohl fühlst und welche Merkmale an ihm dich abschrecken. So gewinnst du immer mehr Klarheit. Bleib freundlich und verabschiede dich dann höflich.
9. Wenn er nach einem Wiedersehen fragt: Wenn er dir gefällt, sagt du ja, es würde dich freuen, mehr über ihn zu erfahren und gerne. Wenn er fragt wann und nicht von selbst einen Vorschlag macht, dann schlägst du ihm etwas in frühestens drei Tagen und spätestens am nächsten Wochenende vor. Falls er fragt „Morgen“, dann hast Du

schon was vor und kannst erst am Tag danach. Falls du ihn nicht wiedersehen willst, sag ihm, du willst das Treffen mal wirken lassen und meldest dich dann bei ihm. Später schreibst du ihm nett und freundlich, es wäre der Funke nicht so übergesprungen, aber du wünschtst ihm Alles Gute. Wenn er dir gefällt und er dich nicht fragt, dann musst du cool bleiben und warten, ob er sich danach meldet. Das sollte er spätestens am nächsten Tag tun. Wenn nicht – er hat eher kein Interesse. Macht nichts. Nächster!

10. Lächle, flirte, rede, frage, und egal, wie es läuft, nimm es sportlich und als Lebenserfahrung. Du lernst extrem viel über Männer bei solchen Treffen und du wirst auch immer sicherer mit dir selbst werden.
11. Währet den Anfängen: So, wie es sich am Beginn anfühlt und losgeht, so wird es später im Großen auch weiter gehen. Wenn es schon zu Beginn hakt, hak es ab!
12. Denke an deine Vision und hab Vertrauen in den Prozess. Lass dich führen vom Universum und deinem Instinkt
13. Zieh dich schlicht an, je nach deinem Stil, gepflegt, etwas besser als für den Alltag. Männer schätzen es, wenn wir uns für sie chic machen. Aber donnre dich nicht auf. Zeig ein wenig Haut, aber nie zu viel. Gib nicht zu viel preis.
14. Rede nie über deine Probleme, deine Ex-Geschichten, deine Sorgen oder Weltbewegendes beim ersten Date. Halte dich zurück. Man kann über Hobbies und Interessen reden oder wonach man jetzt sucht und warum man auf einer Plattform ist. Überleg dir ein paar nette Sätze dazu, aber keine Geschichten aus deiner psychologischen Kiste. Bei unangenehmen Nachfragen, zum Beispiel, warum du Single bist, gibt es zwei Möglichkeiten: a) Lass uns doch über etwas anderes reden, ich finde, solche Themen muss man nicht beim ersten Treffen besprechen, oder? Dann lächelst du charmant und sagst ihm, Erzähl mal von Dir! b) Du kannst auch erklären: Ich bin Single, weil ich lieber alleine bin als mit irgendwem zusammen. Die Zeit alleine habe ich bisher sehr genossen und ausgenützt, nur jetzt merke ich, ich bin wieder offen für eine tolle Partnerschaft.

Das ist schon schön, wenn man sein Leben mit jemandem teilen kann.

Stell dich gut dar. Zeige, dass du auswählst und einen hohen Standard hast. Bitte sage aber nicht, du suchst Perfektion, das macht Angst! Niemand ist perfekt, auch keine Beziehung. Rede nie schlecht über deine Ex-Partner. Denn was du über sie erzählst, könntest du irgendwann auch über ihn erzählen! Bei Fragen, die du nicht beantworten willst, kannst du sagen: „Du, das ist jetzt eine interessante Frage, aber mich würde viel mehr interessieren, was so deine Ziele und Träume im Leben sind“ ODER „Sowas beantworte ich erst, wenn ich jemanden besser kenne“.

15. Wenn er es möchte (was ich hoffe, denn sonst ist er geizig oder ein Mann, der die Gleichberechtigung leben will) lasse dich von ihm einladen, lass dir in den Mantel helfen und spiele bitte nicht die verbitterte Kampf-Emanze.
16. Notfall: ER benimmt sich total daneben. Verabschiede dich. Geh einfach. Er ist todlangweilig – deshalb solltest du vorher schon sagen, du hast nur auf einen Kaffee Zeit. Er scheint verrückt zu sein: geh auf die Toilette und rufe eine Freundin an. Erfinde eine Geschichte und lass dich dann von ihr abholen. Oder erfinde eine Geschichte und fahre mit dem Taxi weg von dort.
17. ER gefällt dir? Ihr habt Spaß? Er könnte es ein? Bleibe cool! Höre nicht die Hochzeitsglocken, wenn er mal kurz am WC ist und lasse das Date nicht ausufern. Zeige, dass du Rückgrat und Wert hast und verabschiede dich nach einer gewissen Zeit (2-3 h als Maximum). Sollte es dazu kommen, dass die Zeit fliegt, ihr viel trinkt und es sich wie der Himmel anfühlt: Fahr allein nach Hause und habe auf gar keinen Fall Sex mit ihm! Never ever!!! Mach dich rar zu Beginn, es wird sich auszahlen. Wenn du zu früh zu einfach zu haben bist oder zu viel gibst, verlierst du an Wert und möglicherweise deinen Trampartner! Bleib stark. Du bist jetzt eine kluge, weise Frau, die alle Tricks kennt.

Nütze sie für dich! Du bist eine Traumfrau, die der Mann erobern und verdienen muss! Du bist eine Königin!

18. Tiefe Blicke, Flirten, Lächeln und viel Lachen ist erlaubt! Zeige ihm es auch, wenn er Dir gefällt, aber bleibe innerlich zurückhaltend.
19. Versinke nicht total in ihm, falle nicht in ihn hinein (mit Blicken und Körpersprache), zeige zwischendurch auch einmal ein wenig Distanz, indem du dich zurücklehnst oder mal woanders hinschaust. Er soll immer wieder das Gefühl bekommen, dass er dich noch nicht völlig fasziniert oder vereinnahmt hat.
20. Gib ihm eine Chance, auch wenn er nicht Mr. Universum ist. Seine Optik lass mal zweitrangig sein, sondern achte darauf, ob er Herz hat und Material für eine wirkliche Beziehung bietet.

Im Notfall, wenn du nicht weißt, was du tun oder sagen sollst:

- ♥ Lächeln! Geheimwaffe NR.1!
- ♥ Freundlich und ruhig bleiben, lächelnd schweigen
- ♥ Das Thema wechseln und über Milchkaffee, das Wetter oder Rennautos reden (oder irgendwas, das dir gerade einfällt)
- ♥ Dich genießen, abwarten, ihn nett ansehen und warten, was er tut.
- ♥ Du kannst auch sagen: jetzt wissen wir nicht so recht weiter, was? (Lächeln hilft immer). Ist aber schön, wenn man noch so unsicher werden kann.

Jetzt strahle und genieß dein Date!

PLEITEN, RÜCKFÄLLE, ABWEISUNG, FEHLER

Es gibt keine Fehler und keine Pleiten. Glaube an dich und daran, dass du alles richtig machst. Sei lieb zu dir!

Du wirst möglicherweise noch hin und wieder Männern begegnen, die alte Muster hervorrufen oder die deine Knöpfe drücken wollen.

Jetzt wirst du aber sofort erkennen, was los ist, Verletzungen werden dich nicht mehr so treffen.

Denn eines ist klar, wir werden niemals unverwundbar. Entscheidend ist, dass wir mit Verwundungen anders umgehen als bisher und diese schnell wieder heilen und uns weiterbringen können.

Sieh jede schlechte Phase als Möglichkeit, etwas zu lernen und sie für dich zu nützen.

Wenn du abgewiesen wirst – Vertraue, dass es zu deinem Besten ist!

Wenn du wieder in alte Muster kippst – Ärmel hochrollen und auf ein Neues! Das kann passieren, einfach nicht umfallen und wieder losstarten!

Wieder der Falsche? Das ist ein Zeichen, dass du mit dir und in dir noch nicht klar genug warst und aus alten Mustern gehandelt hast. Ebenso ist es ein Warnsignal, dass du als Frau nicht auf deine Ladung und Entspannung geachtet hast.

„Fehler" sind immer Hinweise und Zeichen. Sie sind nur dann schlecht, wenn du dich dafür steinigst, aber gut, wenn du danach etwas verbesserst.

Wenn du dich nicht gut fühlst, zeigen dir deine negativen Gefühle, dass du dich gerade in eine ungünstige Richtung bewegst. Meistens sind zweifelnde, herabsetzende Gedanken die Ursache. Oder fehlende Motivation, weil wir uns die falschen Ziele setzen oder keine Belohnungen in Aussicht haben.

Du wirst sehen, du bist immer besser darin, zu erkennen, ob etwas schief läuft und wie du es wieder drehen kannst.

Bei Rückfällen in alte Muster, du also wieder etwas erlebst, von dem du dachtest, du hättest es hinter dir, dann lies noch einmal das Buch, mach noch einmal die Übungen, hol dir deine Erinnerungskarte und verzweifle nicht!

Du brauchst nie wieder von vorne anzufangen. Ein kurzer Rückfall muss nicht viel bedeuten. Manchmal passiert das. Sehe es als kleinen Umweg zu deinem Glück, der dir irgendwas zeigen sollte.

Wichtig ist nur, dass du hinschaust, was das sein könnte. Schon morgen kann alles da sein, was du dir erträumst.

Manchmal braucht es noch etwas zu bearbeiten, das wir übersehen haben.

Vertraue. Und vertraue in dich. Manchmal machst du gar keine Fehler, obwohl du es denkst. Manchmal ist dieser vermeintliche Fehler genau der richtige Schritt ins Glück.

Nimm es für dich als Basiscamp-Meisterprüfung!

Halte es einfach mal aus, nicht gewollt zu werden und eine Abfuhr zu erhalten, ohne dich wieder in Frage zu stellen, zusammenzubrechen, es zu analysieren, es so persönlich zu nehmen....

Lass es einfach so sein....und...gehe weiter!

Mache ab jetzt alles zu einem Erfolg, auch die Pleiten, Rückfälle, Abweisungen und Fehler, denn dein Leben wird sich so verändern, dass du nur noch staunen kannst!

WIE GEHT ES WEITER?

Glück und Nähe – ganz ungewohnt

Wenn du das erste Mal richtig Glück und Nähe erlebst, dann fühlt sich das oft ganz komisch und sehr ungewohnt an, weil du es noch nicht kennst. Glück und Nähe muss man aushalten können! Ja, richtig. Das sind starke Energien. Schöne, aber intensive Energien, die ein neues Lebensgefühl erzeugen, das man erst kennen muss.

Oft ist Leichtigkeit etwas, das einen zu Beginn ganz ratlos und leer hinterlässt. Man ist es so gewohnt, sich abzuplagen,

angespannt zu sein und sich Sorgen zu machen, dass man, wenn das alles wegfällt, plötzlich glaubt, das ist ja nichts!

Gib dir bitte Zeit, dich an Leichtigkeit und Glück zu gewöhnen. Erforsche das Gefühl, dass du dich nicht sorgen musst. Du musst auch Glück lernen und dich darin erst hinein entspannen können. Manchmal braucht das ein wenig.

Auch Nähe kann zuerst erschrecken und Angst erzeugen, wenn die alten Wunden und unsere alte Angst, nicht zu genügen, wieder hochkommen.

Jetzt weißt du aber, was das ist und warum du diese Angst hast. Du kennst die Hintergründe und hast Techniken an der Hand, sie zu verändern. Lass die Ängste da sein, halte sie aus, sie werden vergehen und einem tiefen Glücksgefühl Platz machen.

Renne nicht gleich davon, auch wenn es ungewohnt ist. Halt es aus, wenn du dich verletzlich zeigen musst und das ganz schön unangenehm ist am Anfang. Du wirst belohnt werden, glaube mir.

Gib dir und deinem Partner Zeit, rede über deine Ängste. Schau hin. Du weißt jetzt so viel mehr über dich und brauchst dich nicht mehr zu erschrecken. Das, was da hochkommt, das kennst du jetzt und du schaust ihm ins Gesicht. Du weißt, das kleine Monster darf da sein, dann wird es bald wie ein Kätzchen schnurren und Ruhe geben. Sperre es nur nicht ein! Lass es teilhaben.

Dein Partner darf dir helfen, diese Ängste zu überwinden. Aber hänge ihm nicht alles um und rede nicht ständig darüber.

Sei authentisch, dann hast du die größten Chancen auf Erfolg und Glück.

Jetzt brauchst du nicht mehr leiden und nicht mehr gefallen. Du darfst geliebt werden, einfach so, nur weil du bist und jemand dich lieben will.

Lass es zu.

Das Alte ist vorbei, das Neue kommt – dazwischen gibt es den magischen, zauberhaften Raum des Vakuums der Schwerelosigkeit. Genieß den Moment.

Lebbare Beziehungen

Sich selbst für eine Beziehung zu öffnen und jemanden kennen zu lernen ist das eine, eine Beziehung wirklich zu leben, nochmal etwas anderes.

Eine Partnerschaft muss lebbar sein, damit sie auf Dauer gelingen kann.

Ist der Mann beziehungstauglich?

Da dieses Buch kein Beziehungsratgeber ist, sondern dir den Weg dahin eröffnen soll, will ich hier nur auf zwei Punkte eingehen, die mir essentiell erscheinen. Da man sie schon im Vorfeld beachten sollte, bevor man eine Beziehung überhaupt beginnt, möchte ich sie hier anführen.

Entscheidend für das Gelingen des gemeinsamen Abenteuers Partnerschaft ist eine gemeinsame Vision und zueinander passende Hauptwerte.

Das Gute ist, dass man seine Werte oder deren Prioritäten immer weiter entwickeln und verändern kann. Eine gemeinsame Vision kann man sich gemeinsam erschaffen, wenn beide das möchten.

Manchmal ergeben sich gemeinsame Ziele und Visionen von selbst. Wenn man zusammen beruflich an einem Projekt arbeitet, wenn man Kinder bekommt, um eine Familie zu leben oder wenn man sich aufgrund seines Engagements für bestimmte Werte kennen gelernt hat.

Falls keine Vision vorhanden ist, kann man diese entwickeln.

Nach meiner Beobachtung tun das die meisten Paare aber einfach nicht. Sie schlittern irgendwie so dahin, jeder hat seine eigenen Ziele und Vorstellungen im Kopf und irgendwann bemerken dann beide, dass sie in unterschiedliche Richtungen laufen.

Je früher du also klären kannst, wohin dein Partner will und wohin sich eure Partnerschaft entwickeln soll, desto besser die Aussicht auf Erfolg.

Das muss nicht bedeuten, dass man ein gemeinsames großes Ziel verfolgt. Es kann genauso gut sein, dass einer den anderen bei seiner Mission unterstützt und durch eine tragfähige, vertrauensvolle Beziehung dem anderen genau die Triebkraft gibt, die er braucht.

Es kann auch sein, dass beide unterschiedliche Ziele verfolgen, jeder für sich, aber sie sich einig sind, was diese Beziehung für sie sein soll und was die Ziele der persönlichen Entwicklung darin sein können.

Die Hauptwerte beider Beziehungspartner sollten in ihrer Basis einander nicht komplett widersprechen, sonst ist das Desaster vorprogrammiert. Wenn der höchste Wert des einen Partners absolute Freiheit und Beweglichkeit ist und der andere aber vollkommene Sicherheit, Geborgenheit und Stabilität benötigt, dann werden sie Schiffbruch erleiden, zumindest, solange sie es unbewusst dahinlaufen lassen.

Auch hier würden sich möglicherweise Kompromisse finden lassen und es gibt immer die Variante, dass einer der beiden seine Werte ändert, weil die Belohnung, sich auf neue Werte einzulassen, groß genug ist oder die Liebe genug Motivation zur Änderung bietet.

Wo es problematisch wird ist, wenn einer immer auf seine Bedürfnisse verzichten muss, während der andere keinen Verzicht dabei hat. Hier kann die Lösung nur in einem Ausgleich bestehen.

Beziehung ist ein Geben und Nehmen. Wenn einer dauerhaft zu kurz kommt, wird es sich früher oder später rächen.

Ein Beispiel ist, wenn ein Partner Kinder hat und der andere kinderlos ist. Der Partner mit Kindern hat eine Komponente in seinem Leben, die ihn sehr bereichert und die für ihn eine intensive Beziehung bedeutet, die dem anderen komplett fehlt.

Der, der keine Kinder hat, muss hier auf Einiges verzichten und kommt in diesem Bereich zu kurz. Das kann der andere Partner durch besonders viel Aufmerksamkeit, Liebe oder andere Unterstützungen, die sich beide ausmachen können, durchaus ausgleichen.

Sehr schwierig ist der Fall, wenn einer ein sehr starkes Bedürfnis nach körperlicher Zuwendung hat und der andere Partner das überhaupt nicht braucht und auch nicht vermisst. Manche Menschen können körperliche Zuwendung nicht geben. Auch wenn sie möchten. Hier wird ein Kompromiss eher schwierig.

Es gibt also durchaus Grenzen. Es gibt Werte und Bedürfnisse, die sich nicht kompensieren lassen oder die nicht verändert werden können. Das sollte so schnell wie möglich geklärt werden, um großen Kummer zu ersparen, wenn nach einer langen Beziehung und tiefergehenden Liebe dann eine Trennung unausweichlich wird.

Natürlich macht man das nicht beim ersten Date.

Aber scheue dich bitte nicht, bald und schon zu Beginn einer Beziehung, die essentiellen Dinge, die für dich ein Muss sind, zu klären und deine Bedürfnisse und deren Erfüllung anzusprechen.

Du willst einen Mann an deiner Seite. Keinen magischen Hellseher.

Neue Beziehungsmodelle ausprobieren, aushalten, einüben

Vielleicht ist der perfekte Mann für dich ganz anders, als du es jetzt erwartest oder dir vorgestellt hast. Vielleicht erfordert die Partnerschaft mit ihm einen ganz neuen Lebensentwurf. Möglicherweise werdet ihr gemeinsam eine neue Art einer Beziehung leben, die du so noch nicht kanntest.

Solange es sich grundsätzlich gut anfühlt und deine wichtigsten Werte, Regeln und Bedürfnisse erfüllt sind und du dir klar bist, ob es für dich passt, dann darfst du ruhig auch Raum lassen für

Entwicklung, für etwas, das dir zu Beginn vielleicht fremd erscheint.

Vielleicht wirst du umziehen, einen neuen Beruf anstreben, mit dem Partner arbeiten oder für ihn etwas aufgeben. Vielleicht lebt ihr vorerst in einer Umgebung, die nicht perfekt scheint. Vielleicht muss ein Kind umziehen oder du wirst auf einmal Mutter, obwohl du mit Kindern nichts am Hut hattest oder musst dich mit fremden Kindern und zwei Ex-Frauen herumschlagen.

Wenn du jetzt denkst, dass du das niemals tun würdest – warte – wer sagt, dass dieses bunte Leben nicht genau das Richtige für dich wäre und du aufblühst, weil du Seiten von dir leben kannst, die du bisher nicht kanntest?

Vielleicht gibt dir das ein lang ersehntes Gefühl einer Großfamilie, die du immer vermisst hast?

Schlage den Möglichkeiten nicht schon zu früh die Tür vor der Nase zu!

Vielleicht wolltest du immer in einem Häuschen mit Garten leben, dein Traummann wohnt aber in einem Loft in der Großstadt?

Wie ich sagte, dürfen wir uns bezüglich unserer Bedürfnisse nicht zu sehr beschneiden lassen, aber Kompromisse sind fast immer nötig. Vielleicht tut dir das Loft gut und du entdeckst dadurch eine Seite an dir, die du noch ausleben willst. Euer Kompromiss könnte ein Ferienhaus an einem See sein, das ihr hin und wieder mietet. Du verstehst, worum es mir mit diesem Beispiel geht. Gewisse Wege und Spielräume offen zu lassen.

Vielleicht ist er ein hagerer, dünner, unsportlicher Mann und du hast dir einen Athleten eingebildet? Aber er bringt dich im Bett zum Schreien, er macht dich rundum glücklich und du stehst einfach auf ihn?

Vergiss deine bisherigen, fixen Vorstellungen. Sie haben dich dahin gebracht, wo du jetzt bist. Und das willst du ja nicht mehr, oder? Also wirf jene Vorstellungen weg, die dich genau hier halten.

Vielleicht ist der passende Mann für dich viel jünger, viel älter, viel weniger attraktiv, viel schöner als du bisher als passend erachtet hast.

Egal, pack das Glück bei den Hörnern und lebe es!

Höre auf deinen Bauch und dein Herz, aber bitte nie mehr auf deine alten Grenzen und Glaubenssätze.

Wer wirst du an seiner Seite? Macht dich die Partnerschaft glücklich? Das sind die Maßstäbe! Der Rest ist eine gewisse Arbeit an der Partnerschaft und an dir!

Partnerschaft und Beziehung heißt ständige Weiterentwicklung und Veränderung.

Dein neues Glück

Glaube daran! Glaube an dich!

Mach ein Board für dein neues Ich!

Benütze die Karten, die du befüllt hast, die dich jeden Tag erinnern.

Lies immer wieder im Buch oder hole dir einen Vertrauten, der dich immer wieder an dein neues Ich erinnert!

Hol´ dir Coaches! Lasse dir helfen! Lass dich erinnern!

Arbeite mit mir! Gründe eine Gruppe mit Frauen, denen du dieses Wissen weitergibst! Hilf anderen! Mach weiter!

Lass mich wissen, was aus dir wurde!

Bleib dran an deiner Veränderung und bleibe wachsam. Die neue Autobahn muss gepflegt werden. Zu schnell willst du sonst auf die alte Bahn fahren, weil es ja so bequem ist. Allerdings wird die alte Autobahn, wenn du fleißig auf deiner neuen fährst, immer mehr von Unkraut überwachsen werden, bis du die Einfahrt gar nicht mehr siehst und sie nie wieder benützt.

Es erfordert Geduld und Wiederholung, bis das soweit ist.

Das kann dir keiner abnehmen.

Wenn man Bücher liest, können sie einen unglaublichen Schub geben. Sobald man es dann aber zuschlägt und sich nicht mehr damit beschäftigt, ist die Gefahr groß, wieder ins alte Fahrwasser zu schlittern.

Daher bitte ich dich zu deinem Glück, immer wieder nachzulesen, vor dem Einschlafen oder morgens, ein paar Zeilen nachzulesen und dich zu erinnern.

Schau dir deine Aufzeichnungen immer wieder an.

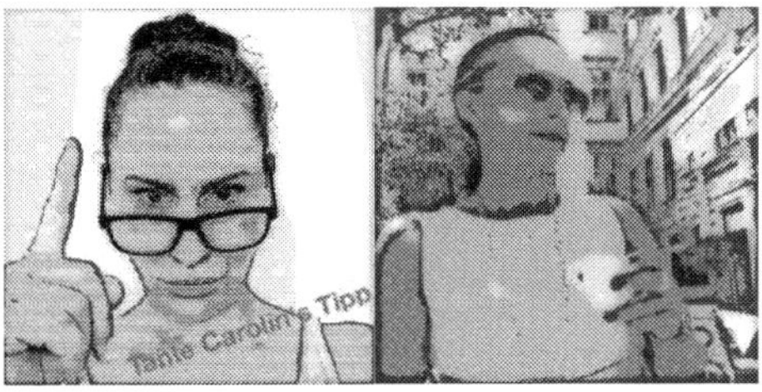

Hol dir Tante Carolin und die Lady als Mentorinnen an deine Seite, frage sie um Rat, setze sie in wichtigen Momenten auf deine Schultern, damit sie dir zuflüstern können.

Leg deine Erinnerungskarte an eine Stelle, wo du sie immer wieder siehst.

Komm in meinen Workshop, in ein Coaching, auf meine Seite, in die Facebookgruppen, werde Teil des Clubs, es kann weiter gehen!

NACHWORT

Ich gratuliere Dir!

Du bist einen ordentlichen Weg bis hierher gegangen.

Hast dich deinen Themen und Verletzungen gestellt, den alten Monstern und deinen Ängsten.

Du kannst stolz auf dich sein.

Anerkenne dich für deinen Mut und diese Leistung!

Du hast jetzt eine riesen Chance, das Kapitel Liebe und Männer in deinem Leben ganz neu zu schreiben.

Ich wünsche Dir von Herzen, dass es Dir gelingt.

Das wird es, wenn du es so beschließt und das, was du hier gelesen hast, in deinem Leben und in deinem Inneren auch umsetzt.

Sei offen für die wahre Liebe und gib ihr eine Chance.

Wenn du weiter machen willst, dann melde dich bei mir für ein persönliches Coaching, tritt meiner Facebook-Gruppe „Als Powerfrau zum Traumpartner" bei, besuche meine Facebook Seiten und die Gruppe „Stop Selbstsabotage" oder meinen YouTube Kanal oder schmökere in weiteren Büchern und Kanälen von mir.

Alle Infos findest dazu findest Du unter www.carolingruber.at !

Schreib mir deine Fragen, deine Erfahrungen und deine Erfolgserlebnisse – an kontat@carolingruber.at

Danke, dass ich Dich bis hierher begleiten durfte und Du dich mir für diese Zeilen anvertraut hast!

Du bist ein Geschenk für die Welt und für deinen Mann, der schon auf dich wartet.

Viele Freude, Glück und Erfüllung ab jetzt für Dich,

Es ist.

♥

Deine Carolin

Anhang – Rituale Spezial

In meinen Büchern „You create Life“ und Stop Selbstsabotage verwende ich essentielle Rituale für alle möglichen Themen. Die Lösungsrituale habe ich dir hier schon vorgestellt. Jetzt gebe ich Dir hier noch etwas zur Erhöhung deiner Liebesenergie. Das sind gute Wege, um energetisch deine Anziehungskraft zu intensivieren. Rituale haben einfach eine sehr große Wirkung und tun uns gut.

Liebesrituale

Um deinen Wunschpartner anzuziehen, tust du schon am meisten, wenn du deine alten Muster und Wunden kennst, diese bearbeitest, und die Essenzen erfolgreichen Erschaffens befolgst. Das bedeutet, du fühlst dich in deine Traumpartnerschaft ein, als wäre sie schon da, freust dich darauf und lässt es dir bis zur Manifestation in deinem realen Leben so richtig gut gehen.

Ergänzend helfen Rituale, die uns stimmungsmäßig daran erinnern, wo wir hin wollen.

Die Kerze am Fenster

Schreibe einen kurzen Brief oder eine Karte, die du ans Fenster stellst. Schreibe deinem zukünftigen Partner, dass du für ihn bereit bist, dass er jetzt zu dir kommen kann und du dich für ihn jetzt durch diese Kerze im Fenster sichtbar machst.

Stelle an drei Abenden, wenn es dunkel ist, für eine Stunde eine brennende Kerze ans Fenster mit der geschriebenen Botschaft.

„Ich bin bereit für dich, mein passender Partner, mein Mann, du kannst jetzt kommen“

Du kannst auch andere Botschaften verfassen, achte nur darauf, dass sie positiv, liebevoll und voller Vorfreude sind.

Stelle dir vor, wie du deine Türen öffnest, ihn umarmst und sagst „Du bist herzlich willkommen“!

Liebesaltar

Richte eine Ecke in deiner Wohnung für eine Zeitlang als einen Liebesaltar ein, wo du der Liebe und Partnerschaft ein Heiligtum einrichtest. Dazu brauchst du eine Partner-Figur, Kerzen, frische Blumen, Rotwein oder wenn du keinen Alkohol trinkst oder zu Hause haben willst, einen roten Fruchtsaft in einer schönen Flasche. Du kannst dort noch alles hinzufügen, was sich für dich schön und wertvoll anfühlt.

Gehe jeden Tag zu dem Altar, zünde eine Kerze an, sage **danke für deine erfüllte Partnerschaft und fühle dich ein. Geh in das Gefühl, wie es sich anfühlen würde, wenn dein Partner schon bei dir wäre:** angekommen, sicher, zufrieden, erfüllt, kribbelnd, geborgen, sinnlich, vertraut, aufregend, zärtlich, warm, herzlich, leicht, frisch, erhebend, schwebend, weit, froh, voller Tatendrang, gestärkt, angenommen, fließend, erhebend, wohlig, samtig, euphorisch, frei, ausdehnend, sexy, knisternd, liebevoll, zusammengehörig, verbunden, ausgeglichen,……und so fort.

Du kannst an besonderen Abenden dort ein Glas Wein einschenken oder ein Glas Wasser, das du zuvor mit Liebesenergie energetisiert hast. Du kannst es auch der Liebe zum Genuss hinstellen, oder in Gedanken mit deinem Liebsten schon anstoßen.

Diesen Altar kannst du so lange haben, wie es dir gut tut. Du wirst spüren, wann es Zeit ist, ihn wieder aufzulösen. Das hat keine Auswirkung darauf, ob dein Partner kommt. **Der Altar dient allein dazu, dich in die richtige Liebesenergie zu bringen.**

Alte Verstrickungen, Glaubenssätze und Schuld in Sachen Liebe auflösen

Schreibe dir alle deine Ängste und Sorgen von der Seele, schreibe alle Glaubenssätze auf, die du von dir kennst, **schreib auch in diesen Brief, dass du alle bewussten und unbewussten Verstrickungen in Sachen Liebe mit deiner Familie und deinen Ahnen jetzt auflösen willst.**

Dann verbrenne den Brief in einer Neumondnacht im Freien oder am Fenster in einem Topf. Die erkaltete Asche kannst du irgendwo vergraben, in ein Beet kippen oder ins Klo geben. Tue das mit dem Wissen, dass du es der Erde übergibst, die alle Reste transformiert.

Während des Verbrennens, bittest du die geistige Welt, all das jetzt von dir zu nehmen und für dich aufzulösen, die Engel bittest du, jetzt alle energetischen Verbindungen, die dir nicht mehr dienen, zu trennen.

Bitte um Reinigung.

Als weltlichen Teil, den du eigenverantwortlich übernimmst, **entscheidest du dich ab sofort ein für alle Male neue Glaubenssätze über dich und Beziehungen** anzunehmen. Überlege dir, wie eine Person denken muss, die eine glückliche Beziehung anzieht und führt. Wie geht so jemand mit sich um? Was glaubt er über sich?

Fange an, Gutes über Beziehungen zu denken und zu sagen.

Du weißt, es geht um eine Entscheidung!

Dein Herz öffnen, alte Verletzungen frei geben

Schreibe auf ein Blatt Papier „meine alten Verletzungen und Ängste“

Zünde eine Kerze an.

Meditiere kurz über deinem Wunsch, dich jetzt von alten Verletzungen und Ängsten zu lösen und sie frei zu geben. Stelle dir vor, dass dies vom Universum für dich unterstützt wird. Du wirst den Zettel dann später verbrennen.

Nimm dir darüber hinaus vor, jetzt dein Herz frei zu machen und zu öffnen, sodass du bereit bist, Liebe zu empfangen. Sie kann jetzt zu dir fließen.

Stelle dir dann vor, wie rosa Licht deinen Herzbereich heilt und deine Liebesenergie ganz weit wird und sich ausdehnt.

Danke dafür, dass du so viel Liebesenergie in dir trägst.

Sage: „**Und so, wie die Liebe jetzt frei aus mir hinausfließen darf, so darf sie auch zu mir fließen, ich bin bereit, Liebe zu empfangen. Über Raum und Zeit und in allen Ebenen darf die Liebe alles heilen. Ich empfange Liebe“.**

Atme tief ein und aus. Lasse das Gefühl wirken.

In diesem Gefühl nimm das Blatt Papier und verbrenne es in einem Topf. (Übergib die Asche der Erde oder werfe die abgekühlte Asche in den Müll oder ins Klo).

Beim Verbrennen stelle dir vor, wie sich diese alten Verletzungen und Ängste jetzt durch deine Gedankenkraft und deinen Willen auflösen und sie frei werden, um sich zu wandeln. Bitte auch das Universum, dir alles abzunehmen, was noch an Widerständen da ist, an alten Verletzungen und Ängsten. Es soll dich frei machen und dich öffnen für Liebe.

Sage dir laut oder innerlich „In Liebe lasse ich euch frei und in Liebe dürft ihr euch verwandeln.“

Dann denke noch einmal an dein weites Herz und die starke Liebesenergie, die jetzt in beide Richtungen fließen darf.

Sage laut:

„Jetzt bin ich frei für die Liebe!

Meine Liebesenergie ist stärker als meine Angst. Ich habe mich befreit, Ich bin frei, zu lieben und geliebt zu werden. Weil ich es will, weil ich es sage und weil ich es glaube. Amen“

Zur Unterstützung höre meine meditative Affirmation „Herzöffnung“ an, erhältlich über www.carolingruber.at

---

Dich und Dein zu Hause partnerfit machen

Dein zu Hause: könnte da ein Partner kommen? Zu Besuch oder einziehen? Gibt es Platz für jemanden in deinem Bett, auf deiner Couch, im Bad? Hast du ein Handtuch und eine zweite Zahnbürste? Hast du genug Bettzeug? Wo kann er oder sie Schuhe und Jacke ablegen? Würde sich ein Partner bei dir wohlfühlen oder ist alles vollgeräumt oder unordentlich?

Sei du der Partner, den du dir wünschst. Du willst doch sicher jemanden an deiner Seite, der gepflegt ist, halbwegs ordentlich, der sich selbst wertschätzt, der etwas für seinen Körper tut oder zumindest eine Basis an Aufwand für sich und sein Leben betreibt. Jemand der fröhlich ist, sich gerne unterhält, der sowohl kuschelt, als auch aktiv ist? Nein? Dann überlege dir, was du möchtest und dann sei das selbst.

Du musst kein Fitnessfreak sein und schon gar nicht durchtrainiert oder schlank, um eine erfüllte Partnerschaft zu leben. **Aber du sollst dich mit dir und in dir so gut wie möglich fühlen. Ein Körper, der nicht bewegt wird, ist wie ein Auto oder Fahrrad, das nur im Schuppen steht. Es verrottet. Unser Körper ist für Bewegung gemacht. Punkt.** Das diskutiere ich nicht, denn so sind wir geboren. Du kannst dir einreden, was du willst, wenn du dich weiter selbst belügen möchtest. Das ist dann deine Entscheidung. Ich kann dir nur raten, komm in die Gänge und tu was für deinen Körper und wenn es nur Spaziergänge sind. Ein vernünftiges Training, das deine Muskeln fordert, ist aber in jedem Fall effektiver und gesünder. Suche dir einen Verein, einen Trainingspartner, ein Studio, einen Personal Trainer oder Gleichgesinnte. Es gibt überall Angebote, die realisierbar sind.

Pflege dich. Achte auf dein Äußeres. Das drückt Wertschätzung aus, für Dich und für Ihn. Nicht in einem übertriebenen Schönheitswahn. Sondern in der liebevollen Aufmerksamkeit die dein heiliger Tempel Körper verdient. Gutes Essen, frische Luft, Bewegung und Entspannung.

Hautpflege, Manikür und Pedikür, frisch gewaschene Haare, saubere, frische Kleidung. Saubere Zähne. Wenn du jetzt lachst, weil das für dich als normal gepflegter Mensch selbstverständlich ist, kann ich dir versichern, dass viele sich dahingehend extrem vernachlässigen. Ich sehe viele Männer, die obwohl gut situiert und die tollsten Maßschuhe am Körper, mit ungepflegten Fingernägeln oder Zähnen durchs Leben laufen. Ich sehe wunderschöne Frauen, die mit dicken Schrunden an den Füssen oder Körpergeruch zeigen, dass sie nicht auf sich achten. Das haben du und dein Körper nicht verdient. Viele wechseln noch immer nicht täglich ihre Unterwäsche.

Nur weil Du es nicht mehr riechst – der andere vielleicht schon.

Du kannst fett, aber gepflegt sein. Du kannst trotz Kilos Bewegung machen. Du kannst, egal wie fit du bist, dich eincremen, deine Haare pflegen und auf saubere Kleidung achten.

Mir geht es aber viel mehr um etwas anderes: **Es geht um die Freude an sich selber. Um die Liebe zu sich selber, die sich in der eigenen Pflege ausdrückt und widerspiegelt. Das Ziel ist, dass es dir gut tut, dich um dich zu kümmern**.

Ich wünsche dir, dass du erfährst, wie wohltuend es sein kann, wenn du dich zum Beispiel mit einem angewärmten Öl selber am ganzen Körper liebevoll berührst. Wenn du das noch nicht kannst, gönne dir eine Massage. Die muss nicht teuer sein, Inzwischen gibt es so viele günstige Angebote, die nicht mehr sehr viel kosten.

Gehe jetzt sofort los und kümmere dich um Bewegung und deine Pflege. Hol dir Hilfe, falls du es selbst nicht kannst.

Solltest du selbst ein höchst gepflegter, trainierter Mensch sein, dann gratuliere ich dir, dann kommst du schon in den Genuss, der damit verbunden ist und dein Weg zum Partner ist bereits abgekürzt. Jedoch mache ich dich hier auf das andere Extrem aufmerksam. **Sich damit so sehr unter Druck und in einen Perfektionsanspruch zu begeben, erzeugt nur Stress.**

Auch Körperpflege und Fitness brauchen nicht perfekt zu sein. Du bist genau richtig, so, wie du bist. Dein Wert als Mensch ändert sich nicht, auch wenn du schwarze Fingernägel hast. Das einzige, um das es hier geht, ist, wie sehr du dich wertschätzt und liebevoll zu dir selber bist.

Dann darf das im Außen durch einen liebevollen Partner auch zu dir kommen. Sei streng mit dir und erlaube dir nur das Beste für dich.

Selbst wenn du krank bist, kannst du in deinem möglichen Rahmen etwas tun. Eben so viel geht, das reicht.

Beende den Raubbau an dir durch zu viel Alkohol, Zigaretten, Fernsehen, Computerspiele, Herumsitzen, Stress, Überarbeitung, schlechtes Essen und zu wenig Schlaf. Triff jetzt eine Entscheidung. Heute! Leite sofort etwas in die Wege, beginne den ersten Schritt zu einem vitalen Leben, indem du dich wieder spürst, dich in dir so richtig wohl fühlst, Bäume ausreißen könntest, mehr Lebensenergie zur Verfügung hast und richtig schön bist. Jeder Schritt zählt. Eine Anmeldung, ein Telefonat, eine Recherche, ein Tag in der Woche, wo du etwas anders machst als sonst.

Mache Platz in deinem Herz, in deinem Leben und in deinem Zuhause für IHN. Damit er endlich kommen kann.

- ♥ **Öffne deine Türen**

....und lass jetzt dein Abenteuer Liebe neu beginnen...

Die Autorin

Mag. Carolin Gruber ist Psychologin, Coach & Autorin und lebt derzeit in Wien, Österreich.

Sie ist Expertin für Klarheit, Mentaltraining und die Lösung von Selbstsabotage.
Ihre Mission heißt: Menschen aus einem Gefühl der Ohnmacht in die ihnen angeborene Macht als Erschaffende zurückzuführen.

In vielen Jahren des Suchens und der Arbeit mit Menschen hat Sie neue Modelle entwickelt, wie Selbstsabotage erkannt und gelöst werden kann. Sie vermittelt, wie unsere unbewussten Denkprozesse und Verhaltensweisen bestimmen, was wir in unserem Leben vorfinden.

„You create Life, Du erschaffst dein Glück“ ist ihr erstes umfassendes Werk zum Thema, wie man sein Wunschleben manifestiert.

„Stop Selbstsabotage“, das im Frühjahr 2018 veröffentlicht wurde, befasst sich als ein Folgewerk daraus noch einmal ganz speziell mit dem Thema, wie wir uns unbewusst selbst sabotieren und wie wir es lösen, um unser Glück doch noch zu erreichen.

Mehr zu Coachings, Workshops, Vorträgen und Produkten auf: www.carolingruber.at

Stop Selbstsabotage! So erreichst Du Alles.

Das Buch zum Thema, wie Du unbewusst dein Glück verhinderst.

Und wie Du es nach der Lösung deiner inneren Barrieren erreichen kannst!

You create Life – das umfassende, spirituelle Basiswerk mit vielen Ritualen, einem Werkzeugkoffer zur Selbsthilfe und einer Seelenapotheke für dein Wohlgefühl!

Printed in Germany
by Amazon Distribution
GmbH, Leipzig

20174238R00164